《解构中国电视》丛书　李岭涛　主编

把脉中国电视

李岭涛　著

中国国际广播出版社

序
坚持走在前边

这是从我120多篇公开发表的论文中精选部分内容形成的一本专著，而不是一本论文集。它是对我20多年理论研究历程的梳理和见证。

对于新事物的应对往往有两种思路，其一是自下而上的思路，即“后面追”。这属于跟在屁股后面走，出现一种事物就跟踪一种事物。这种思路成本高效果差。在新事物层出不穷的当今时代更是如此。其二是自上而下的思路，即“前面领”。这属于跟着规律走，通过对事物发展、应用趋势的分析，找出规律，前瞻性地占领新事物发展和应用的制高点。这种思路成本低效果好，是应对新事物迭代更新速度不断加快的“捷径”。不敢说自己先知先觉，但自己的研究一直是这么做的。依靠自己工科（山东工程学院工学学士）、管理（北京大学工商管理硕士）、文科（北京广播学院文学硕士）和传媒（中国传媒大学传媒经济学博士）的跨学科教育背景所形成的文理兼蓄、较为完善的思维优势，依靠自己长期在媒体一线进行理论与实践互动，在宏观政策与中微观实际相结合上积累了较强的能力，对媒体融合规律、互联网传播规律、科技发展趋势有直接的体验和判断所形成的实践优势，自己侥幸成为国内媒体融合、跨媒体传播理论研究和实践探索的先行先试者，在这些领域形成了自己的研究体系，取得了一系列研究成果。

我的电视工作经历是从1994年开始的，先是在山东淄博有线电视台当记者，1998年到北京广播学院攻读硕士学位，2000年到北京大学光华管理学院攻读MBA（工商管理硕士），2001年到中央电视台经济部工作，2002年通过公开选拔到北京市大兴区广播电视中心工作，2010年到中国传媒大学攻读博士学位，2013年调到北京电视台，2018年离开电视系统。我国是中央、省市、地市、区县四级办电视，24年里我在四级电视台都经历过。长期在电视实践一线工作，让我对一线的变化有着较高的敏感性，时刻想着能够把一线改革的经验提炼出来；让我对一线的需求有着较高的敏感性，时刻想着怎么才能把最新的理论、方式和方法引进来，解决一线遇到的问题。这种研究的经历是从1996年开始的。当时在淄博有线电视台当记者的我到一家广告公司采访，从他们的一本广告杂志里发现了一篇关于CIS的文章。尽管对CIS还不太懂是什么东西，只感觉到它是好东西，肯定会对电视有所帮助，所以就把这篇文章保留下来。为了搞清楚什么是CIS，我到处找企业界的朋友请教，但基本上没有人说得清楚。我又跑遍了淄博的书店，也没买到相关的书，最后托人从北京才买到。于是就有了我的第一篇论文——《关于电视节目运作引入CIS的设想》，这篇论文在同年举办的山东省首届新闻学术年会上获优秀奖，并以《CIS与电视节目运作》为题全文发表在《中华新闻报》上。这篇文章是我从事电视理论研究工作的起点，是我事业发展到今天这一程度的基础。从这篇文章开始，我对媒体研究的激情一发而不可收，不断获得新的成果。

一方面，根据对规律的把握，我在国内率先提出了一系列理论和观点，受到业界和学界的关注。

2016年在国内率先提出了5G是电视发展的最后风口的观点。5G不仅仅是一种技术，而且是促进电视由单一功能向多重功能转变、由单向传播向双向互动传播转变的工具，更是使电视与受众发生深层次关系的渠道。5G的出现，导致“生活即内容，关系零距离”，为受众天然地追求真实、全面客观的信息传递效果增加了可能性和可行性，让节目内容与受众生活状态融为一体。电视媒体必须对5G的到来提前做好准备，未雨绸缪，抓住这一最后的风口，否则会在未来的竞争中陷入更大的被动。

2015年在国内率先提出了“TV+”是未来电视发展主要方向的观点。电视媒体通过TV+受众主体思维、企业家思维、产业链思维和技术驱动思维，可以超越电视媒体本身的范畴，涵盖协同创新生态体系内的各个创新主体。一方面使各种要素资源向有利于自己的方向流动；另一方面使自己的品牌力、影响力向经济社会的各领域渗透、拓展，从而形成更具市场力、创新力和生产力的，以电视媒体为逻辑基础、达成路径和实现工具的传媒经济新产业、新业态、新模式。

2014年3月，提出了三线立体互动传播的新概念。按照传播新规律、受众行为心理新特点，着力打造基于电视传播的一条场内传播线、分别基于新渠道新技术新方式和一般性活动的两条场外传播线三线互补互促、立体互动的传播格局，从而保证电视媒体能够吸引和稳固受众，促进电视媒体与受众发生深层次关系。

2012年在国内率先提出了广播电视零距离演播室的理论。广播电视媒体要利用各种手段推倒“演播室与受众之间的墙”，做到演播室与受众零距离，使节目既从节目形式和内容上做到“贴近”，更从受众的心理上做到“贴近”。

2012年还提出了TV3.0的理论，对未来电视发展趋势做出了预测。受众随时随地能够使用电视，能够把自己制作的内容提供给电视，能够利用电视从事各项工作，能够对电视活动的优劣做出评价，等等。更重要的是，受众能够由单纯地看电视变为用电视，通过电视这一平台，与各种网络和平台实现无缝连接，从而无障碍地享受各种技术进步和社会发展的成果。

2007年在国内率先提出了媒体仰视百姓的理念。媒体要充分挖掘受众的主体性，把受众作为新闻传播活动的出发点和归宿，以受众为核心，根据受众的不同需求层次和心理特征而不是新闻传播者的喜好来有针对性地进行新闻传播活动。

2007 年在国内率先提出社会评价的网络影响力指标，在国内乃至世界首次从网络角度对社会评价进行系统研究，建立了基于网络影响力的社会评价体系。

2007 年在国内还率先提出手机记者的概念，认为那些持有摄像机和具有照相、摄像功能手机的人都可以成为新闻内容的提供者，预测全民记者时代即将到来。这一创新举措拓展了我党利用社会力量办新闻事业的内涵和外延，催化了新型新闻业态的诞生，标志着记者不再是少数专业机构和人士的专利，标志着全民记者时代的到来。这一理论已经和正在推动全新新闻传播模式的出现和新闻传播活动的变革。

2006 年做出“电视未来很长一段时期竞争的主要着力点在于直播”的判断。提倡真正意义上的、能够与受众实现实时互动的直播，而不是为直播而直播。

另一方面，我利用自己掌握的理论、原则和方式指导实践，进行各方面的探索，起到了很好的示范作用。

2006 年 5 月 8 日，在北京大兴电视台主持开设了国内第一个以手机拍摄素材为主要内容的新闻栏目《手机新闻眼》。这一理论与实践相结合的探索为后来 UGC（User Generated Content）内容生产模式的出现和发展打下了很好的基础。

2012 年 5 月 4 日，带领北京大兴电视台在国内率先成功实现利用手机进行电视直播。具体做法是，不用庞大的演播车和昂贵的信号传输设备，而是用普通手机拍摄，然后通过手机实时把信号传送到电视播出平台。这一理论与实践相结合的探索为现在风靡天下的网络手机直播的出现和发展打下了很好的基础。

2019 年 4 月牵头建设完成国内首家比较完全意义上的 4K 融媒体平台——北体传媒。致力于新技术、新设备的试验，致力于新的互联网传播方式的研发和推广。

2019 年 8 月，进行了世界上首次较大规模的 5G+8K 超高清视频用户体验调查。调查样本量超过 1000 人。这次调查，为 5G+8K 超高清视频的发展提供了直接的、实证化的科学支持，对于实现我国在这一影响社会经济发展的关键领域的领先作用有着重要意义，对于促进互联网传播方式的变革和治理有着重要意义。

在决定整理这本书的书稿之前，我一直犹豫：再嚼自己以前的馍是不是有意义。几位师长和朋友的鼓励坚定了我的信心。正如他们所言，我的这么多研究成果在一定程度上记录了我国电视发展的高光时刻，反映了遇到的突出问题，提出了自己的解决方案，把这些成果系统地整理出来有助于业内外真实、全面地了解和掌握我国电视领域不断遭遇挫折、不断迎难而上的进程。的确，在整理的过程中，我为我国电视一次次失去窗口期而唏嘘不已。尽管也回味了自己的预测成为现实的欣喜，但更多的是因为自己的建议没有得到重视的遗憾。这种遗憾不是为自己，而是为我为之奋斗了 24 年多的电视事业。

2018 年 12 月，我从北京电视台副总编辑任上急流勇退，离开了自己所钟爱的电视事业。从此以后，电视好像与我不再直接相关。尽管我开拓了体育传播的新领域，但是 24 年多的情怀岂能是说割舍就能割舍的？ 24 年多的积累岂能是说放弃就能放弃的？我会继续关注电视，研究电视。以往我是当局者，尽管有着很多的感悟，仍然摆脱不了当局者迷的困惑和无奈。今后作为旁观者，我会为电视发展提出更为有效的意见和建议。

无论何时，我都会坚持走在前边。这是我在理论研究上的执着和追求。

期盼电视能走出荆棘之地，迎来满眼鲜花。

以此为序。

目　录

第一章　电视发展的趋势分析

第一节　电视发展的 TV 3.0①

互联网在短短的时间内由 Web 1.0 到 Web 2.0 又到 Web 3.0，迅速实现了多次革命性飞跃。在电视的发展越来越打上网络烙印的背景下，按照网络的思维方式梳理电视活动的发展脉络，不但能够更好地体现传统媒体与新媒体融合的趋势，更重要的是能够拓展电视活动思维的视野，用对新媒体所带来的新理念等新生事物的兼容并蒂进一步增强电视媒体的核心竞争力。基于此，可以做出判断，电视活动历史演变的脚步开始踏入 3.0 阶段。

一、电视活动的历史演变

电视和网络都是媒体，都具有政治和经济双重属性、喉舌和产业双重功能，但是他们的诞生和发展却带有逆向性的特征。电视在诞生后很长一段时间里，是以政治属性和喉舌功能为社会所认知的，直到改革开放以后它的经济属性和产业功能才逐渐被人们所认识和接受。而网络正相反，它是适应商业活动的需要而诞生的。因此，对电视活动历史演变的分析不能照搬网络，而应体现电视的特殊规律和独有特征。

1. TV 1.0：有什么看什么，俯视百姓

TV 1.0 时代的电视活动具有精英传播的典型特点。电视媒体作为党和

① 引自李岭涛、赵煜发表于《现代传播（中国传媒大学学报）》2012 年第 2 期的《TV 3.0：开启电视新时代》一文。有删改。

政府耳目喉舌的功能被片面强化。电视活动内容不仅匮乏，而且很少从百姓的视角切入，不考虑受众的需求，基本上是有什么看什么，爱看不看。

2. TV 2.0：想什么看什么，平视百姓

TV 2.0 时代的电视活动开始显示平民传播的特点。电视活动开始平视百姓，研究受众的行为特征和心理需求，针对受众不同层次、不同角度的需求提供有针对性的内容。受众开始成为电视活动的主体，可以参与到一些节目中去。电视能够很大程度上满足受众的众多需求，成为受众获取信息、娱乐休闲的主要渠道和方式。

3. TV 3.0：想干吗就干吗，仰视百姓

在 TV 3.0 时代，电视活动开始仰视百姓，电视媒体与受众的关系发生了质的转变，受众成为电视活动的真正主体，成为绝大多数电视活动的出发点和归宿，成为衡量电视活动优劣的标准。这是 TV 3.0 时代的核心特征，其他所有特征都是由这一特征生发或衍生而来的。在这一阶段，受众基本上能够随心所欲地通过电视满足自己的各种需求。这种局面是电视不断进化所带来的。

第一，电视活动开始从单纯的耳目喉舌功能为主向为受众提供信息、生活、娱乐、体验等的全方位、多层次、贴身式服务转变。电视活动的功能更加多样化、综合化。

第二，电视活动开始注重挖掘经济属性和产业功能。产业功能的发挥使受众变为消费者，电视活动通过满足受众的正当需求来获得利润，广告不再是电视的主要创收渠道，电视活动的产业链不断拉长，产业厚实度不断增强。这导致电视活动与受众的接触面大大扩大，接触层次大大深化，受众对电视活动的决定权和影响力加大。

第三，电视媒体与网络、手机等新媒体进一步融合，媒体之间的界限趋于模糊化。电视媒体从单一的媒介形式转变为兼具多种媒介形式特点的“四不像”，电视活动由只依靠单一媒介和渠道转变为多渠道、跨媒体、

全覆盖。

在此种情况下，受众随时随地能够使用电视，能够把自己制作的内容提供给电视，能够利用电视从事各项工作，能够对电视活动的优劣做出评价，等等。更重要的是，受众能够由单纯地看电视变为用电视，通过电视这一平台，与各种网络和平台实现无缝连接，从而无障碍享受各种技术进步和社会发展的成果。

二、TV 3.0 时代的历史必然

准确认识 TV 3.0 的历史必然，有助于我们增强适应和利用时代特点、规律为电视发展服务的自觉性和主动性。

1. 受众的地位决定了 TV 3.0 时代演变的规律

在市场经济条件下，由于受众的身份逐步向消费者转变，消费者在电视媒体的竞争中处于核心地位，因此只有直接或间接得到消费者的认可或接受，各种电视活动才有意义。这是市场化给电视发展带来的压力也是动力。消费者的需求决定电视活动的方向，满足消费者需求的程度决定电视活动的效益和效果，这一规律性要求尤其不可违背。

2. 技术的进步提供了 TV 3.0 时代演变的可能

TV 3.0 时代的演变是建立在现代传播技术基础之上的，从采集、制作、传播（发行或播出、传输）的各个环节都深深地打上了技术的烙印。随着要求的提高，电视逐步由技术支持型媒体向技术决定型媒体转变。技术的进步速度，不仅决定了创新性的电视活动能否实现，而且对电视的时代演变起着实质性的推动作用。可以说，对电视技术特别是新技术的认知和利用，影响着电视活动的理念，决定着电视媒体内容的生产形态、运作方式及传播效果。目前，许多地方都在推广新的机顶盒和手机电视。通过新技术的采用，受众可以点播节目，可以交电话费、税费等，可以设立家庭门禁系统，可以对节目进行反馈、编辑，然后把自己制作的节目回传，等等。

3. 机遇的稀缺增加了 TV 3.0 时代演变的压力

长期以来，我国的电视发展一直处于追赶发达国家的状态，而今天历史又一次让 TV 3.0 时代的演变给我国电视业提供了与发达国家同时起步、同步发展的机会。在欧美、日韩等国仍然保持强劲发展势头的情况下，如果不加快研究和把握 TV 3.0 时代规律的进程，必然将使我国在新一轮电视发展进程中继续落后，我国电视业也将再一次承担巨大的发展成本。这是从我国电视发展的历史教训中得出的结论。

三、TV 3.0 时代的策略选择

由上述分析可知，TV 3.0 时代具有自己鲜明的特征和规律。这就要求各种电视活动必须与时俱进，采取反映时代特点和规律要求的策略。唯有如此，才不会在新的形势下发生方向性偏差。才可能在激烈的各媒体竞争中占据有利位置。

1. 注重受众的多面性

在 TV 3.0 时代，电视与其他媒体的兼容并蓄带来功能的多重性，这必然导致受众身份的多面性，如受众不仅仅是观众，他还是听众，还是网民，还是用户，还是消费者等。在 TV 3.0 时代，受众的需求不仅分为不同层次，而且相同的需求会更加细化地分为不同的方面和角度。受众需求的这种特点，必然导致受众行为具有不同的层次、方面和角度。这就要求电视活动要研究受众在各种环境和条件下的行为特征和心理取向，并且这种研究要与相应的媒体特点相对应。在此基础上，采取有针对性的措施，做到有的放矢，既发挥不同的媒体特性在电视这一核心平台中的自有优势，又满足受众多层次、多角度的需求。

2. 保持触角的敏感性

对新的传播渠道、娱乐方式、技术手段和资本形态的融合与整合是电视的发展趋势。要加大整合的力度，通过这种整合，增加电视活动的途径和手段，提高电视活动的传播质量，丰富电视活动的功能，扩大电视活动的惠及范围。以手机为例，根据人类传播活动的特点、文化消费的发展和技术进步的规律来分析，手机是一个综合性概念，是多重功能的集合体，兼具人际传播和大众传播的特点。可见，手机的先天性特点恰恰与上述趋势相吻合。因此，就像手机从某种程度上带来了广播传播模式的革命、帮助广播走出了困境一样，可以预见，手机必将会带来电视传播模式的变革。

3. 增强民生的拓展性

“民生新闻”的概念改变了我国电视习惯高高在上、重时政新闻不重社会新闻的弊端，强调以民为本，把民生新闻这个过去的新闻死角改造为新闻亮点。当前，民生问题受到全社会的关注，这极大扩展了我们认识民生新闻的视角。要树立大民生的概念，把民生新闻作为一种理念而不是题材来看待，只要是从百姓角度切入，从群众利益出发进行报道的新闻，都可以认为是民生新闻。在报道各类新闻时，不光注重在内容和形式上做到贴近性，更注重从受众的心理上做到贴近性，借此增强内容的可接受性和渗透力，减少信息被受众过滤掉的程度。

第二节　电视发展的 TV+①

在新媒体的强势冲击下，电视媒体的既有优势被逐渐蚕食。相对于新媒体有理论、有实践、有舆论的步步为营、稳扎稳打，电视媒体的应对显得顾此失彼，追着新媒体的指挥棒转，缺少主导性、战略性和前瞻性。面对越来越严峻的形势，电视媒体要想变被动为主动，就必须捋出新规律、新趋势，对媒体的未来发展做出判断，进一步形成自己独立的指导思想和发展理念。在研究媒体发展规律、市场运行规律的基础上，笔者认为，“TV+”应该成为全媒体背景下未来电视发展的主要方向。

① 引自李岭涛发表于《中国广播电视学刊》2015 年第 12 期的《“TV+”：对未来电视发展的判断》一文。有删改。

一、“TV+”的特征

所谓“TV+”，是指一种新的传媒经济形态，它属于协同创新的范畴，即激发、催化和保持电视媒体在市场配置各种相关要素资源过程中的主导作用，推动各种要素资源向有利于电视媒体发展的方向流动，通过对各种要素资源的优化和集成实现电视媒体向经济社会各领域的渗透、拓展，从而形成更具市场力、创新力和生产力的，以电视媒体为逻辑基础、达成路径和实现工具的传媒经济新产业、新业态、新模式。显然，“TV+”是电视媒体发展的新常态，是对原有发展方式、发展理念和发展道路的扬弃。

1.“TV+”体现了电视媒体发展的开放性

事业单位性质决定了电视媒体内敛的特点，对于稳定性的追求大大高于对外部变化的反应。因此，传统电视媒体的发展常常是自我封闭、自我独立和卡拉 OK 式的自娱自乐，往往呈现为线性特征。但是，当前电视媒体需要适应的规律越来越多，应该做出选择的发展路径越来越多，不得不面临的不确定性也越来越多。要解决这些问题，仅仅依靠原有的资源，凭借原有的创新力度，局限于原有的视野和小圈子，已经是不可能的事情。“TV+”能够保证电视媒体发展的开放性，通过树立蛋糕意识和多赢意识，共同做大蛋糕，共同放大增量，共同拓展发展空间，共同分享创新发展成果，而不是抱着自给自足和肥水不流外人田的小农意识不放。

2.“TV+”体现了电视媒体改革的主导性

从承载的功能看，电视媒体的功能正逐步得到释放和拓展，对社会发展进程进行实质性的、直接的推动，开始做社会发展进程的参与者和干预者，做历史的创造者。从承担的社会责任看，电视媒体一直是党和人民群众忠实的耳目喉舌，讲政治，讲正气，弘扬主旋律和社会主义核心价值观，是舆论引导和社会宣传的主阵地。这就要求电视媒体在改革中特别是在与新媒体的融合中掌握主动性和主导权。“TV+”能够保证电视媒体改革的主导性，把所有的理论、理念、技术、思维方式、运作模式等都看作实现改革目的的途径、手段和工具，立足于自身所拥有或控制的战略资源、核心能力，按需选择，统筹兼顾，凡是对自身发展有利的东西都要毫不犹豫、积极主动地拿来，为我所用，确保在动态环境下电视媒体的发展能力经受住长期和动态的考验或检验，而不是盲目追风，在纷繁复杂的竞争环境中迷失方向，被竞争对手牵着鼻子走。

3.“TV+”体现了电视媒体创新的制度性

电视媒体的创新大多属于随机性创新，这种创新的特点是应景性强，比较随意，很少有长期的战略性规划，缺少系统的理论指导，一般是电视媒体或者市场当前需要什么，就在什么方面创新。随机性创新不利于核心竞争力的形成和巩固。这是很长一段时间以来电视媒体参与市场竞争的主要短板之一。日新月异的技术进步和日益激烈的市场竞争从不同角度、不同层次对电视媒体提出了新要求，简单地在原有框架内修修补补的随机性创新已很难跟上时代的潮流。“TV+”能够保证创新的制度性和系统性，要求电视媒体变被动为主动，夯实理论基础，利用最新理论、理念、方式等指导创新实践，立足于电视媒体长远发展战略的贯彻、核心经营理念的体现和核心竞争力的提升进行创新，并及时对创新工作进行理论总结和提升，做到理论与实践的良性、实时、精准互动。

二、“TV+”的实现路径

“TV+”是电视媒体与其他创新主体之间通过整合、协作、共享、多赢等发生关系的过程，其协同创新的模式要远远超越电视媒体本身的范畴，涵盖协同创新生态体系内的所有创新主体，其建构的复杂程度之高、难度之大是很难想象的。为此，“TV+”要明确方向，前瞻思考，超前谋划，想别人所没有想到的，把握别人所没有把握的，做别人所没有做到的，这样才能引领媒体发展潮流。

1.“TV+”受众主体思维

随着民主进程的加快和社会文明程度的提高，受众的主体意识逐步觉醒，其发挥自身主体性的要求正逐步由潜在转为现实，由模糊转为强烈。电视媒体从很长一段时期高高在上、我播你看的俯视百姓理念一统天下，到提倡平民视角、关注普通百姓情感的平视百姓甚至仰视百姓的理念逐步深入人心，受众主体意识的渐进式觉醒为电视传播理念的不断演变带来了动力，受众对电视传播的意义越来越重要，反作用力也越来越大。因此，受众主体思维是“TV+”的核心内容之一。

没有一定数量的受众，电视媒体的发展只能是空中楼阁。能否更多地拉回受众，更广泛地与受众发生接触；能否更深入地为受众所接受，与受众产生更深的亲和度、黏合度，将直接影响“TV+”受众主体思维的彰显程度及其效果。通过“TV+”受众主体思维，可以研究受众需求变化规律。第一，巩固现在，抓住未来，抓住 90 后、00 后的心。90 后、00 后受众正逐渐由非主流成为主流，他们将决定未来 10 年到 20 年电视市场的走向。这一群体今天的价值取向和品牌倾向会影响他们的收视体验，进而影响他们今后一生的收视选择。电视媒体不在今天抓住 90 后、00 后，明天花更大的力气去抓不一定能成功，很大程度上意味着自己将失去未来竞争的主动权。第二，适应受众参与、互动、分享和体验的需求，使满足受众这些需求的过程成为内容生产和传播的重要组成部分。第三，与受众发生经济联系，让他们参与到利益分配中来。市场化的现实利益关系可以大大增强受众的忠诚度。

2.“TV+”企业家思维

企业家思维实际上就是市场思维。电视媒体要按照经济效益最大化原则把各种电视要素和资源组织起来，按照受众的需求规律配置资源，确保传播效果，通过为受众创造价值实现自己在保证社会效益前提下追求经济效益最大化的目标。没有经济效益的最大化，就没有电视媒体的做大做强，就没有实现“资产保值增值，承担社会责任”的保障。也就是说，在市场经济条件下，没有经济效益做基础，社会效益无从谈起，电视媒体将很难持续存在。因此，企业家思维是“TV+”的核心内容之一。

通过“TV+”企业家思维，电视媒体能够做到以下几方面：第一，适应媒体市场由原有的一屏包打天下向多屏化转变的趋势，改变大量电视受众流失的局面。利用受众在多屏之间随意、高频率的转换，引导受众形成以电视屏幕为主收看，其他屏幕参与、互动、分享和体验的收视习惯。第二，把握以手机为代表的伴随性媒体的出现导致受众时间碎片化的新特点，改变原来单纯依据电视传播规律生产内容的做法，在内容生产时兼顾电视和新媒体的双重规律要求。第三，建立市场化的资源要素整合机制。通过大背景定位、大市场运作、大范围整合，以更开阔的视野、在更宽阔的空间里经营要素资源，确保质量最高和价格最低的资源供应给自己，从而降低资源配置成本，提高资源配置效率。第四，建立市场化的组织结构。跟上组织结构扁平化的趋势，用开放、协作、分享提高对市场变化的反应速度和能力。一方面确保能准确、有效、及时地接收到外部的信号；另一方面确保对这些信号做出快速、正确的反应。第五，建立与资本互动的机制。通过资本运作，壮大电视媒体的经济基础；引入自身所没有的、先进的经营理念、传播模式、市场基因和消费者导向意识等；利用资本的扩张力和渗透力降低电视媒体的经营盲点。第六，引入市场化的人才激励机制。当今的媒体市场已经不是原来的体制内单位一统天下了，而是体制内单位与民营、合资甚至外资主体同场竞技。相对于体制外机构，电视媒体在人才激励上还有很大差距，这可能是最近几年电视媒体人才流失的主要原因。因此，电视媒体应建立与市场和人才需求、与事业发展需要接轨的人才激励机制，重点奖励原创思维和创新意识，使人才既有发挥才能的舞台，又能获得与付出相对应的回报。

3. “TV+”产业链思维

风起云涌的云计算、大数据、物联网等为社会发展带来了巨大变化，也必将通过与电视媒体的结合以及这种结合向其他行业的渗透催化出一大批新产业、新业态、新模式。科学合理地推行产业链延伸策略，可以有效整合上下游经营资源，扩大经营辐射范围，增强市场竞争力。电视媒体应适应相关产业之间融合发展、协同创新的大趋势，跳出电视领域的小圈子，融入市场经济发展的大背景，重新高屋建瓴地审视产业价值链，找准电视资源与市场中各种要素资源的结合点，用新资源的引入打破原有资源瓶颈的束缚，释放电视媒体的内部潜力，从而形成价值更高、回报更大的新的经济增长点。因此，产业链思维是“TV+”的核心内容之一。

通过“TV+”产业链思维，能够捋清电视产业链从上游到中游再到下游的各个环节，能够透视从内容产品及其衍生品到传播渠道、从与受众关系到新的经济增长点的各个层次，从而在网络化、链条长、层次多的产业链上找准经营的基点。第一是内容生产带来的产业链。对电视媒体来讲，内容为王的理念任何时候都不能丢，富有新意、具有原创精神的内容产品永远是媒体发展的核心和基础，必须牢牢抓住，精耕细作。第二是与传统产业特别是服务业结合带来的产业链。服务业成功的关键是能否有足够的人流，电视媒体通过与服务业的结合，既可以把自己的受众导流给服务业变成他们的消费者，也可以把他们的消费者导流过来变成自己的受众，从而在结合的过程中创造众多的经营机会。第三是与大数据平台结合带来的产业链。电视媒体本身要产生大量数据，可以由大数据平台进行处理，还可以把外部的大数据引进来，这些数据的引入、输出和使用都会创造新的机会。第四是多流程交互带来的产业链。把握内容的研发、策划、生产、传播、推广等各个环节与受众发生的深层次关系，搭建开放、共享、体验的全媒体平台，使受众通过多个流程、多条传播线及时参与进来，进而汇聚更多创新资源，并为受众提供针对性更强的内容和服务。第五是与传播渠道结合带来的产业链。电视的传播已经由一屏独大到多屏共存，由线上单向传播到线上线下双向互动，这带来了电视传播渠道的多样化、立体化和无盲点、全覆盖，使得电视媒体的传播活动更加直接、更加有效。

4. “TV+”技术驱动思维

受众的需求有自发产生和被动产生两种。从传播活动的历史和受众需求产生的根源来看，大部分需求是受众被动产生的，是被技术进步催化和激发出来的，从报纸到广播是这样，从广播到电视也是这样，从电视到新媒体更是这样。在数字化、网络化和媒体融合代表先进传播生产力方向的大背景下，以新媒体技术为代表的各种技术对受众需求的催化作用越来越明显，受众需求呈爆发之势。对电视媒体而言，技术已经由原来的辅助作用演变为决定作用，电视媒体在更大范围内对相关领域的新技术保持持续整合就显得尤为重要。因此，技术驱动思维是“TV+”的核心内容之一。

通过“TV+”技术驱动思维，电视媒体将不再简单地只从技术的角度去理解电视是技术媒体，而是从电视媒体、市场需求的角度去认识技术，将创新技术与市场需求有机地结合起来，看技术是如何改变电视内容、提升电视内容的表现能力以及如何影响电视与受众之间的关系的。电视媒体要积极培育自己的技术基因，不但对与电视媒体发展直接相关的技术保持高度敏感，而且对各种看似与电视媒体毫不相关的技术也时刻保持随时引进消化的态势。一是利用好已有的为受众所广泛欢迎和接受的技术。二是通过分析技术发展趋势研发催化受众需求的新技术。三是对其他行业公共服务性技术给予关注，研究能否把这种技术与电视媒体结合，使电视媒体能够切入这个行业的产业链。四是对能够带来产业集聚和消费者规模急剧膨胀的关键共性技术或关联技术给予关注，研究能否利用这种技术使电视媒体在产业集聚中占据一席之地并实现受众规模的快速增长。五是对能够带来管理水平迅速提升的技术给予关注，研究如何利用这种技术使电视媒体的管理方式、运行模式更加适应市场的需求。

总之，对未来发展做出判断是电视媒体面临严峻形势实现自身深化改革的要求。“TV+”是对这种要求的科学回应。笔者相信，这种回应必将对电视媒体的发展起到积极的促进作用。

第三节　电视发展的直播[①]

激烈的市场竞争使各级电视媒体费尽心思寻求和整合各种有利于增强竞争力的手段。直播就是近几年来逐渐受到重视的竞争手段之一。笔者认为，直播是未来很长一段时期内电视竞争的主要着力点。但是，从我国电视直播的现状来看，尽管已经在很大的范围和层面进行了尝试，但与直播的规律性要求还有很大差距。因此，必须对电视直播存在的问题加以解决，否则不仅很难在电视媒体之间的竞争中取得优势，而且很有可能导致在与网络、手机等新媒体的竞争中失去主动地位。

一、电视直播现状分析

《广播电视词典》（中国传媒大学出版社 1999 年 10 月出版）将直播界定为“广播电视节目的后期合成、播出同时进行的播出方式”。按播出场合“可分为现场直播和播音室或演播室直播”。电视现场直播是“在现场随着事件的发生、发展进程同时制作和播出电视节目的播出方式，是充分体现广播电视媒介传播优势的播出方式”。按照此定义，电视直播大概可以归为三类，一是串联意义上的直播或演播室直播。这种直播主要是由电视媒体事先设计好节目编排，然后按照固定的流程，让节目录制和播出同步进行。现在大部分电视媒体的新闻直播都是这种类型。二是议程式直播。不同于演播室直播，电视媒体在这种直播中是处于被动状态的，要严格按照各种活动的议程来进行，很难创新。议程完成，直播即告结束。如奥运会开幕式的直播、大型会议的直播等都属于这一类型。三是突发事件的直播。笔者认为这类电视直播是直播的本质意义和核心魅力所在。由于突发事件

① 引自李岭涛、戚缤予发表于《现代传播（中国传媒大学学报）》2011 年第 6 期的《中国电视直播发展态势分析》一文。有删改。

的不可预测性，通常需要打断正常的节目播出来插入对突发事件的直播，使得直播结果充满悬念，对受众具有很强的吸引力，因此这一类直播通常能带来较高的收视率和影响力。美国“9・11”事件的直播就是这一类型。

根据电视直播的定义和分类进行分析就可以发现，我国的电视直播现状存在很多问题。

1. 演播室直播多，场内外互动少

目前我国大部分省级以上电视媒体的主打新闻都实现了直播。但是，这种直播除了一定程度上把新闻截稿时间延后了以外，意义不是很大。因为受众看到的仍然是播音员正襟危坐、字正腔圆地进行新闻播报，与录播没有什么区别，受众仍然是旁观者，不能很好地参与到节目中，不能对节目的好坏发表自己的意见。在这方面，中央电视台（简称央视）每年的春晚是典型的例子。受众看到的是几十年如一日的某某机构全体工作人员给全国人民拜年，演员们在舞台上自娱自乐，现场为数不多的受众很配合地热烈鼓掌。既然没有与场外受众的实时互动，不如干脆改成录播，也省得浪费人力和物力，也好让演职人员好好过个除夕夜。

2. 议程式直播多，突发性直播少

近几年来，各级电视媒体每年都要进行大量的议程式直播。这使得大众有一种误区，即电视直播是某项活动规格的象征，如果某项活动或会议不进行电视直播似乎档次不够、领导不重视。于是很多领导硬性要求直播各种会议或活动，白白增加了电视媒体的负担，占用了宝贵的频道资源，也浪费了受众的时间。而对突发性事件的直播却凤毛麟角，除了在 2003 年央视对“非典”的直播、2008 年对“5・12”汶川大地震昙花一现般地展示了直播的魅力以外，绝大部分所谓事件性直播都充满了导演和策划的痕迹，所以能够从头到尾有条不紊地进行，毫无悬念可言。

3. 传统直播多，创新直播少

实践中不管是演播室直播还是议程式直播、事件性直播，都基本拘泥

于传统的节目形态，多年来鲜有创新。电视是一种技术应用型媒体，但各种直播对网络、手机等新技术的整合却并不积极。电视具有娱乐功能，但是各种直播对微博、飞信、QQ、MSN 等新的娱乐方式却熟视无睹。电视是大众传播媒体，但是各种直播却对 3G、网络视频等各种新的传播渠道敬而远之。这直接导致了电视直播的节目形态原始化，滞缓了直播形态的创新进程，影响了受众参与节目的深度和广度，压抑了受众主体性的发挥。

二、改进电视直播的必然性

可以说，改进电视直播不是以电视媒体的主观愿望为转移的，而是由诸多客观因素所决定的，具有其历史必然性。

1. 受众主体性的觉醒带来强大动力

受众是电视传播活动的主体，是电视媒体经营活动的出发点和归宿。主体性是指受众作为主体在电视传播活动中与电视媒体相关联所表现出来的特性，首先表现为自主性。受众的主体性要求电视媒体在价值取向上强调尊重受众、理解受众、关爱受众、塑造受众，重视受众人格的转型，即实现由传统人向现代人的转换。

受众主体意识的渐进式觉醒为电视传播活动理念的不断演变带来了动力。而直播是受众参与电视传播活动决策、电视传播过程和电视传播活动评价的重要渠道，是最能体现电视媒体与受众关系本质回归的载体，因此，不管电视媒体愿不愿意，电视直播都要发展。如果电视媒体不能很好适应这一规律性要求，不能根据受众的需求及时改进直播，将很有可能被受众所抛弃。

2. 新兴事物的涌现奠定坚实基础

作为一种大众媒体，电视媒体对各种要素的依赖性非常高，需要不断整合新的要素。通过这种整合，可以提高电视媒体的传播质量，丰富电视传播活动的内涵和外延。尤其是电视直播，如果没有对各种新要素的整合，将很有可能是录播的翻版，不能发挥直播的功能。

一方面，电视媒体是明显的技术依赖性媒体，新技术的每次变革都会对电视媒体的发展带来巨大影响，电视媒体在更大范围内对相关领域的新技术进行整合就显得尤为重要。电视媒体相关技术的运用将有助于直播中受众多媒体参与互动平台的建立，进一步弥补直播时电视自身技术手段的不足，实现受众参与的广泛性、便捷性和手段的多样化，为电视突破传统的单向传播模式的限制，回归“传播是人与人之间的沟通交流”的本质打好基础。

另一方面，社会的进步使得新的娱乐方式和传播渠道不断涌现，像微博、QQ、MSN、飞信等已经成为人们特别是年轻人生活中必不可少的组成部分。它们在影响和改变着大家的思维方式和行为方式的同时，也为电视媒体丰富自己的传播方式提供了可能。充分认识到这一社会发展趋势，合理有效地把这些新的娱乐方式和传播渠道引入自己新闻线索收集、节目采访制作、受众信息反馈等生产播出的全过程，将会大大丰富电视直播的内容和形态，使电视传播活动的效果上升到新的水平。

3. 竞争环境的变化施加巨大压力

电视媒体的竞争对手不断发生变化。互联网络、手机等新媒体逐渐超越报刊和广播，成为电视媒体的主要竞争对手。截至 2010 年 12 月底，我国网民规模达到了 4.57 亿，较 2009 年增加了 2300 万人[①]。可以说，互联网已经成为新闻传播领域中影响巨人的、最具发展潜力的主流媒体。网民中较大比例的高层次、高收入人群使其逐渐担当了舆论领袖的角色。网络因其人众性、互动性、时效性，以及国家管制政策的相对宽松，开始超过电视媒体而独领风骚。

工业和信息化部当年的统计显示，截至 2010 年 5 月，全国手机用户增至 7.96 亿户。截至 2010 年 12 月底，我国手机网民规模达 3.03 亿，成为

① 《第 27 次中国互联网络发展状况统计报告》，中国互联网络信息中心（CNNIC），2011 年 1 月 19 日。

中国总体网民规模攀升的主要动力[①]。随着微博、飞信等新兴传播方式把网络和手机连接在一起，特别是随着智能手机价格的下降，微博、飞信等的应用将势不可当。这将对电视媒体提出更加严峻的挑战。

网络和手机相对于电视媒体最大的优势在于对受众主体性的尊重，受众可以随心所欲使用，尽各种可能满足受众的需求。而传统的电视媒体远远没有做到这一点。直播是今后很长一段时间电视媒体改变这种被动局面的主要途径。通过直播，受众可以真正成为电视的主人，尽情享受声画兼备的艺术。因此，电视媒体没有选择，必须不断改进直播，做到直播的常态化。

三、改进电视直播的途径

毋庸置疑，业内对于直播的重要性已经形成了广泛共识。重要的是认真研究电视直播的特点，找准途径，使直播真正符合电视传播规律。

1. 认识电视直播的本质

直播是电视传播活动中使用的众多手段之一，也是实现电视传播活动的目的或功能的途径之一。直播是相对于录播而言的。从其社会性来看，电视媒体从事传播活动的目标是为了教育群众、引导社会、促进发展；从其主体性来看，是为了通过满足人民群众日益增长的文化需求，取得较好的经济效益和社会效益，从而增强自己的核心竞争力。因此，直播和录播一样，是为电视媒体的各种目标服务的，它本身不是目标和目的，而是手段。实践中应该摒弃已有的大部分直播活动是为直播而直播、把直播当目的的做法，深刻认识直播的本质，回归直播的本能，通过直播让更多的受众参与到节目中来，使受众真正成为电视传播活动的主体。

2. 适应受众主体的增强

在原有的实践中，电视传播属于单向性很强的传播活动。一方面，电

① 《第27次中国互联网络发展状况统计报告》，中国互联网络信息中心（CNNIC），2011年1月19日。

视媒体单方面提供信息；另一方面，没有灵活有效地参与和反馈渠道。电视媒体应适应受众主体性的逐步增强，利用电视直播从根本上改进这种状况。这种改进是从三个方面来实现的，一是使受众参与到电视传播活动的决策中来，他们的参与会开阔传播者的视野，起到“旁观者清”的作用；二是使受众参与到电视传播活动的过程中来，他们的参与能丰富传播活动的内容，增强传播活动的表现力，增加传播活动的表现手段；三是使受众成为电视传播活动的评价主体，而且这种评价是直接的，可以避免当前一些评价方式带有滞后性的弱点，真正反映市场的变动，增强后续传播活动的市场竞争力。

3. 融合新兴事物的优势

从发展趋势来看，电视媒体需要加速对新的传播渠道、新的娱乐方式和新的技术手段的整合，需要加速开发新的业务，以应对新媒体的竞争；而新媒体需要整合传统媒体的既有优势，以尽可能减少发展中的探索性代价。电视媒体应积极利用网络、手机的优势改进电视直播，打造各种媒体互联互通的全媒体平台，通过全媒体的多通道、全体验、互动性留住受众，催化电视传播模式的变革。

以卫星新闻采集（SNG：Satellite News Gathering）技术为例，它能够使电视传播的实时性和现场表现能力强的优势得到充分发挥，特别是对于突发事件的报道，SNG 的现场直播能给受众带来强烈的视觉冲击和情感震撼。SNG 的出现提高了直播的机动性，调动了电视媒体直播的积极性。但是用 SNG 直播的成本仍然很高。2010 年山东电视台齐鲁频道自主开发了利用对 3G 通道与专业摄像机的整合进行录制、传输电视信号的技术，大大降低了直播成本，使记者扛着一台摄像机就能进行直播。

4. 创新电视直播的形态

传统的直播形态成本比较高，流程复杂。实践中应勇于创新，不拘泥于既有模式，创造简单易行、形式多样的直播形态。浙江卫视的《新闻深一度》栏目把网络视频引入节目，使全国各地的受众能够实时参与到节目中去，使演播室的空间做到了无限大，使节目形态发生了革命性变革。江苏卫视的《非诚勿扰》在节目录播的同时进行微博直播，既省去了节目直播的高成本和高风险，又为受众参与节目搭建了平台，通过与受众的互动进一步提高了节目的影响力。

第四节　电视的社交属性①

电视媒体自诞生以来就一直被认为是大众媒体，但是从自身特点和发展进程看，电视媒体同样具有社交属性的基因。在信息传播渠道、娱乐休闲方式等都严重匮乏的特殊历史阶段，受众对于电视媒体的需求更多在于大众传播功能，需要它有更大的惠及面，而不是人际传播和社交属性，因此长期以来电视媒体的社交属性被大众传播功能给掩盖了，被人们忽视了。在人际传播与大众传播加快融合的趋势面前，在受众日益强烈的社交需求面前，在新媒体巨大的竞争压力面前，电视媒体必须正确、准确认识到自己的社交属性，尽快采取措施把这一重要的潜在能量变为显性优势，通过社交属性的挖掘拓展自己的发展空间。

一、全面认识电视媒体的社交属性

根据社交和属性的概念，可以为电视媒体的社交属性下个定义。电视媒体的社交属性是受众利用电视媒体进行人际交往的、源于电视媒体自身的一种性质特点，这种性质特点能够满足受众通过电视媒体传受信息、交流思想、学习知识、参与活动、融洽关系等物质和精神方面的需求。社交属性决定了电视媒体不仅具有大众传播功能，而且具有人际传播功能。大

① 引自李岭涛、李扬发表于《现代传播（中国传媒大学学报）》2019年第6期的《电视媒体的发展空间：基于社交属性的思考》一文。有删改。

众传播和人际传播两种功能在电视媒体不同的发展阶段发挥着不同作用，在受众需求要求量的满足阶段，电视媒体的大众传播功能起着决定作用；而在受众需求要求质的满足阶段，人际传播功能将发挥更大作用。人际传播功能的实现程度依赖于电视媒体社交属性的挖掘、发挥程度。在受众导向的媒体市场竞争中，相对于大众传播功能而言，电视媒体的社交属性和人际传播功能将更加容易赢得受众的青睐，更加有利于其获得竞争优势。

1. 凭借家中核心地位营造温馨港湾

家庭是社会最基本的组成单位，是幸福生活的载体，是受众社交的起点和归宿。电视媒体从诞生之日起就担负起了家庭核心的角色。与其他家用电器相比，电视机的必需性是不言而喻的。电视机往往都摆放在客厅的视觉中心，是进门后的视觉焦点，是最具家庭感的家庭成员。它不仅承担着“壁炉”式的装饰作用，更重要的是承担着客厅娱乐功能，是家庭团聚时的互动中心。尽管随着电视机的普及，人们已很少再给电视机套上精心缝制的外罩，但从最初的黑白电视到后来的彩电，从模拟电视到超高清智能电视，作为家庭象征的电视的角色和作用没有变，一直是家庭当中装饰、娱乐、文化和共享的源泉，全家一起看电视所带来的合家欢仍然是最具仪式感的家庭活动之一。

据调查，2018 年“全国家庭户中正在使用的电视机设备数量超过 4 亿台，全国电视家庭平均每户拥有 1.16 台电视机。客厅仍然是居民收看电视的主场所，86.63% 的家庭户客厅拥有正在使用的电视机”[①]。毋庸置疑，电视媒体对于家庭和谐幸福稳定，对于受众的充电加油和享受生活，都起到了其他家用电器无可比拟的作用。从这个角度讲，电视媒体的社交属性在家庭中不但没有受大众传播功能的影响和掩盖，反而得到了彰显。

---

① 引自中国广播电视网络有限公司联合北京美兰德媒体传播策略咨询有限公司（CMMR）共同发布的《2018 年度中国家庭收视市场入户调查》。2019 年 1 月 9 日，http://www.sohu.com/a/287794062_120056318。

2. 集体收看激发群体欢乐

电视是一种特别适于集体收看场景的媒介，它的这个特点不断为人们创造着集体欢乐。20世纪七八十年代，作为新生事物的电视机一经出现就凭借自己声画兼备的优势抓住了所有人的心。当时在农村，如果谁家里有台电视机，就会轰动街坊四邻，几乎全村人都会每天定时、定点前去观看，在一段时间内的社交话题也就成了那个时间段里电视播放的内容。

随着电视机的普及和新媒体的冲击，尽管电视媒体当初的风光不再，但它激发群体欢乐的独特优势所诱发的集体收看的刚需依然强劲。尤其是屏幕的由小到大，为集体观看提供了越来越多的乐趣和场景优势，让大型活动或体育赛事时集体收看所带来的独乐乐不如众乐乐的感觉、情绪得到汇聚，使受众的沉浸式体验得到了快速提升，从而使电视媒体的社交属性得以体现，使受众的社交需求得以满足，使受众的社交范围得以放大。在这一点上，无论PC端还是移动端，都难以望其项背。

国际足联世界杯足球赛举办的第21届赛事——2018年俄罗斯世界杯让电视媒体的社交属性发挥到了极致。对于大多数不能到现场观看比赛的球迷而言，认识的、不认识的一起看比赛直播就成了世界杯期间主要的社交活动。西南财经大学更是在其官方网站上发出《关于做好学生收看世界杯相关事项的通知》，引来学生和外界的一片叫好声，也让集体观看这种特殊的收看方式重回大众视野。CSM收视数据显示，2018年俄罗斯世界杯期间央视各频道的整体收视份额达到36.48%，CCTV-5的收视份额更是达到了超出常规的7.24%。

3. 利用不可预测性为受众在更大空间塑造共同场景

与新媒体的点播方式不同，电视媒体的播出是直播状态，属于线性传播，因此一直被诟病为不符合受众越来越旺盛的社交需求和行为特征。这种观点不仅是片面的，而且是短视的。尽管直播和线性传播给予受众的选择性弱，但恰恰是这种不可选择性为受众创造了更多的期待和悬念，使得受众对内容的不可预测性大大增加，由此所激发的受众的社交需求也大大增加。面对未知的内容和未知的结局，受众的好奇心会显著增强，他们需要找人咨询，找人讨论，找人发泄。显然，电视媒体的直播和线性传播成了受众社交的动力。直播的魅力不仅仅在于它的不可预测性，还在于它与电视媒体的大众传播功能结合后所造成的共同场景的扩大，这种扩大使得受众的社交范围大大拓展。作为大众媒介，电视媒体在直播时会用相同的内容在相同的时间、不同的地点为不同的受众制造相同的氛围，从而在远远超出受众视力所及的范围内塑造出普天同乐的共同场景，大大扩展受众的社交面，使受众有更好的体验感。从一人到无数人，从熟人到陌生人，在不同地点、相同时间做同一件事情的这种共同场景带来受众社交活动内涵和外延的质的变化，即社交活动不仅是通过接触性的，而且可以是非接触性的；不仅可以是思想的表达和互动，而且可以是不为人知的内心的反对或共鸣。

4. 属性拓展为新媒体提供基础支持

电视媒体的社交属性是与其大众传播功能共生的，因此大众传播所具有的开放性必然导致社交属性的开放性，这种开放性又必然促使社交属性走出电视媒体的小圈子，延伸和拓展到受众社交需求的大背景。在更大的空间内，电视媒体的社交属性一方面对受众的社交需求做到了多层次全方位满足，另一方面与新媒体的人际传播进行了深层次互动，为新媒体社交属性的发挥提供了基础性的支持。电视内容的高质量使得受众能够反复收看，因此激起受众社交欲望的可能性大，受众由此产生的社交行为的质量高。这造就了一个不争的事实，尽管唱衰电视的声音一直不绝于耳，但电视媒体仍然在贡献着社交媒体的主要流量，也仍然在为社交媒体贡献着大部分的视频内容。美国视频广告局 2018 年底发布的最新研究系列报告《电视即社交：电视内容如何引发持续的网络热议》（*TV is SOCIAL：How "Live" TV Sparks Continuous Online Conversations*）指出，电视内容对社交平台上网络热门话题有着广泛而深刻的影响。为了量化直播电视在多大程度上推动社交平台上的互动，研究分析了从 2018 年 9 月 24 日到 10 月 21 日连续四周的电视节目对 Twitter 十大热搜话题的影响。由于热搜话题是不断变化且略有一定的滞后，研究在每晚四个时间点（20:30，21:30，22:30，23:30）分别对热搜话题进行监测。研究发现，在晚间 4 个时间点的 Twitter TOP10 热门话题中，平均 84% 的话题都来自电视内容①。

5. 家庭感促进科技向善

社交是人类与生俱来的需求，是人类文明进步、信息传播交流的基本途径和渠道。作为势头正盛的新兴媒体，移动媒体的发展虽然给人们带来了方便，但也容易让人们与现实世界隔绝、封闭。与一般的科技发展的目的一样，媒体技术的发展也是为了促进社会进步，促进家庭幸福。当每个人都自顾自地抱着一部移动媒体，对家人、朋友、同事视而不见的时候，我们必须思考问题到底出在哪儿。腾讯董事局主席马化腾认为，科技活动要践行“科技向善”理念，“对科技伦理的关键问题在认识上有共识，行为上有共振，才能发挥好科技伦理对科技创新的调节作用，促使科技活动朝着更加有利于人类和人类社会的方向发展”②。

正如上面所述，电视是最具家庭感的媒介，它的家庭感源于电视媒体的社交属性。电视媒体能够帮助受众走出自我的束缚，拥抱家人的关心与爱护，感受家庭的和谐与温暖；能够帮助受众走出个人的小天地，融入社会的大熔炉，感受社会和生活的丰富多彩；能够帮助受众摆脱对虚拟世界的过度沉溺与依赖，感受现实社会人间烟火的五味杂陈。可以说，家庭感是电视媒体社交属性的最好体现，是它的核心竞争力。

---

① Reed Kiely，Jason Wiese：《电视即社交：84% 黄金时段 Twitter 热搜话题来自电视内容》，陈梦甜编译，微信公众号“德外 5 号”，2019 年 1 月 25 日。

② 索有为：《马化腾谈科技伦理　吁践行“科技向善”》，中国新闻网，2019 年 3 月 3 日，http://www.chinanews.com/it/2019/03-03/8770206.shtml。

二、用社交属性拓展电视媒体的发展空间

1. 实现人际传播与大众传播的融合

长期以来，电视媒体的大众传播是显性的，得到了有效发挥；人际传播是隐性的，还处于待开发阶段。大众传播的优点是传播面和影响面广，可以在短时间内聚集起较大规模的人群；缺点是与受众的距离感强，很难产生直接的互动。人际传播的优点是能够与受众进行深度沟通和交流，易于与受众产生密切关系，增加受众的忠诚度；缺点是影响的人群有限，很难形成大范围传播。在新的竞争环境中，电视媒体必须人际传播和大众传播两手都要抓，两手都要硬。电视媒体的发展是需要以一定规模的受众数量为基础的。同时，靠社交属性和人际传播发展起来的新媒体已经意识到大众传播的重要性，一方面，夯实自己既有的人际传播优势，另一方面，开始积累和争夺利于大众传播发展的要素资源，加快大众传播能力的提升速度。对此电视媒体必须有清醒认识，要积极推进人际传播和大众传播的融合，用二者的融合获得规模大、黏性强、分布范围广、心理距离近的受众群。

科技的进步让人际传播与大众传播的融合越来越成为可能。据集微网引 Businesskorea 报道，韩国电信公司 KT 在 2019 年 3 月 5 日举办的 K-Live 全息图演唱会上通过 5G 传输和浮动全息图系统实现了首尔与洛杉矶之间的“全息通话”。在演示过程中，KT 通过全息图系统邀请了洛杉矶 7SIX9 娱乐公司的董事长 Jerry Greenberg（Jerry Greenberg 正在洛杉矶庆祝 Let's Shut Up&Dance 专辑的发行，这是对已故迈克尔·杰克逊的致敬），Jerry Greenberg 的全息图像瞬间出现在 K-Live 舞台上，与演唱会现场进行了远距离实时互动[①]。KT 的实验实际上是对 5G 网络与全息图像技术的综合应用。从技术原理和使用效果看，这种应用对于电视媒体社交属性的发挥有着重要现实意义，可以实现屏幕内的人与现实中的受众的直接交流。双十一晚

① 《全息影像通信来啦！KT 在 K-Live 上成功演示基于 5G 的全息通信》，2019 年 3 月 6 日，https://mini.eastday.com/a/190306105400563.html。

会也是典型的例子。每年的双十一晚会都是以产品销售为目的的，阿里没有局限于新媒体的范畴，而是每年都以电视媒体为核心，通过促进、放大它的大众传播功能和人际传播功能的融合，取得愈来愈大的影响力。

2018 年的双十一晚会更是大胆使用了 VR、AR、全息等一系列“黑科技”。在人工智能的支持下，受众可以落座虚拟受众席看直播；依靠 AR 与 VR 技术的结合，把演艺明星由场外带到了真实场景之中，与受众实现实时零距离互动；利用多屏转换，让演员走出屏幕，来到受众身边。在“黑科技”的助力下，电视媒体的人际传播和大众传播功能实现了完美融合。

2. 塑造“一拖多”多屏新生态

多屏转换已经成为受众收看电视的标配。一般情况下，这种转换是以电视内容为核心的，是依托于电视媒体并围绕它进行的。但是，这种转换却是在电视媒体以外循环的，除了给电视内容带来一点所谓的影响力外，很难在受众和电视媒体之间建立起稳固的关系。也就是说，电视媒体的社交属性激发了受众的社交行为，但最终的受益者却并不是电视媒体。电视媒体应努力改变这种局面，建立“一拖多”的多屏新生态。

“一”就是指一块电视大屏，“多”就是指两块或更多的移动小屏。多块小屏不仅在社交内容上依赖于电视大屏，在技术上也要与大屏打通，形成大屏与小屏之间的内部循环。“一拖多”创造的是立体的、多层次的与受众的联系，受众能够通过大屏获取高质量的内容，能够通过小屏与他人进行交流，能够通过由小屏到大屏的通道与电视媒体进行互动。由此电视媒体不仅是社交媒体流量的主要来源，而且打通电视与社交媒体之间的通道，建立与受众、社交媒体的紧密型联系，形成社交媒体对电视的导流、回馈。

“可连接电视的流媒体设备也代表着一种新的发展趋势，可以将更多内容搬上电视屏幕。”[①] 据腾讯新闻客户端自媒体“拉布拉多不是狗”介绍，

① Victoria Sgarro, Laura Nichols:《Netflix 盛行，流媒体 + 电视才是发展趋势？》，张晓莉编译，微信公众号“德外 5 号”，2017 年 10 月 4 日。

谷歌地图推出了阿尔法 AR 导航功能，能够在实时的路口等地为用户提供基于真实街景的 AR 导航功能。当开启 AR 街景功能时，手机屏幕上会以很大的区域显示当前街景的图像，然后根据摄像头捕获的实景内容，在实时的街景上显示用户应该去的方向[①]。新技术的进步为“一拖多”的实现创造了条件。其实不仅仅是 AR 导航，如果把各种新技术、新应用与电视媒体相连，将会把受众的生活与电视内容有机结合，将既更加有效地发挥电视媒体的社交属性，丰富电视的内容，又延展了受众的生活圈子，提高受众社交活动的层次和质量。

3. 打破现实社会与虚拟世界的界限

虚拟世界已经成为受众生活的重要组成部分，他们已经习惯于在现实社会与虚拟世界之间的角色转换。通过在虚拟世界的社交活动，受众接触到了更多的未知领域，享受到了独特的体验和欢乐，虚拟世界正在对受众产生愈来愈大的影响。电视媒体必须重视受众需求的这一重要变化趋势，利用自身的社交属性打破现实社会与虚拟世界之间的界限，走入受众迷恋的虚拟世界，通过在虚拟世界这一全新的场景中满足他们的各种需求而赢得关注和信赖。

据微信公众号“德外 5 号”所引 Digiday 报道，挪威公共服务广播 NRK 从 2015 年到 2017 年制作播出的青春剧 *Skam* 引起了较大反响。*Skam* 官网上吸引了 120 多万的独立用户（是访问者而非访问量），这相当于挪威人口的五分之一。除了剧情深深吸引了年轻人以外，*Skam* 的成功之处在于其巧妙地以 Instagram 为中心，打破了现实社会与虚拟世界的界限，做到了剧中内容与受众生活的融合。NRK 通过调查了解到，在受众的媒体选择中占到比例最大的是 Instagram，“Instagram 占据着我生活中很大一部分”或“在 Instagram 上我才是 100% 的我自己”，因此 *Skam* 在讲故事和传播过程中把社交媒体作为自己理所当然的选择。剧中全部 15 个角色都注册了

① 《路痴一定要被这个世界惯着！谷歌地图推出 AR 实景导航》，2019 年 3 月 4 日，http://www.zanbaixing.com/1dffl2f/20190304A0SWZJ00.html。

自己的 Instagram 账户，有的角色粉丝甚至有近百万。剧中角色的群组聊天和消息内容都会定期在网上发布。从他们的生活场景，到社交媒体上的发帖，每一周的活动都会被实时发布出来。这些剧中角色也会在 Instagram 上分享一些现实世界中发生的事，比如悼念曼彻斯特恐怖袭击中的死难者，或者美国总统特朗普及其夫人的视频。这让 *Skam* 的内容模糊了虚拟和现实之间的界限。受众尽管知道这是虚构的，但仍然像剧中角色那样去发帖互动，仿佛和他们是现实中的朋友。同时 *Sham* 还把剧中角色与受众在 Instagram 交流的一些内容和意见写入了剧情中。这让粉丝们感受到了他们对于这部剧的影响力，也就给了他们一种赋权的感觉，让他们感受到了被理解和被重视[①]。

4. 融入和打造多维生活场景

受众的生活由处于不同时间、地点、氛围、背景等的场景组成，场景也是受众社交活动的主要载体。受众的场景越来越具有移动性的特点，他们的需求也开始显示新的趋势和特点。与原来相对静态的需求相比，受众的需求在移动中产生，也在移动中得到满足。电视媒体必须适应受众场景的多元化、移动性，既要融入他们的生活场景，也要为他们营造全新的生活场景。第一，以受众为原型进行内容生产和传播，让他们实实在在成为内容的主角，利用他们的生活场景在内容中的还原和放大，做到与他们形式上、内容上和心理上的贴近性。第二，5G、人工智能、VR、AR 等新的技术手段、新的传播渠道和新的娱乐方式的不断涌现将大大扩大电视媒体社交属性发挥的空间，为电视媒体与更多受众的生活场景发生关系创造条件。电视媒体对此应保持高度敏感性，随时和及时发现并把握新机会、新机遇，与受众生活场景实现无缝对接，做到“生活即内容，关系零距离”[②]。第三，预

---

① Lucinda Southern:《别再说青少年不看电视了！看看挪威 NRK 是怎么做的》，刘丹丹编译，微信公众号“德外 5 号”，2017 年 8 月 1 日。

② 李岭涛：《5G：电视媒体发展的关键窗口期》，《声屏世界 · 广告人》2016 年第 12 期。

测和引领社会发展潮流和趋势，为受众的发展场景提供知识、科技等的支持，帮助他们提高自身素质，提高生活质量，从而在更大范围内得到社会认可。

同时，电视媒体要积极参与或主持智慧家庭建设，实现自身功能的有效拓展，由单纯的内容提供逐步转换到内容传播与直接服务受众生活并举，使电视媒体的社交属性在更高层次上得到发挥。由于电视媒体所具有的家庭感这一核心竞争力，在各种能想象到的电子设备中，电视机是最适合承担中枢功能的平台。据《钱江晚报》报道，浙江移动与杭州市下城区长庆街道合作推出了一款“5G 虚拟试衣镜”。屏幕一边显示可选择的衣服，在消费者选择某件衣服后屏幕上很快就会出现她穿着这件衣服的样子，而且能够实时跟着本人的动作做出反应。“5G 虚拟试衣镜”主要是基于 5G 大带宽低时延的特性，结合 VR 视频捕捉技术，对摄入的视频在云端进行渲染，并通过 5G 云专线和终端进行快速交互，从而为消费者打造一个快速、真实、互动的试衣体验。显然，5G 网络的高速率和低时延将大大改善 VR/AR 的体验效果，促进虚拟世界与现实社会之间无延时、无障碍的融合互动，基于 VR/AR 的场景拓展必将成为受众的伴随式需求。在可视化成为主流趋势的大背景下，电视媒体更加符合智慧家庭建设的调性和需求。

第二章　电视发展的理念分析

第一节　有线电视的开放竞争[①]

1998年3月以来，国内关于电信与有线电视二者关系的争论沸沸扬扬，其中有代表电信行业的《中国电讯产业的发展战略》（王小强执笔）、代表广播电视系统的《再论中国信息产业的发展战略》（方宏一执笔）和由以中立者身份出现的北京大学教授周其仁撰写的《三网聚合，数网竞争》。在拜读了诸位专家的文章后，笔者结合自己的经验和体会认为，有线电视是由有线电视网络、信息服务和有线电视台组成的一种特殊媒体，同时具有政治和经济的二重性；而有线电视网络是指由光缆等连接而成的物理性网络，它是有线电视的物质载体，不具有政治属性，产业即经济属性是它的本质属性。因此，在充分重视有线电视政治属性的基础上，全面开放有线电视网络和信息服务经营，积极参与全国乃至世界资本市场的竞争，是有线电视不断增强市场竞争力，确保生存和发展的必由之路。

一、为什么要开放竞争

1. 从内因来看

目前全国的有线电视用户已超过8000万，并且仍然以每年递增500万以上的速度发展。如此巨大的规模所孕育的市场是无限的，只要开发得当，

---

① 引自李岭涛发表于《广播电视信息》1999年第7期的《开放竞争是有线电视发展的必由之路》一文。有删改。

对国民经济发展和民族素质提高所起的作用都是举足轻重的。但是，有线电视的现状远远不能适应形势的发展。

（1）各地有线电视网络大都是本着谁建设谁受益的原则由有线台自筹资金建设的，一般采取了“以台带网，网台合一”的体制，网络行政区划分归属造成的诸侯割据局面将全国联网带来的效益抵消殆尽，影响了全国信息的大流通，限制了网络新功能的开发。

（2）有线电视网络的利益分配手段落后，沿用计划体制的方式难以协调各方面的利益要求，这使得有线电视实际上是一盘散沙，缺乏凝聚力和向心力，在网络功能开发方面尚难以有所作为。

（3）有线电视关联度高、科技含量多、带动作用强、无形资产优势大的特点客观上要求采用现代先进的运作模式，但其传统的管理方式限制了自身优势的发挥，使得有线电视远离市场，经营理念陈旧，信用观念淡漠，市场竞争力低下。

（4）有线电视走的是公益型的路子，消费者总是希望以尽可能低的成本享受这种服务。一方面，尽管现在有线电视的收费相对来说是很低的，但是许多用户已经对把一般电视节目和加密节目捆在一起收费的计划体制下的做法表示了不满；而且，有线电视网络新功能的开发也必将会增加其使用成本。另一方面，目前我国有线电视的投融资体制基本上是“花别人的钱为自己买东西”，赚了是管理者领导有方，亏了是银行、财政或者股民倒霉，这种没有产权约束、没有制衡机制的做法给有线电视带来了致命的弱点，即只讲投入，不讲产出，不计成本，不做核算。两方面的矛盾严重减缓了有线电视由粗放经营向集约经营转变的进程。

有线电视当前存在的问题是计划体制长期的积弊和市场经济新的要求综合作用的结果。对于这些问题，在没有内在动力和外在压力的前提下，单靠部门自身的力量和计划经济的手段是不可能解决的。近几年来，有线电视在原有计划体制中逐步引进市场机制，扩大市场作用的范围，缩小计划直接管理的领域，一是对内鼓励竞争，开始注重市场竞争主体的塑造；

二是对外开放竞争，吸收社会资本进入有线电视，市场对有线电视运作的调节作用大大增强。实践证明，市场作用发挥得比较好、竞争比较激烈的地方，有线电视的活力就比较强，发展态势也比较好。通过开放竞争，有线电视直接与市场相衔接，优胜劣汰的自然法则会使其感受到巨大的生存压力和具有很强的发展动力，因此它会主动积极地采用新技术，改进管理，以此加快决策速度，提高运作效率，降低经营成本，从而适应市场千变万化的需求，使有线电视资源向效益最好的方向流动，最终完全摒弃有线电视存在的弊端。

2. 从外因来看

以建立社会主义市场经济体制为目标模式的经济体制改革是一场根本性的变革，它所倡导的优胜劣汰的竞争机制已经影响到了社会生活的方方面面。但是，有线电视的现行体制却与这种大环境格格不入，它仍然处于一种由国家政策力量所赋予的独占的垄断地位，对垄断地位的长期占有使它患上了“行政性垄断综合征”，由此它带有一种强烈的违背市场规则的排斥竞争的内在力量。改革是各方面利益的调整，作为信息产业的重要组成部分，已经滞后于整个社会改革进程的有线电视如果再次远离改革，错过这次信息产业格局调整带来的大好机遇，势必被排除在利益调整的范围之外，不但自己的影响和地位要下降，更会危及自身的生存。市场经济的好处就在于，只要存在着潜在利益，不管利益的获得多么困难，市场上总有人吃不香、睡不着地惦记着。由于有线电视频带宽的天然优势，所以众多专家和企业都十分看好有线电视的发展前景。在市场竞争中不断发展壮大的电信随时伺机向有线电视领域进军，完全按市场规律成长起来的计算机信息服务咄咄逼人，有着先进运营经验的外国资本更是对有线电视虎视眈眈。一方面，在打破垄断、鼓励竞争的市场经济大环境下，对利益的追逐所造成的压力是拦不住的，因此国家力量给予有线电视的行政垄断地位决不会长久，美国就曾迫于市场的压力由禁止其他行业进入有线电视而不得不有限度地开放有线电视的竞争，这种开放的程度将会随着市场压力的增大而扩大。另一方面，有线电视是一种有较高回报率且符合社会发展趋势的行业，在失去行政力量支持的情况下，即使在技术、经营理念和策略等方面拥有绝对优势，有线电视部门也不可能保证自己长久地独占这一市场，更何况我们现在除了垄断以外，还没有什么能拿得出来当作竞争的资本。

反面的经验证明，一旦开放市场竞争，那些一直躲在政府保护的避风港里未经市场风浪的企业面对激烈的市场竞争时无不手足无措，最终成为国民经济的包袱而被淘汰。正面的经验证明，在外国企业的大举进攻下，正是得益于市场竞争带来的压力和动力，中国本土公司不但没有被冲垮，而且一大批具有国际竞争力的企业涌现出来，像家电业中的长虹、海尔，电脑业中的联想、方正，通信设备业中的华为，等等。既然垄断已不可能，与其等到大兵压境时再仓促应战，不如未雨绸缪，利用当前的有利时机，把自己推向市场竞争的大环境中去，在竞争中增强有线电视的综合实力。另外，今年（1999 年）春天国务院已经批准国家广电总局与中科院、铁道部等四家单位组建公司，利用有线电视网络联合开发宽带因特网，这表明有线电视在开辟新的领域、培植新的经济增长点方面迈出了实质性一步。但是，由于先天性的缺陷，有线电视极为缺少与其他行业竞争的经验。从这一点来讲，有线电视也应该开放竞争，在竞争中借鉴他人的先进经营理念，探索击败对手的方法和策略。

二、如何开放竞争

开放有线电视竞争是一个长期的过程，是一项复杂的社会系统工程，必然要涉及方方面面的利益调整。为此，我们必须既要做持久的努力，又要有紧迫感；既要坚定方向，又要实事求是从实际出发，积极地、分阶段地完成这项工作。笔者认为，有线电视开放竞争应该分三步走。

第一步，理顺体制，塑造主体，增强竞争力。

要开放竞争，首先必须有真正意义上的市场竞争主体和良好的市场环境。长期以来，有线电视采用的是新闻宣传和经营活动不分的一种体制，而其新闻宣传和经营活动分别受它所具有的政治和经济二重属性支配，属性的不同决定了各自的运作规律也是截然不同的。因此，把有线电视的新闻宣传和经营活动分离，把电视台与有线网络分离，各自采用与其规律相适应的管理模式和经营方式，这是开放有线电视竞争，充分发挥市场在电视资源配置中基础性作用的两个基本前提。但是，各地电视台都承担着当地的宣传任务，地方党委政府担心电视台新闻宣传与经营活动分离后会影响宣传任务的完成；再者，有线网络大都是各地自筹资金建设的，各地担心网台分离后一是会剥夺地方的利益，二是会使有线网络因经营而挤占地方宣传所必需的频道资源。这些担心是现实存在的，也是合情合理的。要解决这些问题必须采取对有线电视频率资源进行分类管理的方法。把现有的有关有线电视的法律法规加以修改或补充，用立法的形式明确有线电视新闻宣传与经营活动、电视台与有线网络两个分离后，必须拿出一定的频道资源无偿或低价播出新闻宣传节目，并且以公益性的收费形式为用户提供基本的信息服务。有线电视的新闻宣传活动仍然归地方党委政府管辖，二者是行政隶属关系。有线电视的经营活动部分、有线网络则全面引入市场机制，它们和电视台母体之间是投资与被投资的关系，联系它们的纽带是资本。经营活动部分和有线网络可以依法成立电视台控股的电视公司或有线网络公司，公司是自主经营、自负盈亏、自我约束、自我发展的独立的市场主体和法人实体，它们属国有资产，公司内部按照政企分开的原则和现代企业制度的要求，建立起规范的组织管理机制和企业领导体制，使全公司的权力机构、决策机构、执行机构和监督机构之间相互独立、相互制约，形成激励与约束相结合的经营机制和一整套严格、科学的现代企业管理制度及管理方法。电视台只对公司拥有所有权，不得干涉公司的经营活动，但按投入公司的资本额享有所有者权益，即资产受益、重大决策和选择管理者的权利。公司破产时，电视台只以投入公司的资本额对公司债务负有限责任。公司拥有法人财产权，成为享有民事权利和承担民事义务的法人实体和独立的市场竞争主体，以其全部法人财产，依法自主经营、自负盈亏、照章纳税，对电视台等出资者承担资产保值增值的责任。

有线电视新闻宣传和经营活动的分离为利用市场机制在较大范围内重新配置电视资源创造了条件。由于各电视公司已经成为独立的市场主体，可以按照市场状况决定投资情况，因此它们能够进行联合投资、跨地区和跨行业的参股投资，可以打破地区封锁和条块分割，实现电视资源的合理配置，并能利用兼并、收购等方式使资本迅速膨胀，通过市场形成一批具有国际竞争力的大型电视企业集团。在此基础上，集团内可以进行专业化分工，根据不同细分市场的特点分设跨行政区划的专业台，由集团公司统一制作、购买节目，统一安排节目播出，从而从根本上克服原来按行政区划设置电视台的弊端，改变以前“大而全”“小而全”、低水平重复建设和不计运营成本、运作效率低的严重局面。

当前，全国有线电视网络集团公司即将成立，网台分离为依靠集团公司的形式整合全国的网络资源奠定了基础。全国有线电视网络集团公司实行股份制，建立现代企业制度。以各级电视台控股的地方有线网络公司为基本单位，对各地的有线网络进行资产评估，作价入股。各级电视台继续控制其原有股份，省支公司以省级骨干网入股，对地市分公司进行参股或控股，国家集团公司以国家级骨干网入股，对省支公司参股或控股。这样国家集团公司就是母公司，省支公司是子公司，地市分公司是孙公司，照此类推。母、子及孙公司之间不是行政隶属关系，资本是联系它们的纽带。母、子及孙公司都是独立的法人实体，在无条件播出新闻宣传节目的前提下，它们可独立开展自己的业务。全国有线网络中信息的传输是双向的，即全国网络的信号可以进入区域网络，区域网络的信号也可以进入全国网络。子、孙公司在所属区域网上获得的收益归自己所有，而经营跨区域及全国性业务所得收益，根据各公司所占股份多少进行分配。母、子及孙公司之间同样存在竞争关系，对由于经营不善而资不抵债的公司可依法进行破产，或由其他公司收购。在经营过程中，母、子公司可以利用卫星等高科技优势获得更多的利润，对子、孙公司由参股到控股，在子、孙公司中取得更大的支配权，最终打破有线网络条块分割的局面，真正形成“天上一颗星，地上一张网”，信息畅通无阻的大格局。

鉴于有线电视的实际情况，这一阶段大约需要三到五年的时间。

第二步，对国内资本开放，加入全国资本的大循环。

经过第一阶段以后，有线电视将基本具备与其他行业竞争的实力。在第二阶段，开放有线电视竞争包括两方面的内容，一是在继续强化电视业传统功能的基础上，通过对资本和无形资产的运营，积极培育和扶持新的经济增长点，挖掘电视在信息传播等方面的新功能，并全面向其他产业延伸；二是吸收社会资本进入有线电视，各有线电视实体在条件成熟时可以向社会公开募集股份并争取上市，为有线电视的发展筹集更多的资金，或者向社会出售股份，优化有线电视的资本结构。由此，使有线电视在与其他行业的竞争中不断发展壮大。

根据其他行业改革的经验，这一阶段也需要三到五年的时间。

第三步，对国际资本开放，与国际市场接轨。

全球一体化已经成为经济发展的必然趋势，有线电视改革的最终目的就是为了迎接国际市场的压力和挑战。在具备一定的实力以后，有线电视大可放心地走出去，请进来，与国际资本结合，利用其先进经验发展自己。这样，一方面可以取得好的经济效益，为增强我国的综合国力做贡献；另一方面可以推广中国文化，扩大我国在世界上的影响。

当然，三步走的划分只是一个粗略的概念，绝不能把三个阶段一刀切地分割开来，条件比较成熟或有线电视比较发达的地方，完全可以先走一步。在各地发展有线电视的过程中，许多地方实际上已经通过向社会募集资本而使有线电视的改革得以深化，有的地方甚至已经把外国资本引入了有线电视。一句话，我国有线电视发展的严重不平衡性决定了各地在开放有线电视的竞争时要根据实际情况，具体问题具体分析。总之，决定是否开放以及如何开放有线电视竞争的依据不是个人的主观意志，也不是部门或行业的利益，而是“三个有利于”的标准，即能否促进生产力的解放和发展，能否增强国家的综合实力，能否提高人民的生活水平。实践已经而且还会继续证明，开放有线电视竞争是“三个有利于”的必然要求，是建立社会主义市场经济体制的必然结果。如果我们不能抓住当前的有利时机，让机遇再次擦肩而过，有线电视很难会有一个乐观的未来。

第二节　电视媒体经营中的政府行为①

随着社会主义市场经济体制的建立，进行经营、追求经济效益的最大化已经成为所有电视媒体都必须面对的重要课题。电视媒体经营是在社会主义市场经济条件下产生的独立市场主体的自主行为，它的主体应当是电视媒体。为此，实践中往往有人把市场手段与政府行为对立起来，觉得搞市场经济就要完全抛弃计划经济的那一套，这种看法是偏颇的。社会主义市场经济理论认为，社会主义的市场经济就是要在国家宏观调控下发挥市场在社会资源配置中的基础性作用，也就是说，市场和行政两种手段都要用。一种手段的正确与否不在于它是来自市场经济还是计划经济，关键要看它是否适应了市场经济的要求，是否符合社会发展的趋势。实践证明，反映市场经济规律要求的政府行为会在改革的关键时期发挥至关重要的作用。另一方面，政府作为国有资产的所有者代表，为了维护自身利益，必然要参与、引导电视媒体经营良性发展，使国有资产的资产结构在全局范围内优化，提高国有资产的整体经营效率，实现电视业总资本的保值、增值。当前，电视业正处于由计划体制向市场机制过渡的转型期，支配电视业的仍然是计划经济的一套方式和方法，市场机制发挥作用的体制环境尚不具备。在此种情况下，政府行为就显得尤为重要。

---

① 引自李岭涛发表于《广播电视信息》2001年第12期的《政府行为在电视媒体经营中的定位》一文。有删改。

鉴于电视业的现状和未来的发展趋势，笔者认为电视媒体经营中的政府行为应定位在以下几个方面。

一、明晰产权，塑造主体

电视媒体经营包括三个方面的内容：谁来经营，经营什么，如何经营。其中，“谁来经营”指的便是经营主体。简单地讲，电视媒体经营的主体应该是市场主体。在电视媒体经营过程中，电视业的各类媒体与其他领域媒体一样，都应该是市场的经济主体和行为主体。但是，长期以来电视业采用的是新闻宣传和经营活动不分的一种体制，一统到底的计划体制造成电视台一切行为的行政化，电视台没有自主经营、自负盈亏的权力和责任，而只是政府的附属物。开设什么栏目、制作什么节目由主管部门决定，资金来源完全靠国家财政拨款。员工由劳动人事部门统一调配，等等。电视媒体没有追求经济效益最大化的内在动力，缺乏竞争的外在压力，只是被动地执行指令性计划。这一切的根源在于产权模糊，导致了电视业缺乏真正意义上的市场竞争主体和良好的市场环境。因此，必须把电视媒体塑造成为自主经营、自负盈亏、自我约束、自我发展的独立的市场竞争主体和法人电视媒体，建立现代企业制度。电视媒体所具有的企业制度决定了自身在市场经济中的组织形式及运行方式。我国对电视业的管理方式和运作模式进行根本性改造的目的就在于，通过明晰产权和按市场经济要求制定产权制度来重构电视业的经营机制，使电视媒体的行为方式与在电视资源配置中起基础性作用的市场手段相协调，向有利于提高电视资源配置效率的方向转变，从而也为电视媒体经营创造良好的环境和条件。

二、突出重点，制定和争取政策，为电视媒体经营创造良好环境

作为国有资产的所有者代表，政府在规范、引导电视媒体经营中要着眼于搞好整个电视业，而不是毫无例外地保留每一个电视媒体。在此前提

下，政府行为须树立战略观念、全局观念，立足于我国电视业实际，突出重点。政府行为要做的主要是选择电视业的重点、骨干电视媒体给予优先扶持，即“抓大放小”，抓住主导性、垄断性的电视媒体，改组、组建一批实力雄厚、辐射能力强的大电视媒体、大集团，构筑电视业的“航空母舰”。而对成千上万的中小电视媒体，要大胆放开，鼓励其按照市场经济规律自主运作。要引入优胜劣汰机制，鼓励兼并，规范破产，对于长期亏损、资不抵债、没有发展前途的要加以淘汰，使电视资源向效益最好的方向流动。要杜绝以往电视业经营中缺少宏观指导、重点不突出，基本上限于大量的微观层面并过多地束缚了电视媒体手脚的政府不正确行为。

为了推动电视媒体经营，必须制定和争取优惠政策，给予电视媒体必要的扶持。一是要制定科学的产业发展政策，为电视媒体经营提供政策导向与基本框架，引导各类资本在电视业与其他产业之间及电视业内部优化配置，合理使用，以建立高效益的均衡的产业结构。二是通过争取财税、金融优惠政策，推动电视媒体的电视媒体经营。目前大多数电视媒体还属于事业单位，基本上不缴税。但随着产业化进程的加快，税负增加在所难免。因此，一方面应利用国家对高新技术产业的扶持政策，力争把尽可能多的利润留在电视业。另一方面货币是电视媒体经营的血液，在当前电视媒体自有资金大都严重不足的情况下，其生产经营活动主要依靠银行信贷。为此，应利用金融业扶优限劣的信贷原则，争取有利于电视业的金融政策。比如，建立电视媒体兼并专项贷款，用于满足电视媒体产权转让的资金需要，积极支持那些经济效益好、有待扩张的电视媒体进行兼并，增强其对劣势电视媒体产权的吸纳能力。对困难突出的被兼并企业原欠贷款在落实到兼并方以后，免收加息罚息等，对逾期贷款相应划转为兼并方正常生产周期贷款。在当前银行贷款切块包干体制尚不能改变的情况下，为鼓励电视业跨地区、跨部门的兼并，可争取有关银行采取相应的变通措施和政策，如对跨地区、跨部门兼并的电视媒体相应划拨贷款指标，并与被兼并电视媒体所在银行做好衔接工作，保留其银行账号。对大型电视集团国有资产股权收益，在一定阶段，按一定比例，可允许作为国有资本金留在电视媒体。

在电视媒体经营中，政府行为的重要职责之一便是为电视媒体经营的顺利、有效开展创造良好的外部环境，包括完善市场体系、健全法律体系、加强与中介组织的联系等。

第一，完善市场体系。市场是电视媒体外部活动的空间和舞台，对电视媒体经营起着举足轻重的作用。政府行为应着力培育和完善市场体系，建立市场规则，营造良好的市场环境。由于电视业不可能独立于全国乃至国际市场的大环境以外，当前要着重架设电视业与资本市场、劳动力市场、技术市场、信息市场之间的纽带，重中之重是加强与资本市场的联系。电视业改革的严重滞后导致其资产重组所需的大量资金难以筹措和运用，造成电视媒体融资渠道单一，电视媒体的整体拍卖、出售、购并及产权和股权转让以及无形资本转让和交易难以有所作为，直接削弱和影响了电视业的电视媒体经营能力。因此，在今后相当长的一段时期内，应当大力培育社会资本进出电视业的渠道，使之在现有的基础上不断规范、成熟和扩大，以适应电视媒体经营的需要。要加强与投资者的联系，建立起以机构法人投资者（投资银行、投资基金、投资公司、各种社会保障基金等）为主体的投资者结构，减少投资者对电视业的投机性，强化其对电视业长期投资的理念，从而提高电视业吸收社会资本的有效性。

要充分发挥产权交易中心的作用。我国的电视媒体数量多，大量的是中小电视媒体，能从资本市场吸收资本的只能是一部分。因此，要在电视业内部发展并规范反映电视特性的产权交易中心，利用它们满足中小电视媒体进行资产重组的要求。

第二，健全法律法规。电视媒体经营的健康有序进行，有赖于健全的法律法规做屏障。一方面，《广播电视管理条例》是电视业目前的唯一大法，这一法规还与计划经济有着很深的联系，不能完全反映电视业市场机制作用越来越强的现状。为了促进电视媒体经营，当务之急是根据市场经济的要求，对《广播电视管理条例》加以修改和补充。另一方面，在以经济建设为中心的大环境中，要搞好电视媒体经营，必须充分利用有关的经济方面的法律法规。但是，我国现有的法律法规是根据经济领域的一般规律来制定的，而电视不仅仅具有经济属性，还具有政治属性，这使得现有的经济方面的法律法规很难反映电视业的实际，必将给电视媒体经营带来一系列的问题。为此，必须根据电视业的实际情况制定有关法律法规的实施细则，把有关法律条文细化，增强针对性和可操作性。如在《证券法》的实施细则中明确规定电视媒体产权交易的批准部门及程序、电视媒体被兼并或被收购中的资产处理、税收安排、人员安置等问题，制定上市电视媒体和非上市电视媒体股权转让，尤其是国家股转让的实施细则等。

第三，加强与中介组织的联系。电视业要进入各类市场，必须依靠中介组织，因为这样可以降低成本，提高效率。以资本市场为例，资本市场的中介人、中介机构主要是投资银行和证券商。投资银行，既是直接长期投资主体和长期资金需求主体双方的搭桥人，又是直接长期投资者；它既是经纪人，又是自营商；它既能为电视媒体改组、合并、兼并、收购和股份制改造，提供咨询、策划和参与组织工作，又可以参与电视媒体创建，对电视媒体直接参股或控股。可以说，投资银行是资本市场的“全能”机构。证券商（证券公司）是债券和上市股票等证券发行和交易的中介人。证券商将在证券市场上发行债券和股票，进行债权和股权交易以及收购等活动中发挥重要作用。它在证券经纪业务中是纯粹的中介人；它在自营和承销业务中，又参与了投资。因此，它在电视媒体经营中的地位也很重要，需要进一步重视。但是，电视业长期以来单纯把银行看作贷款的工具，对证券商的作用更是知之甚少，无法适应大规模的电视资产重组、存量优化、资产联合等电视媒体经营的需要。显然，尽快改变现状是电视媒体经营顺利进行的前提。为此，应加强人才培训工作，提高电视业员工的经营意识和素质，深刻认识中介组织的功能利作用，力争在电视业与投资银行、证券商之间建立起以资本为纽带的紧密关系，为电视媒体经营及其他电视业的改革服务。另外，还应重视会计师事务所、律师事务所、审计师事务所等社会中介机构的作用，它们的专业知识对电视媒体经营大有裨益。

三、消除壁垒，打破地区封锁，协调各方利益关系

电视媒体经营的目的在于使电视资源在地区间、部门间的电视媒体中流动、重组，优化配置，实现增值。而电视业的现状是条块分割，地区封锁，有系无统，一盘散沙，各方面的利益关系复杂，这使得实现电视媒体经营的目的有相当的难度。旧体制下因行政隶属关系不同造成的产权条块分割，以及由于这种分割形成的既得利益和本位主义主要给电视媒体经营造成了三方面的障碍。这些障碍严重影响了电视资本跨地区、跨行业的流动，它们的消除将有赖于政府行为的作用。

第一，市场准入方面的障碍。由于利益驱动，各地对其他地区节目进入本地都采取了不同程度的限制。例如，某大城市对中央电视台几个专业频道的节目就不予接入当地有线电视网。

第二，金融体制方面的障碍。目前银行贷款仍划块下达信贷计划，实行属地管理原则。电视媒体跨地区并购，信贷指标不能随之转移。电视媒体被并购如同改嫁，原来的银企关系就得变。如某地一电视媒体被外地电视媒体并购后，当地银行随即减少或停止对其贷款，并购后断炊。

第三，财税体制方面的障碍。在财政分灶吃饭体制下，各级政府都有自己的利益目标，其行为带有很深的本地情结。如在现行财税制下，电视媒体的收益归当地财政，中央电视媒体与地方电视媒体并购后，甲地电视媒体与乙地电视媒体并购后，会引起收益归属的变化，进而改变了原有的利益格局。于是各利益主体对同一并购事件的态度就不一致，从而影响并购的顺利开展。

第四，人事体制方面的障碍。按照传统的人事管理体制，电视媒体的经营者由主管部门或政府人事部门任免。但按照市场规律的要求，当某一电视媒体并购另一电视媒体后，被并购电视媒体的经营者理应由并购电视媒体来选择决定。

鉴于上述情况，电视业应采取各种有效措施消除壁垒，协调好关系。在引导电视媒体经营时应放眼全国来实施运作，在尽量照顾到各方利益的同时，要从大局出发，尤其是中央主管部门要重点抓全局利益，采取强有力的办法克服一切只顾局部利益、小集团利益的行为，协调好各种关系，为电视媒体经营创造更大、更自由的空间。可以采取必要的政府行为来打破各种壁垒：当资产重组中电视媒体的主管政府机构从己方或部门利益出发而阻碍重组时，主管机构的上级部门可以运用更高层次的各种手段来消除这种阻滞；当电视媒体从本位利益出发而不愿进行有利于整体效应的电视媒体经营时，电视媒体的主管机构也可以进行“强制”执行，等等。

第三节 电视媒体的“三贴近”①

一、如何用市场规律解读“三贴近”

随着社会主义市场经济体制的全面建立，整个社会发生了深刻变革，市场规律的影响遍及社会的方方面面，深入人们的思想深处，人们的思维、行为和生活方式与计划经济体制时期相比已经发生了质的飞跃。在这种情况下解读“三贴近”，必须考虑市场规律的要求，才能充分反映“三贴近”的真实内涵。

1. 贴近实际

一方面，随着对属性认识的深入，电视媒体的双重属性理论逐步被社会所接受。长期以来，电视媒体的经济属性、产生功能和生产力特征被忽视，被片面理解为仅具有政治属性和喉舌功能。在市场经济条件下，电视媒体的经济属性和产业功能需要进一步挖掘，以经济实力为基础的综合竞争力

① 引自李岭涛、赵宏发表于《中国广播电视学刊》2005年第12期的《如何在市场经济条件下做到“三贴近”》一文。有删改。

需要增强。在这个意义上，贴近实际就是正确认识电视媒体的经济属性和产业功能，按照电视媒体的产业运行规律办事。

另一方面，电视媒体内部的市场机制也在逐步形成，市场机制在某些领域，甚至超过了计划手段，起到了主导性作用。当前，电视媒体处于计划手段和市场机制的双重作用之下，发展中出现的问题仅靠一种手段是不可能解决的，必须双管齐下，而不能重视一个忽视另一个。在这个意义上，贴近实际就是要确保电视媒体遵守市场经济的游戏规则。不折不扣地按市场规则办事。

2. 贴近群众

首先，从受众市场的变化分析。一是文化事业的发展使得受众在娱乐休闲上有了更多的选择机会，他们不再整天围着媒体转。二是社会环境中的不确定因素越来越多，导致干扰受众注意力的因素增多。三是受众的需求由于社会的多元化发展而变得多元化，导致受众对自己各种需求的关注程度被大大分解。四是社会层级的重新划分使受众市场日益窄众化。五是受众的需求变化速度大大加快。电视媒体把受众吸引过来并能够把他们留住的难度大大增加。在这个意义上，贴近群众就是认真研究受众的变动规律和趋势，通过受众主导意识的进一步强化来满足受众的需求。

其次，从受众的主体性分析。随着受众素质的提高，受众的主体意识越来越强，他们不再满足于原来那种被动的在传播过程中的地位，而是希望更深层次地参与到传播过程中去，成为传播活动的主角。在这个意义上，贴近群众就是让受众不再是被动的接受者，而是传播活动的主体。

再次，从受众在市场中的核心位置分析。作为消费者的受众在整个市场中处于核心位置，所有的市场行为都是直接或间接地以消费者的获得为自己的出发点和目标的，有的市场行为直接争夺消费者，而有的市场行为不是直接争夺消费者。在这个意义上，贴近群众就是通过市场研究受众，通过受众研究市场，把受众在市场中的作用和市场对受众的作用客观、科学地表现出来。

3. 贴近生活

随着受众的社会性特征越来越明显，受众对社会的依赖越来越强，受众的生活与市场越来越不可分割。在这个意义上，贴近生活就是贴近市场，把受众生活的市场化和市场的生活化充分表现出来。

社会的进步和发展使受众生活的内容不断丰富，使受众生活的内涵和外延不断扩大。受众的生活不但包括物质生活，更包括精神生活，而且精神生活在受众生活中的比重越来越大。贴近生活就是通过更加完整地反映社会，在受众生活质量的提高中发挥电视媒体更大的作用。

相对于工作而言，生活在受众的人生旅途中所占的比重越来越大。技术的进步甚至使许多人的生活与工作融合在一起，很难分清他们什么时候在生活，什么时候在工作。贴近生活就是真实反映社会的变化，把社会进步的意义通过人们生活的变化表现出来。

4. 第四种解读

对“三贴近”还应做第四种解读，即利用广告市场的规律解读。广告来源于经济领域，是经济发展的润滑剂和催化剂，它以说服消费者为目标，以服务社会经济生活为目的。电视媒体是广告的重要载体，广告在电视媒体的经营中起中介作用，目前是电视媒体的主要经济来源。电视媒体通过免费或收取很低的费用把内容提供给受众，同时也把广告向受众发布。受众在收看到广告后，可能会购买广告客户的产品。广告客户在通过向受众销售产品获得利润后再到媒体做广告，依次循环。因此他们在投放广告时一般要选取目标受众群与自己的目标消费者群相吻合的媒体。对广告客户的回报越大，广告客户投放广告的积极性就越高。这就要求电视媒体不光要吸引一定数量的受众群，而且还要确保自己的目标受众群与广告客户的目标消费者群相吻合。在这个意义上，“三贴近”就是研究广告市场的规律，提高服务广告客户和经济发展的质量和针对性，通过经济效益和社会效益的双丰收夯实电视媒体的经济基础。

二、如何做到“三贴近”

如何在市场经济条件下做到“三贴近”？创新是电视媒体发展的根本动力。在市场经济的大环境中，电视媒体必须牢固树立创新意识，敢于和善于打破旧有思想的束缚，真正把自己看作具有政治和经济双重属性、上层建筑和经济基础双重特点的市场主体和经济实体，找准电视媒体在市场经济中运行和与市场环境相互作用的规律并严格按规律办事。唯有如此，电视媒体才有可能做到“三贴近”。

1. 从意识上做到“三贴近”

首先，在市场经济条件下，电视媒体要做到“三贴近”，必须对自身功能进行拓展。电视媒体不仅仅是反映社会，简单做时代进程的旁观者和记录者，而且要做社会发展进程的参与者和干预者，要做历史的创造者。这是电视媒体应有的一种社会责任感，电视媒体应以市场经济中负责任的一员的身份来寻求一个促进经济发展进程和提升自己综合实力的契合点，通过有效地参与、干预和促进社会发展进程，使自己在激烈的市场竞争中占据主动，通过积极扩展经营覆盖领域，丰富电视媒体的品牌内涵，增强电视媒体的核心竞争力。

其次，电视媒体对地区无形资产和形象的放大作用要远远大于一般的行业。它对资本有极强的吸附作用，对智力资源有极强的汇聚效应，对相关行业（第三产业）有极强的带动作用。因此，电视媒体要做到“三贴近”就必须考虑到自己的产业功能和生产力特点，必须跳出单纯进行新闻传播活动的圈子，融入市场经济发展的大背景，加大自身产业经营和延伸经营的力度，把握并加快各种媒体之间互相融合、互相渗透的大趋势，逐步在电视媒体内部建立一种紧密的、体现现代产权制度要求的关系。

再次，电视媒体要做到“三贴近”，就必须紧跟时代潮流，加大资本运营力度。通过资本运营，获得跨越式和超常规发展。

2. 从内容上做到“三贴近”

内容是电视媒体生产的特殊产品，是参与竞争的基础。随着人本思想的传播，人文关怀意识在电视媒体中越来越受到重视。电视媒体的人文关怀意识把受众作为新闻传播活动的主角，认为受众是新闻传播活动的起源和意义所在；把受众放在经营管理的第一位，想受众之所想，急受众之所急，受众的需要就是电视媒体的需要。因此，电视媒体首先要知道受众需要的是什么，根据受众需要，重视受众意见，让受众参与决策，不断丰富新闻传播活动的内容，努力使受众满意。

首先，在市场导向的前提下，电视媒体要想做到“三贴近”，一切都必须以市场研究为基础，真正把握受众需求变动趋势，知己知彼，有的放矢。电视媒体要成功地进行经营，必须通过科学系统的市场调查了解目标受众的需求，从而为自身定位提供依据，增强经营的针对性和前瞻性。

其次，随着受众市场的逐步细分，电视媒体依靠一种内容涵盖所有受众的时代已经一去不复返了。电视媒体要想做到“三贴近”，就必须适应市场的窄众化趋势，调整自身定位，不再谋求获得以前那样的很高的绝对收视率，而是面向被细分的受众群去争取较高的相对市场占有率。电视媒体应立足于让目标受众群满意，而不是让所有的受众满意。电视媒体应有勇气舍弃一部分市场，市场的细分有助于电视媒体实施差别化战略，有助于综合性电视媒体向专业性电视媒体转变或转型为专业性电视媒体。

再次，电视媒体要想做到“三贴近”，就必须体现服务性这一主要功能，满足受众的新要求，新闻传播活动要根据受众的合理需求提供有用的资讯。

最后，电视媒体要积极寻求干预社会发展的切入点和人们思维方式改变的临界点，使新闻传播活动从社会中来，到社会中去，而不是停留在事物的表面上。要精选信息，使受众免受筛选信息之累。要把人文关怀意识贯穿整个活动的始终，用民生的概念作新闻，采用平民视角，从大处着眼，从小处入手，把政府的工作落实到具体的人或事身上，关心普通百姓的疾苦。

3. 从形式上做到“三贴近”

首先，要探索媒体的表现形态。娱乐化是当前新闻传播活动的一种重要趋势。新闻传播的娱乐化并不是把新闻传播活动办成娱乐活动，片面强调趣味性，而是指充分考虑受众的接受心理，借鉴娱乐活动的表现方式，增强内容的可接受性和渗透力，减少信息被受众过滤掉的程度，从而增强新闻传播活动的效果。在确保传播内容真实的前提下，受众的喜好而不是新闻工作者的喜好应该成为传播手段优劣的唯一标准，这样可以拉近与受众的距离，消除受众对新闻传播活动的逆反心理，确保传播者意图有效到达受众。应力争在全新的媒体表现形态方面做出探索，全面挖掘，使用各种表现手段，借鉴其他艺术形式的经验，通过娱乐性和功能性的有机结合，增加对受众的吸引力。

其次，大众传播长期以来一直表现为很强的单向性。它表现在两方面：一是媒介单方面提供信息，二是没有灵活有效的反馈渠道。电视媒体应从多个方面改进这种状况。使新闻传播活动成为多向性的、互动性的活动，保证受众能参与到新闻传播活动的决策中来，参与到新闻传播活动的过程中来，成为新闻传播活动的评价主体。

再次，新闻传播活动要让受众乐于接受和便于接受。新闻传播活动的形式包装应求新求异，既要准确到位地反映自身特点，又要明显区别于其他新闻传播活动。要能吸引受众的注意力，有丰富的内涵供受众推敲，过目不忘。新闻传播活动还应向受众提供足够的关于自己的信息，以便于他们接受。因此，在新闻传播活动的过程中制定科学的品牌推广策略显得越来越重要。要靠真实的、科学的、艺术的、创意的品牌推广打动受众的感官，打动他们的心灵，让受众对新闻传播活动的个性、特征产生自己的理解和定位。新闻传播活动的品牌推广还应与受众进行真实科学的沟通，注意提供基本的信心保证和信赖感，通过两者的密切配合，建立受众的情感偏爱和品牌忠诚，赢得他们的喜爱和信赖。

4. 从机制上做到“三贴近”

首先，人是电视媒体发展的核心因素，人力资本已上升为第一位的资本。电视媒体应建立一套以员工为核心价值的、有活力、有序的人力资源系统，使员工保持工作激情和与媒体共荣辱的精神力量。新闻传播活动的每一个环节都是品牌推广的切入点。信息源和受众群是媒体赖以生存的中心，正是信息源和受众群为电视媒体带来了效益，应重视每一个与受众的接触点，利用每次机会向受众展示电视媒体的魅力和风采，让受众明白他们在电视媒体中不可替代的地位。

其次，当前竞争日趋激烈、市场环境中不确定性因素不断增多，电视媒体原有的组织结构已远远不适应外部环境的要求，应该尽快由原来那种对外部变化反应慢、容易形成较多层级的、高耸型的职能型组织结构向对外部市场变化反应迅速、层级较少、扁平型的组织结构转变。

再次，在市场导向的前提下，电视媒体与外部市场之间的互动机制非常重要，它将保证市场的信号能准确、有效、及时地传递到电视媒体的决策层，保证电视媒体对市场的变动做出正确反映。这一机制主要包括三方面的内容：一是与受众市场的互动机制。要建立受众服务平台，通过互联网、手机短信等现代传播技术的采用加强受众对新闻传播活动的直接评价，通过市场化评价力度的加强掌握受众市场最直接的、有效度高的变动信息。二是与竞争者市场的互动机制。电视媒体应加强对竞争对手的研究，既分析自己，又分析竞争对手的优势和劣势，通过优劣势的对比，确定自己的差别化战略。三是与生产资源供应市场的互动机制。要掌握市场行情和变动趋势，确保质量最高和价格最低的资源供应给自己。在电视媒体中应成立专门的团队来发展和维护这三面的关系，并能确保这一团队能与电视媒体的最高经营者进行直接及时的沟通，以便市场变动的信息能在第一时间到达决策者。

第四节　电视媒体的三线立体互动传播[①]

能否尽可能多地吸引和稳固受众，能否尽可能深地与受众发生关系，决定电视媒体的发展前景。笔者认为，按照传播新规律、受众行为心理新特点，着力打造基于电视传播的一条场内传播线、分别基于新渠道、新技术、新方式和一般性活动的两条场外传播线三线互补互促、立体互动的传播格局，将是电视媒体吸引和稳固受众的有效手段，将是电视媒体与受众发生深层次关系的有效渠道，将是电视媒体发展的必由之路。

一、打造三条传播线的必要性

基于电视传播的场内传播线不是简单地对传统电视传播的复制，而是在录播基础上逐步实现直播常态化。这种直播是真正意义上的、以受众实时参与电视传播为目的的直播，而不是很长一段时间以来流行的为直播而直播、把直播当作目的的直播。基于新渠道、新技术、新方式的场外传播线以直播为主，着眼于利用这条传播线突破现行的电视媒体单方向向受众推送和灌输内容的做法，引导受众深度参与到电视传播的决策、传播过程和评价中来，弥补电视传播参与不足的问题。基于一般性活动的另一条场外传播线是通过在电视媒体与受众之间搭建桥梁，把受众从事的各种活动过程化和节目化，成为电视内容，或者把电视节目一般性活动化，使电视内容成为受众从事的活动。

第一，在媒体市场的新阶段，受众需求越来越立体化，娱乐方式越来越多样化，传播渠道越来越多元化，导致受众分流严重，受众的时间碎片化严重。在这种情况下，电视媒体仅靠传统的一种方式或一种手段，将不

① 引自李岭涛发表于《中国广播电视学刊》2014 年第 3 期的《三线立体互动传播：电视媒体的必由之路》一文。有删改。

可能在媒体的受众大战中取胜。而通过三条传播线的打造，可以很大程度上加速电视媒体对新的技术手段、新的传播渠道和新的娱乐方式的整合，为受众提供立体的多层次的服务，使受众在每个时间点、每个需求方向、每个可利用机会都能方便地与电视媒体互动，都能获得或使用电视媒体传播的内容。

第二，在新的传播环境中，电视媒体面临着大众传播与人际传播之间的界限越来越模糊的趋势，而通过三条传播线的打造，可以很大程度上适应大众传播和人际传播的融合趋势，促进人际传播在电视传播中的作用发挥。

第三，市场越来越在媒体资源的配置中起决定性作用。电视媒体与新媒体同场竞争，一方面新媒体的市场化程度比较高，对市场变化的反应更加迅速、准确。另一方面，媒体市场中的各种资源、要素、产品，特别是新出现的资源、要素、产品，更多地体现新媒体的特征，而且越来越呈现出向新媒体流动的趋势。而通过三条传播线的打造，可以很大程度上扭转电视媒体在新兴资源竞争上的劣势，促进资源要素向电视媒体流动。

二、如何打造三条传播线

三条传播线的打造必须有明确的目的。也就是说，要能够使电视传播做到场内即场外，场外即场内，电视媒体与受众通过各种渠道、各种途径紧密联系在一起，不可分割；能够使受众可以自由地由场外进入场内，由场内来到场外。

1. 基于电视传播的场内传播线

场内传播线的打造应实现由“以内容生产为中心”向“以受众为中心”转变，为电视媒体与被屏幕隔开的受众随时随地发生关系和联系创造条件。在绝大部分节目为录播的情况下，这种愿望很难实现。而在直播状态下，问题就会迎刃而解，可以很轻松地实现电视媒体与受众、场内与场外的互动。因此，基于电视传播的场内传播线将以直播为基础。场内传播线中的直播可以分三种情况。

第一种情况，内容播出、场内外互动均为直播，即整个节目为完全直播。在这种情况中，受众可以随着节目进程通过各种渠道实时参与到节目中来，他们参与的过程和参与的内容都将成为节目的重要组成部分。2012年5月8日，北京大兴电视台在北京地区率先实现三名主持人互动式直播，除演播室有两名现场主持人之外，另在演播室外设一名在线互动主持人，在线互动主持人一方面随时与场内主持人进行信息沟通、互动，另一方面与受众进行实时在线互动，互动内容同时在节目中播出，从而使节目更加反映受众心理特征、更能方便受众全程参与。

第二种情况，内容录播、场内外互动直播相结合。在这种情况中，节目内容是事先录制好的，在节目播出时以开窗口或者插入的方式为场内外互动开辟渠道，互动过程和互动内容也成为节目的补充。这种情况较第一种情况的优点是成本比较低，风险可控性强。目前还没有发现国内电视台有这方面的尝试，因此值得期待。

第三种情况，打断式直播。这种情况比较适合新闻节目，其意思就是打断正常节目突然插入对重大事件、最新消息的现场直播。由于突发事件的不可预测性，使得直播结果充满悬念，对受众具有很强的吸引力，因此受众参与的积极性会更高。这种情况在国外的电视媒体比较常见，山东电视台齐鲁频道属于在国内应用这种方式比较多的电视媒体。电视媒体应对此加以重视，逐步积累和提高自己打断式直播的能力。

2. 基于新渠道、新技术、新方式的场外传播线

电视受众越来越呈哑铃型结构，老年人和儿童在两头占较大比例，而居于中间的年轻人和中年人越来越被新媒体所吸引。相当比例的年轻人对手机、网络等新媒体的依赖程度非常高。基于新渠道、新技术、新方式的场外传播线就是通过新媒体的引入来适应年轻人的心理特征，夯实电视受众的中间人群，巩固两头人群。

在已有实践中，电视媒体较多地考虑了自己对受众的单向作用力，而

对于受众对媒体的反方向作用力和影响力没有给予足够的重视。基于新渠道、新技术、新方式的场外传播线的重点就是引导受众全方位深层次地参与到电视传播活动中来，使受众真正成为电视传播活动的主人和主体。

这条场外传播线以直播为主，如果基于电视传播的场内传播线是直播，则两条直播交相辉映。如果场内传播线是录播，则场外传播线的直播可以弥补场内传播线录播的不足。

具体做法是，参考电视传播的经验，把每种新渠道、新技术、新方式作为一个虚拟频道或一个栏目进行包装，每个虚拟频道或栏目设置虚拟主持人。由虚拟主持人常态化驻守频道或栏目，随时与受众沟通，引导受众参与节目，听取受众对节目的意见，收集受众提供的内容。在场内传播线录播时，这条传播线的直播单独进行。在场内传播线直播时，这条线的互动内容和互动过程既可以独立进行，也可以直接进入电视节目。通过受众提供节目内容，不但可以丰富电视媒体的内容资源，而且由于受众拍，拍受众，完全独立地体现受众的思维方式，因此能够从形式、内容和心理各个层次上都较好地做到“三贴近”。

3. 基于一般性活动的场外传播线

这条场外传播线的关键是如何使一般性活动电视节目化、电视节目一般性活动化，可以从三个层次进行。

第一个层次，打造零距离演播室，把演播室制度性设在百姓炕头、蔬菜大棚、社区公园等场所，原汁原味地将老百姓的生产、生活状态表现出来。传统的演播室与受众之间有一道有形或无形的墙，阻隔了受众参与节目的渠道，疏远了媒体与受众之间的距离。利用零距离演播室则可以推倒演播室与受众之间的墙，做到演播室与受众零距离，从而实现一般性活动电视节目化。2013 年 12 月 2 日，北京电视台在大型直播活动《生命灿烂》中首次应用了 4G 回传技术进行新闻现场直播。演播室主持人同前方进行 4G 连线，与前方记者、交警进行了互动对播，图像效果清晰、声音流畅。这也是全国首例电视台在新闻活动中使用4G技术进行直播报道，为推倒演播室和受众之间的墙创造了新的途径和手段。

第二个层次，打造无障碍、无门槛节目，降低受众参与节目的难度，让更多的受众直接进入节目中来。很长一段时间以来大行其道的音乐舞蹈等参与性节目体现了浓厚的精英意识，阻碍了一般受众参与的热情。2006年，北京大兴电视台推出一档不设门槛、不分年龄、不分性别、不分才艺类别的大型群众参与性栏目《我行我秀》，积极探索电视节目与一般性大众文化活动的相互转化，让受众的一般活动进入电视节目中来。

第三个层次，切实进行队伍创新，建立专职、兼职和普通群众三位一体的电视传播队伍。专职队伍带兼职队伍，兼职队伍做到覆盖每个村子、每个社区，做到对重点区域无盲点，对突发事件无盲点，对突发事件和受众原生态的状态零距离、零时刻做出反应。把兼职队伍粉丝团化，利用兼职队伍带动普通群众，使得电视媒体能够从普通百姓的视角观察和分析问题，从而实现电视传播活动的多向性、互动性。

4. 三条传播线之间的贯通

三条传播线本来是相互独立的，但要使它们发挥1+1>2的效果，将三条传播线无障碍贯通非常重要。以技术变革为基础，三条传播线的贯通要求打造满足新媒体和传统媒体互动需求，实现跨媒体、跨行业标准、传统方式和新型方式互为补充、专业技术与民用技术无缝对接的全新技术平台。

平台内部之间、平台内部与外部之间可以实现实时互动。整个流程从多种技术手段采集信息开始，通过多种通道传输信号，然后利用多种媒体专业设备转换处理和播出信号。借助平台的技术创新，整个流程全面贯通，信号能够在各个环节、各个层次不间断、无障碍地流动。平台以直播为目标，实现音视频信号实时采集、实时传输、实时审核发布、实时播放浏览的功能。利用手机等智能终端可以随时随地拍摄事件现场、即时传送内容至后方平台，而且能够通过手机端实时观看后台开放的内容并与后方实现视音频交互通信。在新技术支持下，手机等智能终端设备具备大型转播车的很多功能，弥补目前卫星、光缆和数字微波传输系统存在的造价高、系统庞大、操作复杂的不足，为解决“异地多点直播”长期存在的技术布局困难提供非常有效的方案。平台采用手机和Pad终端等各种移动通信设备、高性能视频编解码器和支持无压缩的大流量数字音频传输，这种民用设备与专业设备的融合应用，将极大地提高现场的采集质量，缩短反应时间，拓展采集方式，丰富传输手段。

第五节　电视媒体的企业家思维[①]

党的十八届三中全会要求，“在新的历史起点上全面深化改革”。这对于电视媒体同样重要。笔者认为，电视媒体要全面深化改革，就必须遵循电视发展规律。一方面巩固现有受众，更多地拉回流失受众和拓展新的受众，更广泛地接触受众，更深层次地与受众发生联系，为受众所接受和欢迎，与受众产生更深的亲和度、粿合度；另一方面，将影响力越来越大的商业化新媒体为我所用，将其纳入电视发展的大格局，使电视媒体的力量和阵地实现跨越式壮大，是电视媒体完成自身责任与使命的前提和基础。要做到这一点，电视媒体就必须改变实践中一直存在的忽视甚至漠视企业家思维、单纯强调政治家意识的倾向，树立企业家思维，实现政治家意识与企业家思维的有机结合，从而尽快扭转与新媒体争夺受众的被动局面，继续掌握在当前舆论环境中的话语权和保持在人民群众中的影响力。

一、树立企业家思维的理论依据

所谓政治家意识，就是宣传思想工作要坚持正确的政治方向，坚持社

① 引自李岭涛发表于《中国广播电视学刊》2014年第7期的《政治家意识与企业家思维相结合——电视媒体的发展之道》和《电视研究》2014年第8期的《电视媒体的企业家思维分析》两篇文章。有删改。

会主义核心价值观，把实现好、维护好、发展好最广大人民根本利益作为出发点和落脚点，坚持以民为本、以人为本。这是政治家意识的思想基础。所谓企业家思维，就是电视媒体要按照市场配置资源的要求把各种要素和资源组织起来，按照反映人民群众需求的大众传播、人际传播等规律来配置资源，将传播内容通过人民群众易于和乐于接受的途径和方式无过滤地渗透到他们心中，实现自己为人民群众创造价值的目标。市场在资源配置中起决定性作用，这是企业家思维的实践基础。

电视媒体的政治家意识和企业家思维是由它的属性所决定的。随着社会的进步，对于电视媒体属性的认识也越来越符合其本质特征，即它不仅具有政治属性，而且具有经济属性。这决定了电视媒体是一种非常特殊的实体，政治属性决定了它属于上层建筑和生产关系的范畴，具有喉舌导向功能；经济属性决定于它属于经济基础和生产力的范畴，具有产业功能。说电视媒体属于经济基础和生产力范畴，首先，根据生产力具有动态性的特点，随着科学技术的进步和社会经济的发展，在生产力整体系统中将会出现或合并进来一些新的生产力要素，比如科学技术、邮电通信、教育和文化等，电视媒体方面的内容也属于这类要素。其次，根据现代生产力诸要素相结合的特征，要实现生产力诸要素的最佳结合就需要一种能够连接、融合各要素的工具，当前及今后很长一段时间电视媒体将承担这一角色，实践已经证明了这一点。再次，根据生产力要素都具有生产职能的特点，不管是物质生产力还是精神生产力都必须具有生产职能，电视媒体具有很强的生产职能，它既与物质产品的生产高度相关，又是精神产品生产的重要内容。可以得出结论，电视媒体是知识经济的重要组成部分，属于经济基础和生产力的范畴。长期以来，由于历史、体制、机制、外部环境等原因，对于电视媒体的属性认识不到位，电视媒体的经济属性、产业功能和生产力特征被忽视，电视媒体被片面理解为仅具有政治属性和喉舌功能。在市场经济条件下，电视媒体的经济属性和产业功能需要进一步挖掘，内在的生产力与动力需要释放，以经济实力为基础的综合竞争力需要增强。

简而言之，电视媒体的政治属性和喉舌导向功能决定了电视媒体要具有政治家意识，而经济属性和产业功能决定了电视媒体要具有企业家思维。电视媒体的政治属性和经济属性相结合的特殊性决定了电视媒体政治家意识和企业家思维相结合的必要性。

二、实践中企业家思维缺失导致的问题

改革开放以来，我国的电视媒体取得了长足发展。但是，电视媒体发展到今天，企业家思维一直没有真正树立起来，企业家思维的缺失又导致出现了一些影响电视媒体发展的问题。

1. 重既有经验轻新发规律

毋庸置疑，电视媒体通过长期的实践不断取得成功。这些成功既反过来促进了电视媒体的发展，也带来了很重的经验主义倾向。实践中经常只重视既有的成功经验，拘泥于宣传逻辑，对于人民群众主体意识的觉醒、大众传播与人际传播的融合、市场越来越在资源配置中起决定作用等新规律研究、适应和应用得不够。

2. 重真实世界轻虚拟社会

电视媒体在党的建设、经济建设等各方面发挥了凝心聚力的巨大推动作用。但是，以往的电视媒体是局限于真实世界的，对于新媒体等构成的虚拟世界重视得不够，对于人民群众在虚拟世界中的心理特征和行为取向研究、利用得不够，对于新媒体运作规律与电视媒体规律如何结合研究、利用得不够，常常是把传统的做法、传统的内容一成不变地照搬到新媒体上。

3. 重宏观层面轻现实落地

电视媒体的功能就是通过服务群众同教育引导群众相结合、满足需求同提高素养相结合，但是传统的电视媒体单纯把群众当作“有待说服和解释政策的对象”，而很少考虑他们的接受取向和行为习惯，导致电视新闻宣传的内容千人一面、上下一般粗地停留在宏观层面，很难接地气，很难

落到群众特别是基层群众的心里去。

4. 重传统模式轻技术进步

技术对社会发展和传播模式的推动作用越来越明显，以技术为主导的新媒体代表先进的传播生产力，大众传播、人际传播等活动已经越来越离不开技术革新和创造。电视媒体对此重视和研究得不够，仍然采用原来习惯使用的大部分传播模式，导致电视媒体的科技含量过低，技术进步带来的与群众的贴近性基本上没有得到反映。

5. 重自我迷恋轻对手研究

在相当一段时期内，电视媒体都处于信息传播的绝对垄断地位，具有排他性优势，对于逐渐做大的竞争对手重视和研究不够。一方面，信息的对称性已经随着传播渠道的多样化而逐渐向群众倾斜，某种程度上群众掌握的信息甚至更多。在这个意义上，电视媒体存在与群众竞争的问题。另一方面，新媒体的出现、社会的多元化和敌对势力猖獗等，也使电视媒体面临严峻的需要千方百计与竞争对手争夺群众的问题。

三、树立企业家思维的作用

1. 利用企业家思维把握传播环境变化

当前群众所处的媒体传播环境已经发生根本性变化。企业家思维不同于政治家意识的重要之处就在于能够帮助电视媒体对这些变化做出迅速反应。一是信息提供向海量变迁，群众获取信息的渠道向多样化发展。二是新媒体的异军突起，多屏化、互动化和移动化趋势显现，导致电视媒体的收视率大幅下降，传播效果大打折扣，受众大量流失。三是传统电视媒体用“我喜欢什么”代替“群众希望得到什么”的做法被唾弃，以参与、互动、体验和分享为代表的主体意识成为群众的主流价值观和媒体观。四是传统客厅的排他式电视收看越来越少，而随意的跨屏转换频次越来越高，群众对电视媒体的依赖度、注意力和关注度大幅下降。五是手机越来越成为伴随性媒体，群众的时间越来越碎片化。

2. 利用企业家思维引入互联网基因

互联网等新媒体越来越代表先进传播力的方向，对人们思维方式、生活方式和工作方式的影响越来越深刻，积极拥抱互联网是电视媒体刻不容缓和事关生死的选择。企业家思维能够在电视媒体中培育互联网基因。一是市场意识。电视媒体按照市场规律、传播规律等市场法则定义自己的运作理念和规范自己的行为。二是大众传播与人际传播相结合。大众传播人际化、人际传播大众化是互联网催化的传播领域新趋势。因此，电视媒体应通过大众传播提高人际传播的广度和辐射面，通过人际传播提高大众传播的深度和渗透力。三是技术驱动。技术对媒体的发展越来越起决定作用，电视媒体必须适应并科学利用技术驱动的发展规律。

3. 利用企业家思维彰显群众主体地位

党的十八大强调，坚持人民主体地位。因此，电视媒体应把群众作为主角，作为自己的起源和意义所在。传播环境的变化带来了信息的高度透明，信息高度透明以后，群众占有足够的信息，电视媒体所长期利用的“信息稀缺效应”不再存在，话语权正从自己手里向群众手中转移，群众共同参与、共同分享的开放架构正在形成。在这一权力重心的转移中，每个群众都获得了改变世界的力量。这必将对电视媒体产生颠覆性影响，要求利用企业家思维以群众主导（消费者主导）的市场研究为基础，通过对市场全面的分析、了解和把握，真正把握群众需求变动趋势，知己知彼，有的放矢。根据马斯洛的需求层次理论，人的需求分为生理的需求、安全的需求、社交的需求、自尊的需求和自我实现的需求五个层次，只有较低层次的需求得到基本满足以后，需求才会上升到更高的层次，已经得到满足的需求不再起激励作用。一般而言，层次越低的需求越容易得到满足，在每一个时期每个人都有某一层次的需求（主导需求）占据主导作用，其他则处于从属地位，人的主导需求对行为起决定作用。为此，电视媒体必须通过科学系统的市场调查了解目标群众的需求到底处于哪个层次上，每个层次上的群众数量占总数的比例是多少，主导需求是什么，需求的变动趋势是什么，等等。根据群众需要，重视群众意见，让群众参与决策，从而为自身定位提供依据，增强针对性和前瞻性，最大限度使群众满意。

4. 利用企业家思维提高整合能力

当前，新的技术手段、新的娱乐方式、新的传播渠道和新的资本形态为群众各层次需求的满足创造了空前的条件。企业家思维对创新和整合具有天然基因。利用企业家思维，一方面，电视媒体能够对网络、手机等新的媒体形态保持高度敏感和强力整合，对微博、微信、微视、QQ、MSN 等新的传播渠道保持高度敏感和强力整合，对 3G、4G、3D 等新的技术手段保持高度敏感和强力整合。通过整合，将使电视媒体从内容到形态都呈现科技含量高、新颖时尚的特点，更加接近社会主流人群的心理特征，从而推进传播模式的创新进程，提高群众参与的深度和广度，促进群众主体性的发挥。另一方面，引入资本运作的概念。通过资本运作，快速壮大电视媒体的经济基础；引入自身所没有的先进的经营理念、传播模式、市场基因和消费者导向意识等；利用资本的扩张力和渗透力降低电视媒体的盲点；利用资本的逐利特性提高电视媒体的客观中立特征，减少宣传味道，让群众特别是外国群众更加易于接受。

5. 利用企业家思维进行整合营销

整合营销是企业家思维的重要内容。在群众接收信息渠道多样化的今天，整合营销对电视媒体尤为重要。电视媒体的效果同独特的包装设计、优秀的品牌推广创意、合理的表现形式、明确的关键信息、恰当的传播载体、最佳的投入时机、完美的促销组合等诸多方面都是密不可分的。电视媒体应用整合营销要坚持以下原则。一是电视媒体的立意、创意、表现形式等应追求差异化，没有个性的品牌特征群众很快就会遗忘。二是合理定位电视媒体的诉求点。成功的诉求点首先在于准确的定位，要针对目标群众的特征和他们对某种特定功效的追求，形成互动吻合的诉求点。三是选择有效媒介、载体和渠道，形成多层次、多角度的立体宣传氛围，以便能够迅速而生动地传递电视媒体的信息，达到事半功倍的效果。四是用电视媒体的连贯性加强效应累积和品牌沉淀。不同时期、不同地点的电视媒体要在内容、形式等方面有一定的连贯性，确保互相借势和品牌资产的沉淀、积累。总之，整合营销将使电视媒体与群众更多地表现为一种感性化的心理联系和感性诉求，用真实的、贴心的、艺术的、创意的形式和内容与群众进行心灵的沟通，为群众提供基本的信心保证和信赖感，从而建立群众的情感偏爱和品牌忠诚，赢得他们的喜爱和信赖。

6. 利用企业家思维强化财务意识

传统的电视媒体一直是为了追求社会效益而不计成本，不计投入产出比，导致优质资源不愿意向电视媒体流动。企业家思维所具有的财务意识是改变这种状况的利器。一是为电视媒体进行财务规划，分析一项活动、一个项目需要多少钱，钱从哪里来，钱怎样花会效果更好。二是在外部机会和内部能力之间建立桥梁和纽带，在面对好的机会、项目时，能够清楚要把握机会自身需要付出多大的代价。三是保证行为和成本核算挂钩，确保电视媒体的规模和效果上去了，成本能控制在一定范围内，力争用最低的投入创造最大的效益。财务意识强化了，电视媒体就有可能有效地利用市场来配置资源，吸引更多的优质资源和要素。

四、树立企业家思维的策略

电视媒体企业家思维的缺失既有内因也有外因，因此企业家思维的树立既需要管理部门从政策、体制等方面创造良好条件，也需要电视媒体在这方面由自发到自觉，增强积极性和主动性。

1. 用政策出新为企业家思维提供良好的外部环境

加强政策推陈出新，推进电视领域的文化体制改革，扭转电视行业体制改革落后的局面。一是以省市为单位研究适合本地区实际的电视发展体制、机制和治理结构，以外力推动电视媒体用扁平化的、适应环境变化能力强的组织结构取代传统的、适应环境变化能力弱的组织结构。二是以省市为单位推出电视媒体主要岗位，特别是经营管理岗位的设置方法、身份性质、薪酬待遇、股权激励、进出机制等方面的政策，改变各单位各自为政、政出无门的尴尬局面，切实解决人才的后顾之忧。三是以省市为单位扶持几家有实力的大型电视传媒集团，鼓励他们在本省市范围内跨地区、跨行业、跨所有制兼并重组，为最终实现全国范围内的电视媒体资产自由流动做准备。四是尽快推出以电视媒体的传播力、影响力和权威性为核心的无形资产评估、质押、登记、托管、投资、流转等办法，鼓励电视媒体与金融机构共同开展金融产品、资本形态创新，切实增强电视媒体资本运营的能力和实力。

2. 用资本运营为企业家思维提供基础条件

企业家思维的树立需要一个过程，但是如果被动地仅仅依靠自己的原始积累来实现，将失去大量的发展机会。因此电视媒体必须引入和强化资本运作意识，通过社会资本引入，快速壮大电视媒体的经济基础；引入自身所没有的先进的经营理念、传播模式、市场基因和消费者导向意识等；利用资本的扩张力和渗透力降低电视媒体的盲点；利用资本的逐利特性提高电视媒体的客观中立特征，减少宣传味道，让受众特别是外国受众更加易于接受。一是与从事内容生产的社会资本进行整合，把能够快速反映市场变化的内容生产规律“拿来”。二是对处于成长期的、有发展潜力的新媒体企业进行整合，把符合先进传播力发展方向的互联网思维“拿来”。三是对研发能力强、处于前沿地位的媒体技术企业进行整合，把能够持续激发受众需求的技术和技术研发能力“拿来”。同时，通过“拿来主义”增强电视媒体对新媒体、新技术、新渠道和新手段的支配控制能力，用市场的力量使各种资源流向电视媒体，快速壮大电视媒体的实力和竞争力。

3. 用市场化激励机制为企业家思维提供可靠人才保障

由于事业单位体制的限制，电视媒体很难为优秀人才提供有吸引力的激励条件，从而面对新媒体的市场化激励机制显得竞争乏力。没有适应市场要求的高素质人才的支撑，树立企业家思维将是海市蜃楼，因此电视媒体必须尽快建立市场化激励机制。首先要尽快进行知识产权评估、特殊管理股等的试点，在积累经验后迅速推广。其次要尽快进行员工参股、增量奖股、岗位分红等分配制度的改革试点，构建电视媒体、优秀人才的利益共同体，在积累经验后马上推广。最后要区别对待，分类实施。一方面，对于实力不同的电视媒体实体区别对待，实力比较强的可以自己进行股份制改造，建立健全协调运转、有效制衡的公司法人治理结构，在自身内部探索实行特殊管理股和股权激励的有效做法。实力比较弱的可以通过弱弱联合或以强带弱的形式，以地区为单位进行股份制的资本整合或建立产业发展基金，在此基础上进行跨单位、跨所有制的市场化激励探索。另一方面，对于体制内人才和市场化人才区别对待，体制内人才享受一般事业单位待遇但不能享受市场化激励政策，市场化人才则相反，两种人才之间要有顺畅自由的转换机制。

需要强调的是，树立企业家思维必须正确处理好政治家意识与企业家思维之间对立又统一、主次分明的辩证关系。政治家意识是电视媒体党性的表现，是其按照正确方向发展的保障，也是其存在意义的体现，处于主要地位。企业家思维是实现政治家意识的渠道和桥梁，是上层建筑意志到达基层受众的渠道和桥梁，处于次要地位。二者关系处理得好，就会使他们的方向一致；处理得不好，则会导致他们背道而驰。过分强调政治家意识，就会导致电视媒体脱离实际、远离受众；过分强调企业家思维，就会导致电视媒体唯利是图、丧失道德。处理好二者的关系，既是新时期对电视媒体的要求，也是新时期电视媒体发展的基础。

第六节　理性辨析“唱衰电视”[1]

近几年，认为电视正在消亡或衰落的“唱衰电视”之声不绝于耳。这些声音，有的是对电视媒体躺在既有优势的功劳簿上而漠视新媒体巨大冲击的怒其不争式的善意提醒，有的是唯恐天下不乱、巴不得电视行业分崩离析的恶意棒杀。不管是什么目的，这些声音都代表着业内外对电视行业发展前景的担忧。难道新媒体真的是电视的掘墓人？难道电视真的走到了消亡的阶段？理性辨析电视与新媒体的关系，看清“唱衰电视”背后的逻辑思路，认清“唱衰电视”伪判断的实质，对于增强业内外对电视未来前景的信心、促进电视媒体良性持久发展至关重要。

一、辨析“唱衰电视”的论据

论据是观点的基础，证伪论据就可以对“唱衰电视”的论调起到釜底抽薪的作用。透过现象看本质，综合各种“唱衰电视”的观点可以发现，“唱衰电视”的本质是唱衰电视媒体，而不是唱衰整个电视领域。毋庸置疑，近几年来部分电视媒体或者电视领域的某些方面出现了一些问题，但这些问题属于发展中的问题，仅以这些很难建立必然联系的个别现象为论据就说电视进入了消亡或衰落的历史时期是根本站不住脚的。

1. 从电视与新媒体之间的人才流动看：认为大量电视人才流失到新媒体

在媒体行业的发展进程中，每当出现一种新的媒体，原来的相对传统的媒体都要承担人才贡献者的角色，而这种角色的承担并没有带来自身的消亡或衰落。当广播产生时，报纸承担了这种角色；当电视产生时，广播

① 引自李岭涛、李冬梅发表于《现代传播（中国传媒大学学报）》2014 年第 5 期的《理性辨析“唱衰电视”》一文。有删改。

承担了这种角色。因此，在新媒体高速发展的今天，电视承担新媒体人才贡献者的角色并不必然会带来自身的消亡或衰落，反而会通过人才的自由流动为传统媒体和新媒体的合作带来桥梁或纽带。有影响力的电视人跳槽到新媒体的案例有：前央视制片人王利芬创办优米网。2011 年原凤凰卫视中文台执行台长刘春加盟搜狐视频担任总裁，但 2013 年刘春选择再次跳槽加盟万达影视担任 CEO。前凤凰卫视知名评论员杨锦麟 2011 年任香港卫视副总裁、执行台长，2013 年则辞职，成立锦绣麒麟传媒（国际）有限公司，腾讯视频与其联合打造了《天天看》《夜夜谈》两档节目。2013 年离开央视、加盟视频网站爱奇艺任首席内容官的马东整合河南卫视和爱奇艺的资源，倾力打造了没有引进版权的国内首档大型网台联动文化综艺季播原创节目《汉字英雄》和《成语英雄》。这两档节目集综艺性和知识性于一体，将文化和娱乐相融合，是我国原创电视节目的典范，在以中国传统文化为基础的电视创新中起着标杆作用。显然，马东的跳槽不是对电视媒体优势的削弱，而是对电视媒体优势的激发和放大，是促进电视媒体和网络媒体竞争力同向增强的合作共赢。

2. 从电视内容的传播路径看：认为电视开机率大幅下降

电视媒体与受众的关系本质上是以内容为中介和纽带的，电视媒体向受众传播内容的途径和载体是根据受众的需求来选择的。在受众行为选择多样化的情况下，电视媒体在内容传播途径和载体的选择上也必然多样化。因此，以所谓“电视开机率下降”来“唱衰电视”的人往往无视以电视机为代表的内容接收终端形态和功能的不断进化，无视电视媒体与受众关系的持续改进，无视电视传播途径和载体的多样化趋势和现实。在媒体融合的大背景下，任何一种媒体的发展都离不开对新的技术手段、新的娱乐方式、新的传播渠道的整合，这种整合将带来电视媒体本身和电视内容接收终端内涵和外延的丰富和拓展，电视内容的传播路径开始突破传统电视机的限制而扩展到网络、手机、户外显示屏等。例如，年轻人用手机、平板电脑等移动设备观看电视节目，将出行、各种服务等待等碎片化时间利用起来用于观看电视内容。随着手机流量资费的下调和优惠，手机网速的提高，特别是4G通信技术的推广和使用，移动收视会成为年轻人的生活习惯。这说明，电视对受众的覆盖无论从深度还是广度上都有质和量的提升，即一方面电视覆盖的受众不但没有减少，反而大大增加；另一方面，受众对电视的黏合度不但没有下降，反而大大上升。过去是以家庭收看的电视机播出内容情况来计算电视收视率，现在合并统计电视机、手机、网络等跨屏传播电视内容的收视数据则更为全面准确。

3. 从新媒体企业对电视的行为看：认为新媒体正快速占领电视市场

由于对电视发展前景的看好，目前已经有多家互联网和科技公司涉足电视盒子领域。爱奇艺和创维2013年10月联合推出电视盒子；乐视在2012年12月正式发布了电视机顶盒乐视盒子C1，售价采取“0+399元”模式；2013年3月，经历“牌照”风波的小米科技推出的小米盒子，也在各试点城市正式发售；在与拥有牌照的华数传媒合作一年后，PPTV也于2013年5月正式推出机顶盒产品PPBox，PPBox由华数传媒提供互联网电视集成播控平台，PPTV网站负责PPBox的内容技术运营及市场推广；2013年10月华为也在京东商城和华为商城开放其“华为秘盒”的在线预定。华为盒子资本供应方为CNTV旗下进行电视运营的中国互联网电视集成播控平台[①]。在市场对资源配置越来越起决定性作用的今天，诞生于完全市场环境的新媒体企业的逐利本性和能力要远远高于脱胎于计划体制的传统电视企事业单位。在市场经济中，无利不起早是铁律。新媒体企业对新的电视机产品的青睐充分说明了电视领域的巨大潜力。

除了在硬件方面新媒体对电视表现出浓厚的兴趣，即使在合作方式等方面新媒体也以前所未有的热情积极探索新的途径和方式。2013年，搜狐在《中国好声音》第二季联合浙江卫视和其制作方灿星制作在创新电视传播模式上做出了尝试。新的模式将三屏合一，实现了全网全渠道覆盖，方

---

① 《爱奇艺和创维联合推出盒子即将发售》，《扬子晚报》2013年10月29日，http://internet.yangtse.com/605762/589335733853b.shtml。

便了用户通过电视、电脑网络、手机、Pad 获得针对不同终端的内容和互动服务。利用搜狐视频与搜狐微博、新浪微博、腾讯微博实现双向互通的“看点”功能，用户可以直接将自己觉得最有趣的部分作为视频的播放时间起点来分享到三大微博平台中去。互通功能实现后，用户所观看的搜狐视频，无论是在站内观看，还是被传播至微博平台，用户都可以看到该视频的全部评论内容，实现病毒式的传播效应[①]。通过全新的传播模式，促进浙江卫视实现了在更大范围内与受众的接触和在更深层次上与受众的互动。

4. 从新媒体与电视的关系看：认为新媒体是电视的天敌

显然，新媒体的出现对电视造成了一定程度的冲击。但是，在全媒体时代，电视和新媒体之间不是非此即彼、你死我活的对立关系，不是此消彼长的负相关关系，而是在一定条件下此长彼长、竞合共赢的关系。新媒体的发展将会进一步放大电视的内容生产优势和既有品牌优势，实现电视内容在更大范围的覆盖，形成电视在更深层次上的影响力。同时，新媒体的引入将推动实现电视和受众之间关系的革命性变革，使受众实实在在地参与到电视传播活动的决策、传播过程和评价中来，从而从形式上、内容上和心理上做到“三贴近”。以央视新闻为例，“从 2012 年开始，央视新闻的微博、微信、客户端陆续上线，目前三个平台累计的粉丝和关注已经突破 2000 万，而新闻频道的收视成绩不但没有受到影响，反而一路攀升，2012 年新闻频道收视份额达 2.57%，为历年收视最高值，较上年提升 18%。目前，新闻频道的收视份额达到了 2.6%。”[②] 央视新闻通过多屏传播实现了更多的受众覆盖，通过受众的更多参与和互动，呈现了亲民、清新、温暖和真诚的风格，放大了电视平台的价值。市场研究机构尼尔森（Nielsen）最新调查数据显示，“Twitter 用户在收看电视节目时发布的相关评论推文能够提高电视节目收视率。尼尔森对 200 多档黄金时段的电视节目进行分析，研究发现，Twitter

① 《当第二季〈中国好声音〉遇到搜狐视频》，2013 年 3 月 6 日，http://news.eeworld.com.cn/szds/2013/0306/article-5470.html

② 胡占凡：《电视新闻人的“中国梦”》，《电视研究》2013 年第 8 期。

用户在发布有关某一电视节目的评论推文时，推文数量的增加能使该节目在近三分之一的播放时间内收视率得到提升。反之，该节目的收视率越高，就会有越多的 Twitter 用户发布相关评论推文。”[①] 在这个意义上，新媒体不仅不会成为电视的掘墓人，反而会对电视产生强大的助推作用。新媒体与电视的互相促进，一方面推动了全媒体兼容并蓄、互融互通的过程，另一方面催化电视在融合基础上的更高层次的创新，实现内容原创力和品牌扩张力的提升。

5. 从新媒体的内容看：认为新媒体内容比电视丰富

新媒体的内容主要包括电视媒体生产、新媒体企业自制和受众上传三部分。一方面，电视媒体生产的内容在网络媒体中地位重要，数量占优。查看各大视频网站的首页比如新浪视频、优酷、六间房、迅雷看看、爱奇艺等可以发现，按照视觉认知规律，排在首页优势视觉位置比如左侧、中间和上方的频道和节目内容均为来自电视的新闻、娱乐、体育、综艺、电影；酷 6、乐视网略有差异，在首页的频道左侧有自制内容的推荐。但从首页的整体页面图片链接和频道布局来看，依然是影视剧、娱乐、综艺、新闻占据优势。对视频网站搜索的视频数量的分类统计数据也可以发现，网站自制视频节目数量远远不及电视媒体节目的数量。乐视网提供的综艺节目分类检索的页面中，把乐视自制的节目划归到电视媒体类别中与其他电视媒体并列的“乐视”一项。视频网站自制节目频道出现类电视媒体化。另一方面，受众上传内容数量微乎其微，影响力微不足道，质量与电视媒体的专业制作更是不可同日而语。检索网站可以发现，大部分视频网站的网友上传视频的点击量并不高，热门视频多为国外网站的视频以及网友对电视节目的剪辑上传。由此可见，与其说电视媒体在为视频网站做嫁衣裳，不如说视频网站日渐成为电视节目的超容量内容库，是与电视行业竞合关系中重要的合作伙伴和利益共同体。

① 陈然：《调查称 Twitter 用户评论可提高电视节目收视率》，新浪科技，2013 年 8 月 7 日，http://www.techweb.com.cn/internet/2013-08-07/1315102.shtml。

从上述分析可以看出，“唱衰电视”的观点是站不住脚的。而且，近期第三方机构公布的数据为证伪“唱衰电视”提供了定量化的支持。据报道，“中国目前有电视观众 12.8 亿，每天在家看电视的受众比例为 80.7%”[①]。另外，据中国社会科学院中国舆情调查实验室 2012 年 3 月至 4 月开展的全国范围城市居民舆情调查，“当重大事件发生时，电视是城市居民获取新闻的第一媒体，也是信任度最高的媒体。其中，民众对电视的信任程度选择‘非常信任’和‘比较信任’的比例共达 81%。调查发现，当国内外有重大突发事件发生时，43.7% 的人首选电视获取信息，政府相关机构网站排名第二。”[②]

二、辨析“唱衰电视”的促动作用

很长一段时间以来，电视媒体一直在媒体发展中处于主导地位。长时期的既有在位优势导致了电视媒体强烈的发展惰性，导致了电视媒体缺少危机意识和压力感。面对网络、手机等新媒体对人们思维方式、生活方式和工作方式越来越深刻的影响，面对新媒体对整个媒体领域越来越激烈的冲击，电视媒体需要的不仅仅是危机意识和压力感，而且还要有实实在在的行动。在这个意义上，那些“唱衰电视”的声音对电视发展的影响应一分为二。一方面，它对电视发展产生了很大的负面影响；另一方面，它可以在竞争的市场上带来一种“鲶鱼效应”，用事关生存发展的竞争压迫刺激原本缺乏改革动力的电视媒体大胆地走创新之路。

1. 有利于政治家意识与企业家思维的进一步结合

新闻事业的党性要求政治家办台，也就是说要具有政治家意识。而在市场经济条件下，市场在资源配置中起决定性作用，仅有政治家意识是不够的，还要有企业家思维。社会主义市场经济规律要求电视媒体的发展必

① 牛春颖：《央视索福瑞：中国电视受众规模达 12.8 亿》，《中国新闻出版报》2013 年 10 月 22 日，http:///www.chinanews.com/cul/2013/10-22/5411683.shtml。

② 《调查显示电视是信任度最高的媒体》,《中国新闻出版报》2013 年 10 月 22 日。

定通过政治家意识和企业家思维的有机结合来实现，但现实是实践中经常出现政治家意识和企业家思维相脱节的状况。与诞生于市场经济的新媒体相比，电视媒体政治家意识过于浓厚，企业家思维过于缺乏，导致传播规律不能很好地发挥作用，受众主体地位得不到应有尊重，导致经常仅强调社会责任而不计投入产出和传播效果。经济基础决定上层建筑，能否实现经济效益的最大化是利用企业家思维衡量电视媒体成功与否及其价值高低的主要标志。没有经济效益的最大化，就没有电视媒体的做大做强，就没有实现“资产保值增值，承担社会责任”的保障。也就是说，在市场经济条件下，没有经济效益的最大化，电视媒体将很难持续存在。“唱衰电视”的压力将压迫电视媒体做到政治家意识和企业家思维的有机结合，追求传播效果，将舆论导向通过为受众所喜欢和接受的途径或方式无过滤地渗透到受众心中。

2. 有利于电视领域优劣汰机制的形成

在电视领域的既有体制下，优胜劣汰机制的作用不明显，造成了电视媒体创新能力、竞争能力不强，资源重复配置，经营模式雷同等问题。在“唱衰电视”的压力下，电视媒体寻求发展的愿望会更加强烈，各种有利于生存和发展的手段都将会被电视媒体采用，综合利用行政和市场两种手段、两种力量将会成为电视领域的潮流。因此，市场在资源配置中的决定作用将会得到有效发挥，优胜劣汰规律的作用也会在更大程度上得到发挥，电视媒体将不得不按照市场规律办事，低水平、低质量的电视媒体的生存空间将被大大压缩，各种要素资源将在市场作用下向更有利于发挥效益的方向流动，从而优化资源配置，减少资源浪费。在竞争有序的市场环境下，高质量、高素质的电视媒体获得的市场支撑将更大，更有利于电视媒体提高综合素质和能力，更有利于做大做强。

3. 有利于电视受众主体地位的夯实

目前，电视媒体对受众主体性的尊重和挖掘程度远远落后于受众主体意识觉醒的速度，远远落后于新媒体对受众主体性的重视和开发程度。媒体竞争实质上是对受众的竞争，没有对受众主体性的尊重和挖掘不可能在竞争中取胜。“唱衰电视”的压力将会使电视媒体重新审视受众的价值，改变他们对受众的态度和做法。一是挖掘受众对电视内容生产的作用。以受众满意为目标，树立经营受众理念，建立专业的受众维护机构进行受众关系管理，把受众粉丝团化，通过各种渠道尽可能详细地掌握受众的信息，建立自己独有的受众关系链。针对所有的受众进行分层化和差异化服务，并且建立有效的管理信息系统。通过这些措施掌握受众心理特征和行为取向，从而为内容生产提供依据。二是调动受众参与电视传播的热情。使从电视节目的单向传播转变为激励受众参与互动并自发传播节目的双向和延伸传播，由此带动社交媒体上有关电视内容话题的热议，提升电视内容的网络影响力。三是重视受众作为市场评价主体的地位。面对海量的电视内容资源，受众用收视时间长短、搜索量、点击量、下载、分享、评论、转发、赞等行为表达对电视媒体的看法，这些信息汇集成更加客观真实的大数据。电视媒体通过掌握、梳理和分析这些数据，能够发现和把握受众行为变动的规律性，从而根据这些变化及时调整内容和传播方式、传播途径，以便更加有效地实现与受众的互动。

第三章　电视发展的障碍分析

第一节　电视发展的两大痼疾[①]

改革开放以来，电视业在以其日益扩大的规模和不断增强的渗透力影响着社会的同时，其暴露出来的和亟待解决的两大痼疾也成为整个社会关注的热点。笔者在此提出这些问题，期望对促进电视业的改革能有点滴益处。

一、重复建设

与其他经济领域的情况相类似，电视业在发展过程中由于体制、观念和实践经验等方面的原因，也忽视了从战略上、整体上合理配置电视资源，犯了片面追求“大而全、小而全”、盲目铺摊子、重复建设的通病。在省及地市一级行政区划中，一般都有无线和有线两个电视台，有的地方更多。经过1996—1998年的治理整顿，电视台的数量未见明显减少，全国仍有各级各类电视台2000多家，批准上星的电视台达到33家。这些台形成各成体系的“大而全、小而全”的实体，恶性竞争攀比。由于各类电视台多是在同一水平上的重复，普遍达不到应有的规模和专业化程度，因而处于一种资源投入高、运作效率低、综合效益不理想的状况。由于有限的资金被众多的台分散占用，大大妨碍了各台或频道的更新改造，导致设备老化陈旧，节目竞争力下降，由于僧多粥少，造成了电视资源的人为分割，使得物质基

① 引自李岭涛发表于《广播电视信息》2000年第10期的《我国电视广播业发展的几个热点问题》一文。有删改。

础并不雄厚的电视业陷入了大量重复制作、重复播出之中，增大了成本支出。山东某地级市曾做过统计，有线台、无线台稿件的重复率经常在 90% 以上。

电视业的重复建设还表现在各电视台定位大同小异、栏目重复设置和节目模仿雷同上。在上星的 33 家电视台传送的 39 套节目中，除去中央电视台的 8 套节目和中国教育台的 1 套节目大体根据内容进行了细分外，其余的全部定位在综合台上，定位的大同小异导致了节目的千人一面。当今年春天各家卫视台不约而同播出《天龙八部》的时候，我们不难听到受众对电视台的不满之声。栏目的重复设置也是一个很普遍的现象，新闻栏目与专题栏目交叉重复、文艺节目与娱乐性节目交叉重复等屡见不鲜，某地的一家电视台就同时开设了同是以报道经济信息为主要内容的《××经济》、《××信息》和《财经报道》三个栏目。节目的模仿雷同更是让一些勇于创新的电视台头疼不已，每当一家电视台办出一个有影响的节目，其他的电视台肯定会一哄而上，照抄照搬。当前娱乐性节目和访谈性节目的泛滥充分反映出问题的严重性。

二、竞争无序

市场经济是法制经济，它有着众多的游戏规则规范各种竞争行为，这就要求参与市场竞争的利益或产权主体必须具备很强的法律意识和自律意识，以保证自己能严格按市场游戏规则来进行经营。但是，电视业的竞争现状却与市场运行规律的要求相去甚远。由于目前我国娱乐性节目的生产能力远远不能满足需要，加之一些电视台没有充足的资金购买节目或者根本就不想花这部分钱，所以盗播在许多地方成风、有的台盗录的节目甚至占其播出总量的三分之二以上。一些台为了追求覆盖率，擅自扩大功率，造成频率干扰。由于有线网络大多是各地有线台自筹资金建设的，全国联网也是按照谁建设谁受益的原则在原有区域网的基础上进行的，这既给无线台进入有线电视网络人为设置了关口，又导致各级电视部门在利益分配上分歧巨大，造成电视业散乱严重，内耗惊人。电视业对人员的素质要求比较高，而现有的电视从业人员是有限的，因此电视业规模的盲目扩张使得人才缺口很大，出现了上级台挖下级台的人才、同级台互相挖人才的不良现象。对物质利益的追逐使得众多电视台纷纷出卖或出租节目时间，有偿新闻屡禁不止。所有这些现象都与电视作为党和政府耳目喉舌的身份和地位很不相称，在社会上产生了极坏影响。

市场竞争的无序是很久以来电视热造成的全行业浮躁心理和市场经济的利益驱动相互作用的结果，是长期受到压抑的电视业发展的内在动力突然爆发的结果。这虽然是经济体制转轨过程中一种难以避免的现象，却反映了电视业对无序竞争的危害性认识不足，表明电视人法制观念淡漠，社会公德意识差。如果容忍这种状况继续下去，势必会阻碍电视业的发展进程。

第二节　电视发展的创新之困①

毋庸置疑，我国的电视媒体一直在创新中不断发展。但是，与日新月异的社会进步和日益激烈的市场竞争从不同角度、不同层次提出的方方面面的新要求相比，电视媒体机构在发展思路、运行机制等方面存在的问题已经在很大程度上使其自身陷入了种种创新困局之中。总体而言，我国电视媒体面临的创新之困主要有以下几个方面。

一、增长之困

长期以来，电视媒体一直在整个媒体生态格局中占据强势地位，这种地位在促进电视媒体快速发展的同时，也使在其不同程度上滋生了小富即安的心态，忽视甚至是不愿意关注新行业、新领域等带来的新的市场机会，

① 引自李岭涛、王艳发表于《经济与管理战略研究》2013年第3期的《“困局之下”我国电视媒体创新路径分析》一文。有删改。

从而导致实践中一些电视媒体迷恋于既有优势，又不敢面对甚至抵制与其他行业的竞争，对于受众不断变化的心理需求和行为特征缺少研究，使电视媒体在群众中的影响力有变小的趋势。这些内在的因素是导致电视媒体陷入“增长之困”的原因之一，一方面，表现为近年来电视受众规模不断萎缩，开机率迅速下滑、广告收入增速减缓；另一方面，新媒体的极速发展也对电视媒体形成了严峻的竞争，尤其是在“三网融合”的大背景下，电信、移动等强大的经济实力和全国范围内的整齐划一的资源规模优势，导致了电视媒体既缺少有效的应对战略，也缺少具体的策略。

二、直播之困

直播是电视领域近几年来逐渐受到重视的竞争手段之一。但是，从我国电视直播的现状来看，尽管直播手段已经在很大的范围和层面进行了尝试，但直播实践中的机械化运作与直播本身的规律性要求之间还有很大差距。比如目前我国大部分省级以上电视媒体的主打新闻都实行的直播除了一定程度上把新闻截稿时间延后了以外，意义不是很大。因为受众看到的仍然是播音员正襟危坐、字正腔圆地进行新闻播报，与录播没有什么区别，受众仍然是与己无关的旁观者，没能很好地参与到节目中来。

三、整合之困

新的技术手段、新的娱乐方式和新的传播渠道为受众各层次需求的满足创造了空前的条件，也对电视、网络、手机等各种媒体同时提出了加快整合、融合的要求。在适应新的市场规律方面，网络、手机等新媒体已经走在了电视媒体前面。电视作为一种技术应用型媒体，却对纳入网络、手机等新技术并不积极。电视具有娱乐功能，却对微博、飞信、QQ、MSN 等新的娱乐方式熟视无睹。电视是大众传播媒体，却对 3G、网络视频等各种新的传播渠道敬而远之。这直接导致了电视节目形态的原始化，滞缓了电视传播模式的创新进程，影响了受众参与节目的深度和广度，压抑了受众主体性的发挥，最终导致电视媒体在与新媒体的竞争中处于劣势。

四、心态之困

公平正义是当今社会的主题，而要实现这些目标，必须保证社会弱势群体能够共享改革发展所带来的成果。然而，在电视媒体的实践中，由于多数电视从业者属于社会上的精英阶层，其生活和社会活动的圈子局限于较高层次，与弱势群体的接触程度较低。除非是特意为之，他们很难有机会深层次、全方位、零距离地去接触、认识和了解弱势群体。而这种“精英意识”所导致的结果，一方面是在主观上漠视甚至轻视弱势群体，在行动上不愿意深入弱势群体中间，对该群体缺乏深厚的感情；另一方面是这种“精英意识”也造成电视媒体“大众性”一定程度上的淡化，那些持有“精英意识”的电视人“更乐意向处于社会强势地位的受众群体提供信息，却常常忽略弱势群体的媒介需求，从而造成公共信息平台的倾斜”[①]。这也是中央提出“走转改”和“改进工作作风，密切联系群众”要求的主要原因。

第三节　对农电视发展的短板[②]

农业是国民经济的基础，农村稳定是整个社会稳定的基础，“三农”问题的解决事关我国改革的成败。在“三农”问题的解决上，大众传媒承担着重要职责。其中，电视媒体是最符合农村受众使用习惯的传播载体，是农村市场拥有率最高、农民使用时间最长的媒介，是农民接收各种信息、进行文化娱乐活动的主要途径。对农电视的发展状况，直接反映了农村文化体系建设的现状。但是，我国对农电视市场的供给状况却与整个国家、

① 刘建新：《大众传媒对农传播的缺失》，《新闻前哨》2006 年第 5 期。

② 引自李岭涛、姚远发表于《文化产业导刊》2011 年第 8 期的《我国对农电视产品的“四少”与“四低”》一文。有删改。

社会对“三农”问题的重视程度很不成比例，处于一种非常尴尬的状态。

笔者在2009年至2011年，对中央电视台15个中文频道以及全国31家省级电视台进行了调查，全面了掌握中央和省级电视台中的对农频道、对农栏目、对农电视剧等在这两年的翔实数据。通过实时监看、网络收集、实地访谈等形式，获取了第一手资料数据。调查结果显示，我国对农电视供给表现出“四少”“四低”的特点。

一、对农频道少、含农量低

对农电视市场供给严重不足，首先表现在对农频道少。

2009年1月1日至2010年12月31日，全国省级以上电视机构共开办对农频道7个[①]。其中，中央级频道1个，即CCTV-7；省级频道6个，分别是吉林乡村频道、山东农科频道、河北农民频道、浙江公共·新农村频道、河南新农村频道以及陕西农林卫视。由于区域定位和职能划分的不同，各级对农频道的运营模式、发展水平、经营状况各具特点。但是，这7个频道中，真正意义上的对农频道只有5个，CCTV-7和浙江公共·新农村频道中对农栏目与其他类型栏目共享平台，只能算“准对农频道”。

从绝对数量来说，中央电视台共有15个中文频道，只有一个“准对农频道”，所占比例为6.67%。至2010年底，全国31家省级电视台拥有频道总数达244个[②]，但只有6个对农频道，对农频道只占省级电视台频道总数的2.46%。如图3-1所示。

① 除特殊标注外，本节所用数据均由笔者所主持项目组自主统计、采集、整理。统计渠道是电视播出情况监测、电视台网站和到电视台调研，统计截止时间为2010年12月31日。

② 此处数据不包含付费频道、手机频道、移动频道。

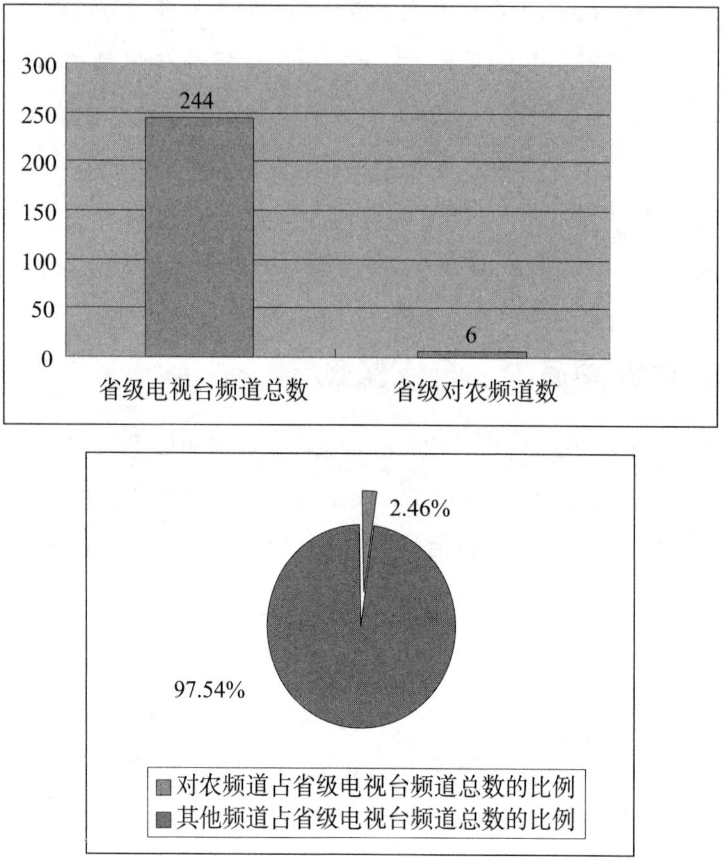

图 3-1　省级电视台对农频道状况统计（2010）

值得一提的是，这 6 套对农频道中，只有陕西农林卫视是上星频道，其他频道都是地面频道，且在本台的排位相对靠后，例如浙江公共 · 新农村频道是浙江电视台的第 7 频道，河南新农村频道是河南电视台的第 9 频道。

对农频道不仅数量少，含农量也普遍偏低。对农频道内容单薄、更新缓慢、制作粗糙，播出的对农栏目数量少、时间短。在 6 个对农频道中，含农量最高的是陕西农林卫视。2010 年升级优化之后，对农栏目达到 9 个，占频道栏目总数 11 的 81.82%；含农量最低的是山东农科频道，开办对农栏目 3 个，仅占频道栏目总数 13 的 23.08%。其余几个频道的情况也不乐观：浙江公共 · 新农村频道为 42.86%，吉林乡村频道为 40.00%，河南新农村频道为 31.58%，河北农民频道为 31.25%。根据以上数据，5/6 的对农频道含农量低于 50%。如图 3-2 所示。

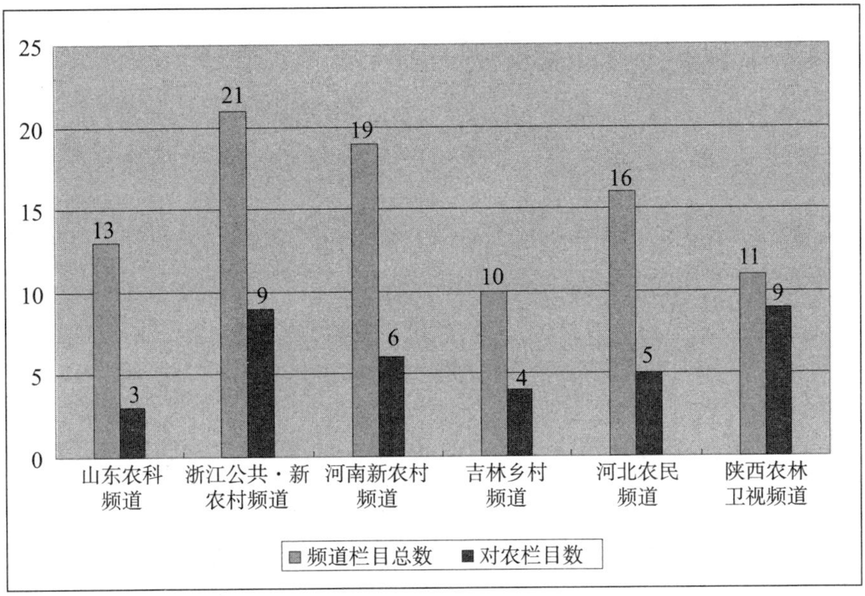

图 3-2　省级对农频道含农量统计（2010）[①]

为了提升频道的关注度和收视率，不少对农频道选择用娱乐类节目、综艺类节目、都市类节目和电视剧来吸引受众。对农栏目数量少、时间短，丢失了原本的频道主体地位，甚至沦为填补电视剧、娱乐节目空白时段的“可选项”。例如河北电视台农民频道，近两年成绩斐然，是对农频道中影响力和收视率比较理想的频道之一，其麾下 5 档对农栏目在当地农民受众中享有较高的声誉。即使在这样的条件下，农民频道也免不了凭综艺节目和电视剧来抢占市场。以 2009 年 11 月 26 日的播出状况为例，当日农民频道共播出节目 18 个，其中，与“三农”直接相关的节目 3 个，分别为《“三农”最前线》《致富情报站》《村里这点事》，重播节目 6 个，影视类节目 7 个，综艺类节目 2 个。如图 3-3 所示，“三农”节目仅占当天播出节目总数的 17%。

① 重播栏目不计算在内，同名剧场按一个普通栏目计算。

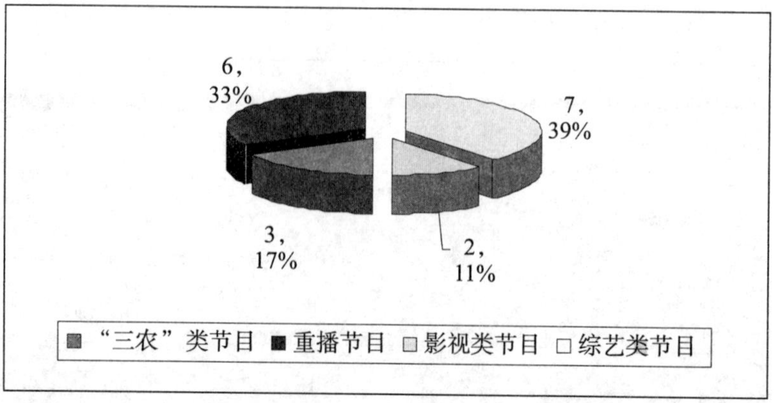

图 3-3　河北电视台农民频道节目播出情况统计（2009 年 11 月 26 日）

一年之后，形势并未出现好转。2010 年 11 月 26 日，农民频道共播出 21 个节目，其中与"三农"有关的仍然是《"三农"最前线》《农博士在行动》《村里这点事》3 个节目，重播节目 8 个，影视类节目 6 个，综艺类节目 1 个，专题类节目 3 个。如图 3-4 所示，对农节目仅占当天播出节目总数的 14%。

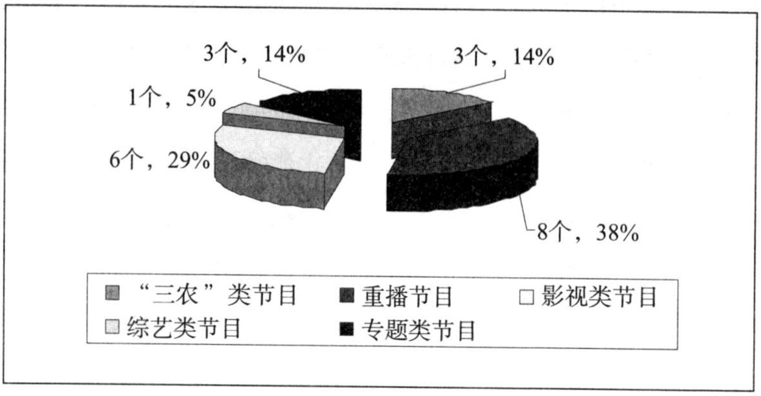

图 3-4　河北电视台农民频道节目播出情况统计（2010 年 11 月 26 日）

由此可见，在电视行业极速发展的今天，对农频道进展缓慢，发展速度远远低于其他电视频道。部分频道的含农量不升反降。专业对农频道尚且如此，对农电视市场供给严重不足的状况可见一斑。

二、对农栏目少、地位低

对农电视市场供给严重不足，另一个表现在于对农栏目少、地位低。栏目是整个电视台运作的基本单位，没有一定数量的栏目做基础，很难保证对农电视栏目的质量。

全国范围内各级电视台开办的对农栏目主要包括新闻、专题、综艺、文化四种形式，专题栏目最为常见，一般时长为20—30分钟，题材内容涉及农业新闻、农业资讯、科学技术、致富信息、法律普及、生活服务、娱乐休闲和气象预报等。2009年至2010年间，对农栏目出现不少变动，新增栏目较少，部分栏目停播，多数栏目出现播出时间或版块的微调。

1. 中央电视台对农栏目

2009年中央电视台共有15个中文频道，播出313档栏目，其中包括《每日农经》《聚焦“三农”》《致富经》《乡土》《乡约》《科技苑》《乡村大世界》《农广天地》《阳光大道》《法制编辑部》《生活567》共11个对农栏目，集中在CCTV-7少儿·军事·农业频道，其他频道特别是强势频道没有一档对农栏目。CCTV-7的内容定位包括少儿、军事、农业三个方面，农业排在最后面，在地位上处于弱势。对农栏目只占CCTV-7栏目总数的1/3，而在整个中央电视台的栏目中，对农栏目只占总数313个的3.51%。如图3-5所示。

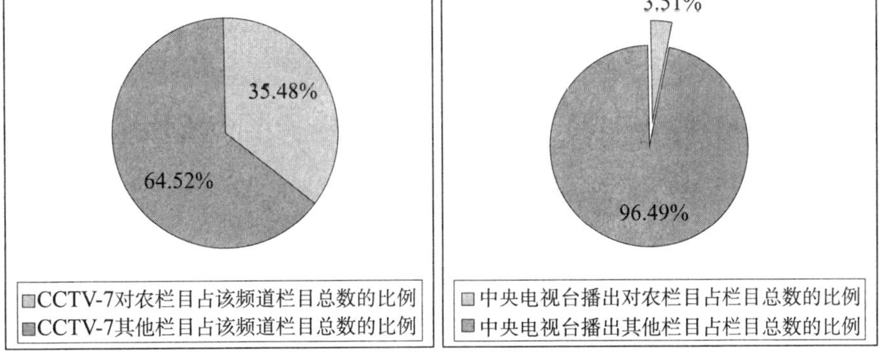

图3-5　中央电视台对农栏目情况统计（2009）

2010年，中央电视台对农栏目有所增加。CCTV-7调整为“军事·农业频道”，不再播出少儿节目，增加了《沃野天机》和《绿色时空》两档对农栏目，农业内容在频道的地位和比重都稍有提升。2010年下半年，中央电视台进行了改版，大量栏目停播。CCTV-1定位为综合频道，于9月开播了一档大型综艺栏目《我们有一套》，由央视主持人与地方主持人“1+1”联袂主持，邀请农民才艺高手、社会公众人物、演艺明星组队参加才艺真人秀。这档节目被称为“首个让农民做主角的才艺展示舞台”，在一定程度上弥补了央视对农栏目的不足，也为“三农”在CCTV-1的平台上争得了一席之地。但是，《我们有一套》时常与《状元360》《分秒必争》《石头剪刀布》等栏目合并播出，真正属于农民的舞台机会并不多。

从数量上看，截至2010年底，中央电视台15个中文频道在播栏目222个，其中包括14档对农栏目，对农栏目占央视栏目总数的6.31%；CCTV-7军事·农业频道在播栏目25个，包括13档对农栏目，对农栏目占CCTV-7栏目总数的52%；CCTV-1综合频道在播栏目18个，包括1档对农栏目，对农栏目占CCTV-1栏目总数的5.56%。如图3-6、图3-7所示。

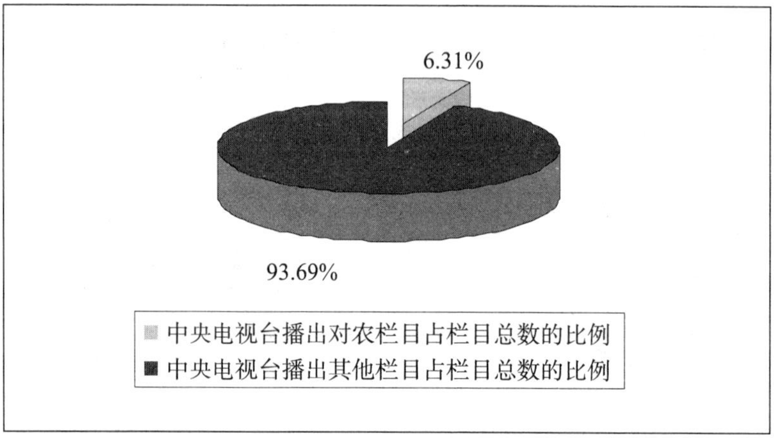

图3-6　中央电视台对农栏目情况统计（2010）

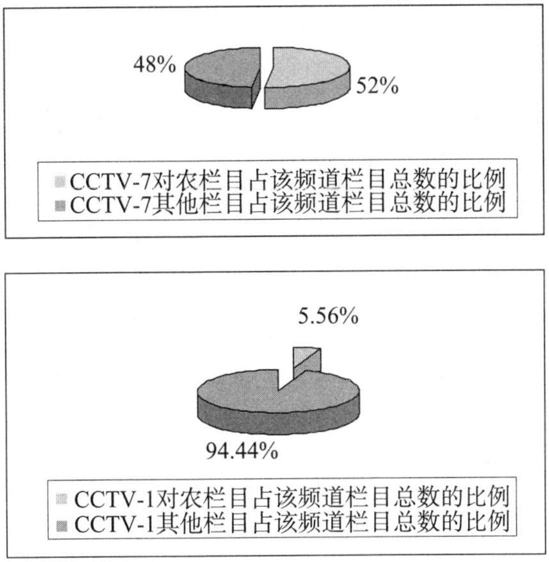

图 3-7　CCTV-7、CCTV-1 对农栏目情况统计（2010）

2. 省级卫视频道对农栏目

中央电视台尚且如此，对农栏目在省级电视台的境况更是窘迫。处于收视市场强势地位的省级卫视频道，绝大多数选择了都市化路线，有意无意地忽视了自己对“三农”问题的责任。

2009 年，全国 31 家省级卫视频道中，只有山东卫视、广西卫视、贵州卫视、新疆卫视、辽宁卫视、湖南卫视共 6 个频道开办了对农栏目。这 6 个卫视频道各有一档对农栏目，分别占该频道栏目总数的 7.14%、4.55%、5.56%、7.14%、8.33%、6.67%。而 31 家卫视频道共开设约 492 个栏目，而对农栏目只占其中的 1.22%。如图 3-8 所示。

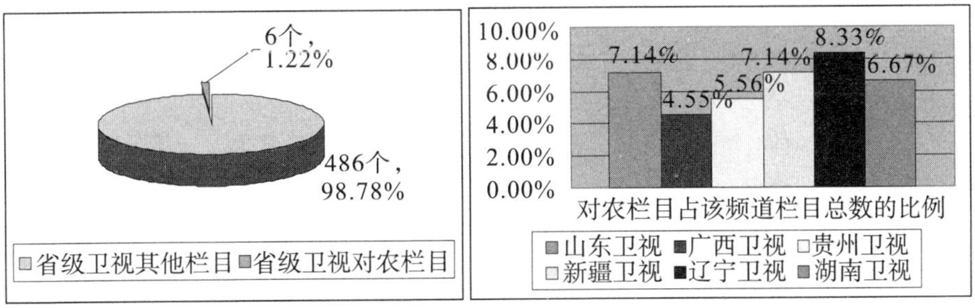

图 3-8　省级卫视频道对农栏目情况统计（2009）

6档对农栏目中，除贵州卫视的《中国农民工》是在每周日21:00播出之外，其余栏目都是在非黄金时间播出，山东卫视的《乡村季风》、辽宁卫视的《黑土地》是06:00播出；广西卫视的《走进农家》于中午12:00、湖南卫视的《乡村发现》于12:30、新疆卫视的《农牧新天地》于14:00播出。清晨和中午都属于关注度较低的时段，可见对农栏目在频道内不受重视，地位低，规模小。

2010年，省级卫视对农栏目的发展状况更加严峻。随着竞争愈发激烈，各频道纷纷创新编排，开办新的栏目，省级卫视频道在播栏目总数达到550个，而对农栏目的数量却在减少。广西卫视的《走进农家》和湖南卫视《乡村发现》停播，在省级卫视频道播出的对农栏目只剩下4档，占省级卫视频道栏目总数的0.73%。仍然在播的对农栏目中，贵州卫视《中国农民工》已撤出黄金时段，移至周日22:10播出，占频道栏目总数的6.25%；新疆卫视《农牧新天地》提前至13:32，占频道栏目总数的6.67%；辽宁卫视《黑土地》和山东卫视《乡村季风》仍然在06:00播出，分别占频道栏目总数的7.14%和5.56%。如图3-9所示。

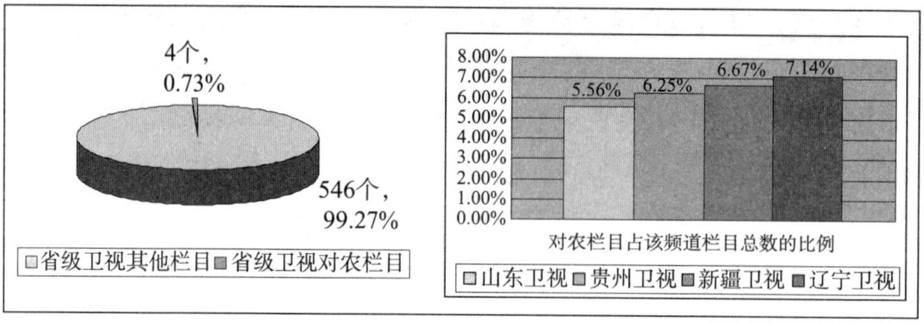

图3-9 省级卫视频道对农栏目情况统计（2010）

省级卫视频道一般都通过无线信号传输，覆盖面广，覆盖率高，而广大农村地区有线电视、数字电视尚未开通，能接收到的只有有限的几套无线信号频道。数亿农民受众，拥有的专业电视资源不足1%，可见对农电视市场供求关系严重失衡。

3. 省级非对农频道对农栏目

对农频道含农量低，省级卫视对农栏目寥寥无几，非对农地面频道中对农栏目的情况也并不乐观。

安排在地面频道播出的对农栏目，多数归属于经济频道或公共频道。这些对农栏目时长较短，多为 10—20 分钟，播放时段一般在早晨或中午。

如图 3-10 所示，据不完全统计[①]，2009 年省级电视台地面频道共有 8 个频道播放对农栏目，总数为 9 档。

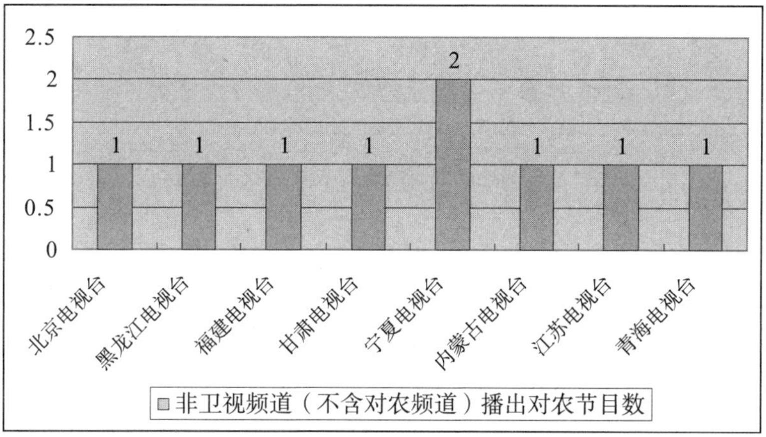

图 3-10　省级地面频道播出对农栏目状况（2009）

2010 年，部分在卫视播出的对农栏目调整到地面频道播出，因此地面频道对农栏目的总量所有提升：共有 10 家电视台、13 个频道播出 16 档对农节目，包括广西电视台资讯频道的《走进农家》《广西新农村》《乡村资讯》，重庆电视台新闻频道的《全景“三农”》，西藏电视台藏语卫视的《农牧天地》，福建电视台公共频道的《农村新事》，北京电视台公共频道《京郊大地》，宁夏电视台公共频道《塞上乡村》《创业路上》，辽宁电视台青少频道的《农广天空》，广东电视台珠江频道《摇钱树》，江苏电视台公共频道《江苏新农村》和教育频道的《走进新农村》，甘肃电视台经济频道《田野之光》，新疆电视台哈语综合频道《农牧天地》以及哈语综艺频道的《致富经》。如图 3-11 所示。

① 部分电视台网站缺乏 2009 年地面频道数据，故 2009 年地面频道对农栏目数不完整，西藏、新疆等电视台只将汉语频道计算在内。

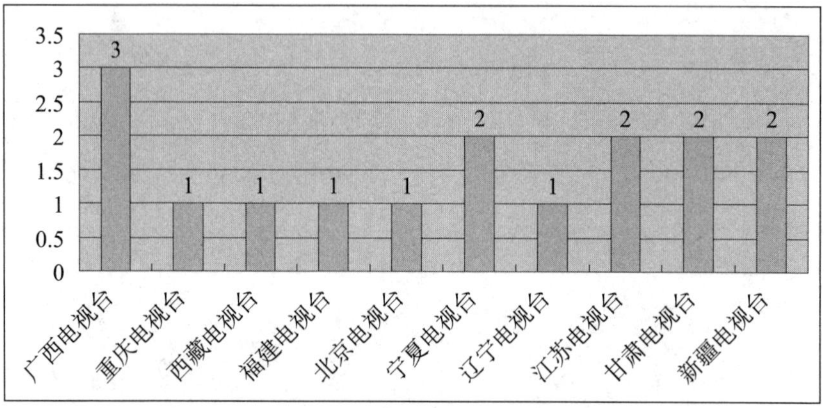

图 3-11　省级地面频道播出对农栏目状况（2010）

截至 2010 年底，全国 31 家省级电视台共开设非对农地面频道 213 个，在播栏目约 3168 个，共有 13 个频道开设 16 档对农栏目，对农栏目占省级非对农地面频道栏目数的 0.51%。

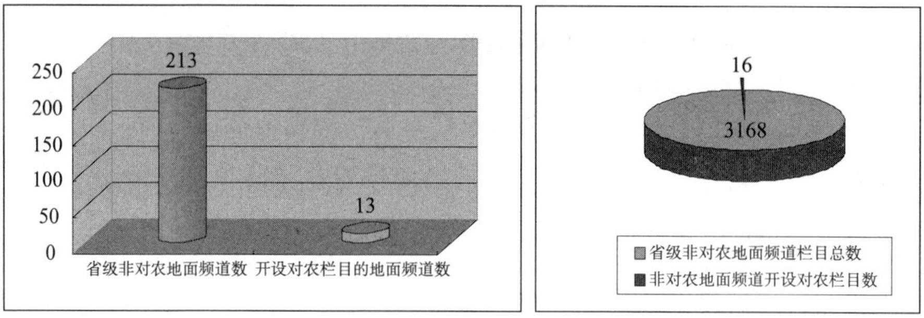

图 3-12　省级非对农地面频道对农栏目情况统计（2010）

三、对农题材少、影响低

2009 年至 2010 年，对农栏目的题材仍然集中在传统领域："三农"政策、农业新闻、科学技术、致富信息、市场沟通、法律知识、文化娱乐、生活服务等等。各类题材的比例也比较平稳，未出现明显波动。

但是，无论是新闻类栏目，还是经济、人文、生活等专题类栏目，现有电视栏目多以城市为核心，表现农业发展、农村生产、农民生活的题材少、分量轻、影响小，对农题材陷入“上不着天、下不着地”的尴尬处境。这是对农电视市场供给严重不足的又一表现。

以中央电视台《新闻联播》栏目为例。作为我国收视率最高的栏目之一，《新闻联播》的导向作用尤为明显——它报道什么，人们就关注什么。遗憾的是，对农题材在《新闻联播》中所占比例极小。如图 3-13 所示，2009 年 1 月 1 日至 12 月 31 日，《新闻联播》中与农村、农民、农业相关的报道为 282 条，仅占所有报道数 10183 条的 2.77%；对农题材播出总时长约为 366.4 分钟，仅占栏目播出总时长 10950 分钟的 3.35%。

2010 年 1 月 1 日至 12 月 31 日，《新闻联播》共播出 10043 条报道，总时长 10950 分钟，对农题材报道只有 285 条，播出时长约 470.3 分钟，占总数的比例分别为 2.84%、4.29%。

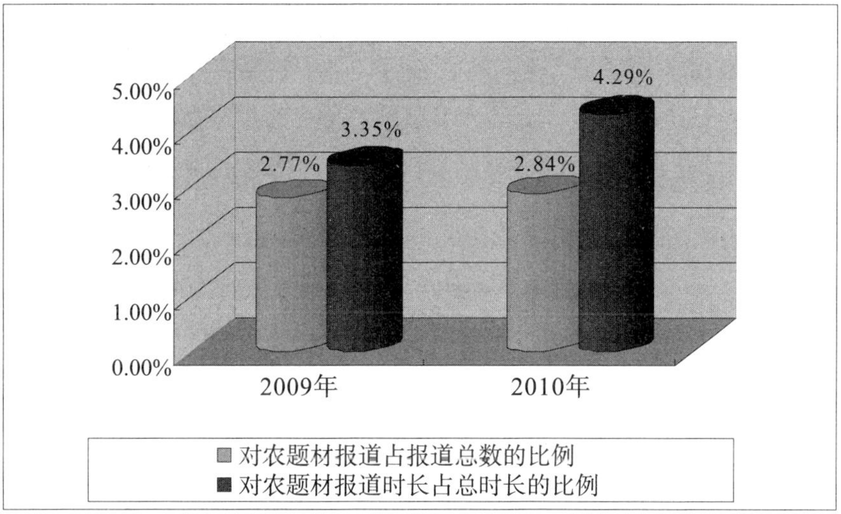

图 3-13　《新闻联播》中对农题材报道的相关情况统计

如图 3-14、图 3-15 所示，同样的情况出现在中央电视台新闻频道的各档栏目中。《新闻 30 分》《东方时空》《新闻 1+1》《新闻调查》《每周质量报告》《焦点访谈》《朝闻天下》《晚间新闻》……这些不同类型、不同定位、不同形式的新闻栏目观察着社会，捕捉热点焦点，但是，却很少报道与农业、农村、农民相关的题材。

以《东方时空》为例。《东方时空》是一档新闻资讯类栏目，其内容多选取最新的、最重要的、时事性的事件。一个小时的节目，前半个小时的新闻选材偏重于国际和港台地区，接下来的评论、人物、特写等深度题材和选材多为国内社会、服务、文化等方面内容，这些内容相对次要、时效性较弱，被安排在节目后半个小时，但很少涉及对农内容。2010 年《东方时空》共播出消息约 6764 条，其中对农消息为 134 条，所占比例为 1.98%，对农消息时长约为 378.47 分钟，占栏目播出总时长 20075 分钟的 1.89%。由此可见，《东方时空》中对农新闻播出数量少、所占比重低。此外，对农新闻多数混杂在“记者调查”、“新闻人物”和“简讯”等版块中间，几乎无法引起受众重视。

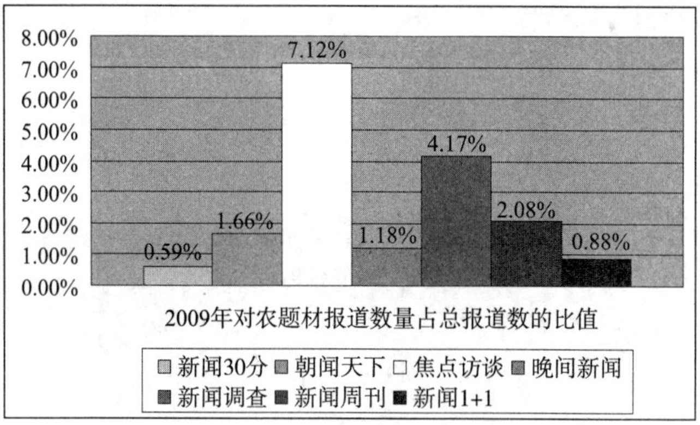

图 3-14　CCTV 新闻部分新闻栏目对农题材报道的情况统计（2009）

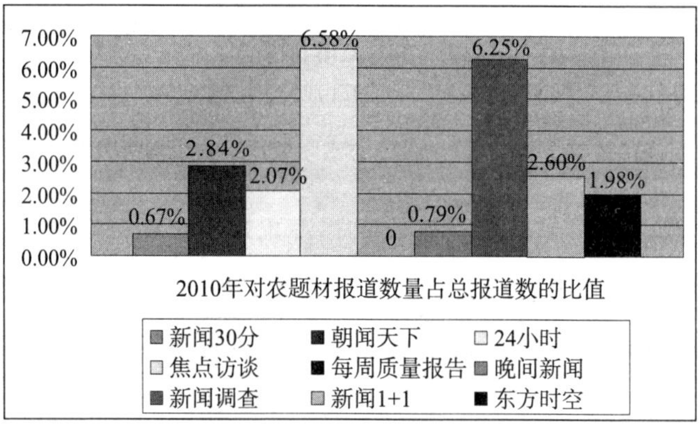

图 3-15　CCTV 新闻部分新闻栏目对农题材报道的情况统计（2010）

新闻栏目对“三农”题材的忽视，充分说明了电视存在对农题材少、影响低的问题，再次反映了对农电视市场供给严重不足的现状。

四、对农题材电视剧少、关注度低

电视剧是广大农民喜闻乐见的艺术形式。但是反映农民身边人、身边事的电视剧却不多，大部分电视剧的内容离农民的生活很远。

作为中央电视台电视剧播出的两大窗口，CCTV-1 和 CCTV-8 播出的对农电视剧同样是凤毛麟角。2009 年，CCTV-1 共播出电视剧 77 部，CCTV-8 共播出电视剧 199 部。但是，与农村、农民、农业相关的电视剧并不多。

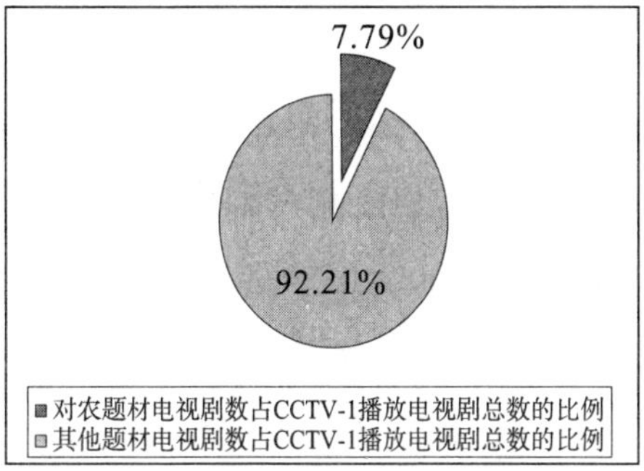

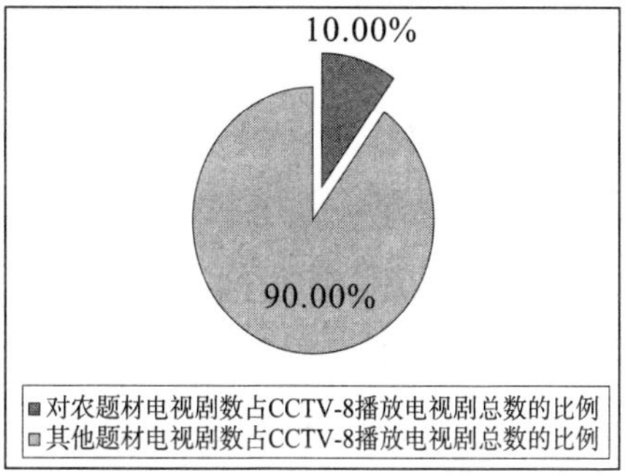

图 3-16　中央电视台对农题材电视剧播放情况统计（2009）

如图 3-16 所示，2009 年 CCTV-1 全年共播出对农题材电视剧 6 部，占该频道播出电视剧总数的 7.79%；CCTV-8 是电视剧频道，播出对农题材电视剧的数量相对较多，为 20 部，但也仅仅占播出电视剧总数的 10.00%。众所周知，CCTV-1 在 08:00—10:00 黄金时段播出的电视剧往往能引起媒体和公众的极大关注。2009 年 CCTV-1 黄金时段共播出电视剧 21 部，对农题材的电视剧只有《清水蓝天 2》《喜耕田的故事 2》《金色农家》三部，占播出电视剧总数的 14.3%。

如图 3-17 所示，2010 年 CCTV-1 全年共播出 83 部电视剧，共 2474 集，其中对农题材电视剧 5 部，151 集，分别占总数的比例为 6.02% 和 6.10%。而 CCTV-8 在 2010 年共播出电视剧 190 部，对农题材电视剧为 15 部，对农题材电视剧也仅占电视剧播出总数的 7.89%。CCTV-1 和 CCTV-8 两个频道播出的对农题材电视剧都在减少，比重减轻。2010 年 CCTV-1 播出对农题材电视剧比例下降了 1.8%，减少了 1 部；CCTV-8 播出对农题材电视剧比例下降了 2.1%，减少了 5 部。

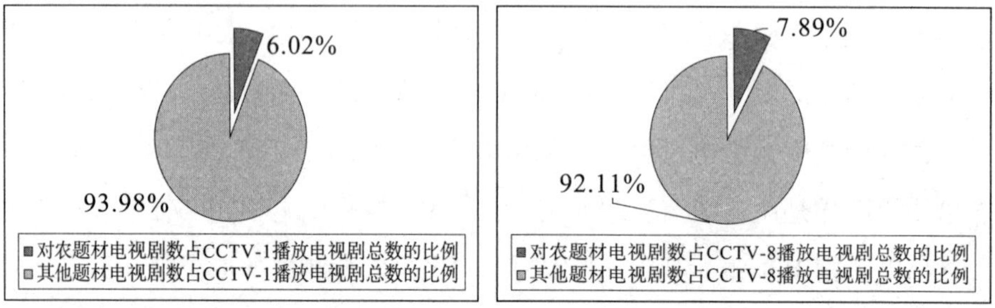

图 3-17　中央电视台对农题材电视剧播放情况统计（2010）

在全国范围内，31 家省级卫视 2009 年播出电视剧约 2220 部，播放集数超过 74600 集，其中对农题材电视剧约 50 部，1311 集，部数和集数所占比例约为 2.25% 和 1.76%。2010 年共播出电视剧约 1671 部，总集数超过 63000 集，其中对农题材电视剧约 30 部，909 集，部数和集数所占比例约为 1.80% 和 1.44%。与中央电视台一样，省级卫视频道播出对农题材电视剧的数量和比例都在下滑，如图 3-18 所示。

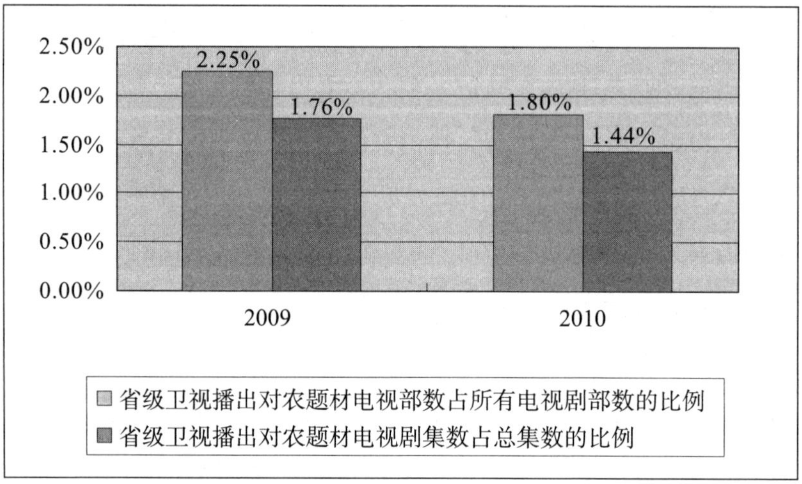

图 3-18　省级卫视频道对农题材电视剧播出情况统计

数量少是一个方面。另一方面，对农题材电视剧的影响力、关注度低。提及对农题材电视剧，大部分受访者的第一印象就是《乡村爱情》，而对其他对农题材电视剧了解不多。现有农村电视剧题材大多集中于讲述农民创业和新农村建设，以《乡村爱情》《欢乐农家》《刘老根》等剧为代表，农村轻喜剧成为对农电视剧的“主旋律”，呈现出同质化倾向，更加不利于对农题材电视剧的发展。

在电视频道播出的对农题材电影也能反映出对农题材电视的发展状况。以 CCTV-6 电影频道为例，2009 年至 2010 年，对农题材电影数量约有 30 部，并且对农题材电影多被安排在非黄金时段，主要集中于 08:00—11:00 或者凌晨，且集中在 1—2 月份播出。凌晨或清晨都是农民早起劳作的时候，而对农题材电影安排在这个时段，既忽视了农村受众的需求，也体现出对农题材电影不受重视的严峻现实。

对农频道、对农栏目、对农题材以及对农电视剧（电影），从不同层次、不同侧面反映了对农电视市场的供给状况。从这几个方面可知，我国对农电视发展规模远远低于农村受众的实际需求，对农电视市场供给严重不足，现状堪忧，必须引起高度重视。否则，必然会影响整个电视行业的平衡发展，影响电视媒体作为党和人民群众耳目喉舌的社会责任的实现，影响电视媒体的公信力和影响力。

第四节　电视发展中的幼稚病[①]

改革开放以来，我国的电视业取得了长足发展。但是，在发展的各个时期不同程度地存在幼稚病。这些幼稚病有的随着发展得到了解决，有的随着形势的变化发生了变异。不管怎样，对于这些幼稚病，我们必须给予充分重视。否则，必然会成为整个电视行业实现自身可持续发展、服务社

① 引自李岭涛（李许遥）、赵煜发表于《中国广播电视学刊》2011 年第 5 期的《我国电视发展过程中的幼稚病》一文。有删改。

会经济建设、满足人民群众不断增长的文化需求的阻力。

一、头疼医头，本末倒置

在生产力与生产关系二者之间的关系中，生产力起决定作用。在电视领域存在的问题更多的是由生产力所决定的。但是实践中有的人热衷于调整生产关系，忽视了对行业内生产力各要素的解放，制约了行业外各种生产力要素向行业内的汇聚。另外，这种做法还在行业内造成了无谓的内耗，在社会上造成了很严重的负面影响。

二、以羊对狼，自缚手脚

整个电视行业对练好内功、提高行业综合竞争力缺少系统规划和指导，各种政策稳定性不足，使各电视媒体难以制定战略性规划，疲于应付。没有树立一致对外的向心力和凝聚力，部分政策、体制实际上起到了削弱行业整体实力的反作用，制约了电视媒体向外扩张的动力的释放和能力的发挥。

三、摇摆不定，统筹缺位

社会主义市场经济是在宏观调控下的市场经济，因此电视行业也是同时受市场力量和行政力量两种力量作用，目前电视业存在的大部分问题都是这两种力量综合作用的结果，要解决这些问题，必须综合使用市场手段和行政手段两种手段。而实践中却经常出现两种不良倾向，一种是片面强调市场力量的作用，忽视甚至排斥行政力量的作用。另一种是片面强调行政力量的作用，对市场在配置电视资源中的基础性作用充耳不闻。这两种倾向都阻碍了电视行业的发展进程。

四、主次不分，目光短视

各级电视媒体的创新一直以来表现为随机性创新的特点。随机性创新的特点就是应景性强，随机性明显，很少有长期的战略性规划，而是电视媒体或者市场当前需要什么，就在哪方面进行创新。随机性创新有着面宽、量大、成本高的不足，不利于电视媒体核心竞争力的形成和巩固。日新月异的技术进步和日益激烈的市场竞争从不同角度、不同层次对电视媒体提出了方方面面的新要求，电视媒体再简单地在原有框架内修修补补的随机性创新也已很难跟上时代的潮流，电视媒体要想取得可持续发展，除了要进行随机性创新以满足一时之需外，更应该打破被动适应市场等内外部环境要求的局面，从电视媒体的长远发展战略的贯彻、核心经营理念的体现和核心竞争力的提升出发，增强创新工作的前瞻性，加大制度性创新的力度，进入全面的制度性创新阶段。

五、靠山吃山，害怕变化

电视媒体是党和人民群众的耳目喉舌，具有非常强的政治属性和导向功能。但是实践中很多人片面拿导向作为挡箭牌，不敢面对甚至抵制与其他行业的竞争，对于人民群众不断变化的文化需求熟视无睹，在人民群众中的影响力有变小的趋势。尤其是在“三网融合”的大背景下，面对电信、移动等强大的经济实力和全国范围内的整齐划一的资源规模优势，电视行业缺少有效的应对战略和策略。

六、店大欺客，利益不均

条块分割是制约电视行业竞争力的重要因素。为了形成合力，近几年来电视行业采取了很多资源整合的举措。但是，这些举措很多时候以讲大局、讲政治为旗号，忽视甚至损害了基层电视媒体的利益，使本来可以通过综合使用市场和行政两种手段兼顾各方利益，取得共赢发展的事情，变成了以大欺小、弱肉强食，大大削弱了基层发展电视媒体的积极性，客观上起了降低全行业竞争力、帮助竞争对手的作用。

七、唯收视率，迷失方向

由于缺少科学、完善的电视节目评价体系，收视率成为评价节目优劣的主要标准或者是唯一标准而无可替代，成为电视媒体的指挥棒，他们的绝大部分经营活动围着收视率转。由于收视率评价所自身存在的片面性、表面性和滞后性的先天性缺陷，造成了实践中迎合受众无所不用其极，低俗、媚俗、庸俗现象屡禁不止。“收视率是万恶之源”越来越成为业内外的共识，实践的发展呼唤电视节目评价体系的健全和完善能够跟上时代的潮流。

八、功能缺失，泛娱乐化

电视媒体具有引导社会、教育人民、促进发展的基本功能但实践中出现了泛娱乐化的趋势，凡节目必讲娱乐化，片面强调和追求娱乐化，不注意增强节目的内涵和厚实度，忽视了用教育性、服务性、实用性与娱乐性的有机结合加大对受众的吸引力以及延长栏目的生命周期。

九、涵盖面窄，漠视中心

以经济建设为中心是我国的持久方略，而且作为党和人民群众的耳目喉舌，应该反映社会经济发展进程中的方方面面。但实践中电视媒体的内容覆盖面很窄，尤其是对经济建设重视不足，把证券类节目当作经济类内容的全部，对社会经济建设中的亮点视而不见。从全国省级卫视频道的节目设置就可以看出对社会经济建设的涵盖范围小的可怜。

十、数典忘祖，忽视“三农”

“三农”是我国的根本性问题，在和谐社会的构建中起着举足轻重的作用。但是，作为农民文化娱乐和获取信息的主要渠道，我国对农电视市场却处于一种令人担忧的状态，对农节目供给严重不足，主要表现为对农频道少、含农量低，对农栏目少、地位低，对农题材少、影响低，对农电视剧少、关注度低，与“三农”在国民经济发展中的地位很不相适应。

十一、品牌淡漠，手段单一

虽然已经进入了品牌和整合营销的时代，但大部分电视媒体品牌意识淡漠，希望讨巧，走捷径，寄希望于用一两种手段取得立竿见影的效果，不注重使用整合营销手段，用同一的理念表达、视觉效果来强化和推销自己的品牌形象。这导致许多电视媒体的品牌形象要么空洞无物，让受众不知所云，要么理念识别、视觉识别和行为识别等互不搭界，多张皮。

十二、弄虚作假，缺少诚信

为了争取受众的眼球，不惜弄虚作假，欺骗受众。像目前影响力很大的几档婚恋节目中，都存在请“托”的现象；一些所谓情感类节目中，由专业演员扮演当事人，博取受众的眼泪；像类似“纸包子事件”的虚假新闻，等等，这大大降低了电视媒体作为党和人民群众耳目喉舌的权威性和公信力，降低了电视媒体的舆论引导能力。

十三、见利忘义，责任缺失

在市场导向下，电视媒体片面追求经济效益，有意无意地忽视了社会效益，忽视了作为党和人民群众耳目喉舌所承担的社会责任。一些媒体成了卖药台，电视购物中的虚假广告、电视宣传中的有偿新闻等屡禁不止，这些都受到了社会的谴责。

十四、盲目追星，审美疲劳

一方面，急功近利，对体制外主持人过度依赖，不愿意或者是没有能力打造自己的、在全国或区域内有影响力的主持人，无利于增强自身可控制的核心竞争力，白白给明星们做了嫁衣裳。另一方面，以明星为主角的栏目充斥荧屏，到处是他们的八卦新闻，浪费了大量的电视资源和受众的宝贵时间。

十五、崇洋媚外，一味“拿来”

栏目形态缺少原创，一味简单照搬照抄国外的节目形态，追着别人的屁股走。虽然也有一些嫁接性和集成性创新借鉴国外流行的跨界混搭的节目模式，综合各种节目的优势，形成了独特的栏目形态，但是整个行业缺少原创的动力和能力，把自身节目的创新寄希望于国外节目的创新。

十六、模仿雷同，互相抄袭

整个电视行业缺少知识产权保护的意识和手段，缺少对原创的鼓励。由于原创的成本高而且创新成果得不到有效保护，导致抄袭的成本很低，因此电视媒体很难有创新的积极性和主动性。一些电视媒体甚至不以模仿抄袭为耻，而是沉溺于复制别人的节目形态，造成了全国荧屏千篇一律、千人一面，饱受业内外所诟病。

十七、因果颠倒，事倍功半

直播是未来很长一段时间电视竞争的主要着力点。但是直播是电视传播活动的手段，是体现电视媒体尊重受众主体意识觉醒，方便电视媒体与受众进行实时互动的方式和途径，而不是电视传播活动的目的。实践中的直播却基本上是为直播而直播，把直播当作了目的，抹杀了直播的本质和功能。

十八、鸡零狗碎，八卦流行

随着江苏广播电视台城市频道《南京零距离》的推出，民生新闻在全国风生云起。但是电视媒体在从事新闻传播活动中把民生当作了内容，于是对鸡毛蒜皮琐事的报道成了贴近性的体现，血腥场面、八卦新闻成了民生新闻的主流。实际上，民生新闻应该是一种理念，就是从民生的角度去报道新闻，以普通群众的利益作为切入点来报道新闻。在国家大力提倡和发展民生的大背景下，深刻领会民生新闻的内涵和外延有特殊重要的意义。

十九、一叶障目，视力模糊

我国虽然成了世界第二大经济实体，但与发达国家还存在很大差距，我国仍属于发展中国家。电视媒体对于我国的实际缺少全面的认识，光看到我国的进步，未看到差距，未认识到国外媒体“捧杀”我国的别有用心，客观上起了为国外势力推波助澜的作用。

第四章　电视发展的创新分析

第一节　电视发展的经营模式创新[①]

全媒体时代以网络、手机为代表的新媒体打破了传统媒体自上而下的单向传播方式，以对传统媒体全方位、深层次的冲击和影响改变了媒体格局，改变了媒体市场的竞争环境、竞争态势甚至竞争规范。这对电视媒体的经营提出了更高要求。为此，电视媒体要适应社会信息持续推进带来的媒体市场的新情况、新环境、新态势和新规范，用与新媒体的融合发展推动自身经营模式的创新，占领媒体竞争的制高点。

一、以内容为纽带，建立利益共享的经营模式

内容为王。电视媒体经过数十年的积累，已经形成了高质量的内容生产队伍和成熟的内容生产机制。这种长期形成的在位优势是新媒体所不具备的。在融合发展的大背景下，电视媒体应利用自己的内容优势，与新媒体的传播和渠道优势相结合，打造与新媒体利益共享的经营模式，通过新媒体的渠道，依靠新媒体的传播方式使自己的内容覆盖更大的市场。

浙江卫视借助《中国好声音》、联合其制作方灿星制作和搜狐在创新经营模式上做出了积极探索。搜狐获得了第二季《中国好声音》独家网络版权，成为该节目唯一的网络合作伙伴，能够全程独家直播《中国好声音》

① 引自李岭涛、王艳发表于《电视研究》2013年第10期的《全媒体背景下电视媒体的经营模式创新分析》一文。有删改。

主体节目以及两档衍生电视节目，包括全球不限IP的播放权，搜狐享有各平台全权（PC+移动端、网页及客户端、IPTV数字电视、互联网电视）及转授权等权利。新的模式为三屏合一，加强了在电脑网络屏幕、移动端手机屏幕、移动端Pad屏幕上的跨屏整合服务与营销，实现了全网、全渠道覆盖，方便了受众通过电视、电脑网络、手机、Pad获得针对不同终端特色的内容和互动服务。利用搜狐视频与搜狐微博、新浪微博、腾讯微博实现双向互通的“看点”功能，受众可以直接将自己觉得《中国好声音》最有趣的部分分享到三大微博平台中去。依靠这一互通功能，受众在搜狐视频所观看的《中国好声音》，无论是在站内观看，还是被传播至微博平台，都可以看到该视频的全部评论内容，实现“病毒式”的传播效应。新模式还推出了《中国好声音》官方客户端，受众可以随时收听每位选手的经典曲目，也可以查看他们的社交动态，给自己喜欢的选手发送语音或者文字信息。在新的模式中，不是单纯地将电视版的《中国好声音》放到网上传播，而是打造新的、独立的、类似于网络社区的节目，策划制作了《冲刺好声音》《K歌之王》《好声音英雄谱》等多档明显有别于电视版的节目。搜狐为此投入了上亿的资金，既为《中国好声音》提供了更为坚实的资金支持，更将《中国好声音》在新媒体领域的影响推至新高。除了《中国好声音》主体节目以及两档衍生电视节目《酷我真声音》《成长教室》的内容资源，新模式还独家赋予了搜狐视频学员空间、人气指数累积等资源。搜狐视频相关负责人认为：“搜狐视频所拥有的权益，都将在搜狐视频移动端完美呈现，尤其是受众通过指尖与学员、导师进行互动。同时，积累的人气指数还可能影响到学员们未来的命运。”[①] 通过全新的经营模式，浙江卫视实现了在更大范围内与受众的接触和在更深层次上与受众的互动。

① 资料来源：百度文库《〈中国好声音〉遇到搜狐视频：颠覆视频商业模式》和搜狐IT的《搜狐视频移动端全球直播〈中国好声音〉》，网址分别为http://wenku.baidu.com/view/31f0770de87101f69e3195c5.html和http://it.sohu.com/20130712/n381475299.shtml。

二、以技术为纽带，建立优势互补的经营模式

在电视、网络、手机等传统媒体和新媒体互相交融、共同发展的大环境中，电视媒体的技术创新应做到跨媒体、跨行业标准、传统方式和新型方式互为补充、专业技术与民用技术无缝对接。我们可以设想，以手机为基础打造全媒体互动平台，全媒体互动平台是适应受众特别是年轻受众心理需求和特点，整合新的技术手段、新的传播渠道和新的娱乐方式，具有较强互动、共享、应急等功能的互动平台，是传统媒体和新媒体的有机结合体。全媒体互动平台包括电视互动平台、网络互动平台、手机互动平台等多个子平台。各个子平台围绕中心平台发挥作用，既是信息采集渠道，也是信息发布渠道；既能独立完成任何一项任务，又能相互配合，共同完成单项或多项任务，能够做到信息资源的共享、互通，立体覆盖，集群传播。因此，利用这一平台，电视媒体将大大提高快速反应能力，以更高的时效性把各种信息传播给受众，这将大大降低直播的成本，尤其是在对各类不可预测性事件的直播中具有更高的可行性。同时也使电视节目生产的时空概念发生质的转变，极大拓展演播室的空间和内涵，只要有无线通信信号的地方就能成为演播室的重要组成部分，使媒体与受众的关系有飞跃性提升。受众可以分别或者同时通过电视、网络、手机等终端自由地学习、获取信息、娱乐和休闲，还可以利用即时通信工具进行人际交往，而不是像传统单一媒体那样，仅仅能够使用一两种途径。

三、以受众为纽带，建立基础共通的经营模式

据 2013 年 7 月 17 日中国互联网络信息中心（CNNIC）发布的《第 32 次中国互联网络发展状况统计报告》，截至 2013 年 6 月底，我国网民规模达 5.91 亿，较 2012 年底增加 2656 万人。我国手机网民规模达 4.64 亿，较 2012 年底增加 4379 万人，网民中使用手机上网的人群占比提升至 78.5%。我国即时通信网民规模达 4.97 亿，比 2012 年底增长了 2931 万，在各应用

中用户增长规模第一；使用率为84.2%，较2012年底增加了1.3个百分点，使用率保持第一且持续攀升，尤其以手机端的发展更为迅速。手机即时通信网民规模为3.97亿，较2012年底增长了4520万，使用率为85.7%，增长率和使用率均超过即时通信整体水平，手机成为重要突破点。手机网络音乐、手机网络视频、手机网络游戏和手机网络文学的用户规模，相比2012年底分别增长了14.0%、18.9%、15.7%和12.0%，保持了相对较好的增长率。而另一方面，“北京地区电视机开机率从3年前的70%下降至30%，传统广播电视收听收视群体向老年人集中，40岁以上的消费者成为收看电视的主流人群，电视观看人群的年龄结构呈现‘老龄化’趋势。对于同时收看网络视频和电视的双屏用户，网络已经成为收看热播电视剧的主要渠道”①。

此消彼长。面对强大的冲击，电视媒体在经营模式创新中应重点考虑如何与更多的受众发生关系，如何与受众发生更深层次的互动，以期保持既有受众和吸引流失的受众。新媒体在功能设置上为电视媒体争取受众提供了很多通路和渠道。电视媒体应充分挖掘这些功能，通过建立基础共通的经营模式确保把更多的网民转化为自己的受众。

一方面，电视媒体可以整合微博、微信等人际传播特征多而带来的受众黏合功能（如微信的漂流瓶、摇一摇、附近的人等功能），利用这些适合主流受众心理特点的方式拉近与受众的距离并最终把他们转化为自己的受众。

另一方面，通过新媒体，电视媒体能够从分析新媒体用户与电视受众之间的转化关系来掌握自己受众性别、年龄等基本情况。同时，通过诸如微信的“摇一摇”等定位功能，电视媒体可以对自己受众的区域分布有较为详细的了解。以新媒体带来的基本数据为基础，电视媒体可以利用文本分析技术对受众在新媒体上的收视行为、发言频次、发言内容等做更深层次的文本分析，进一步挖掘受众的数据。如有多少新媒体用户能转化为自

① 国家新闻出版广电总局发展研究中心：《中国视听新媒体发展报告（2013）》，北京：社会科学文献出版社，2013年6月14日。

己的受众，受众喜欢看什么样的节目，喜欢的原因是什么；受众对节目的忠诚度如何，受众对节目有什么意见，提意见的原因是什么等。在有这些倾向的受众中，男女比例是多少，不同年龄段各占多少比例，不同地区各占多少比例等。

第二节　电视发展的颠覆式创新①

党的十八届三中全会要求“在新的历史起点上全面深化改革”，这对于电视媒体尤为重要。原因在于，除了央视和少数强势省级电视媒体，大部分电视媒体对于媒体市场越发激烈的竞争缺少应有的危机意识和压力感，对于新媒体的猛烈冲击缺少足够的重视和应对能力、应对手段。要改变这种状况，仅靠以前那种在原有框架内的修修补补已经不可能做到，必须依靠颠覆式创新实现电视媒体的结构形态、运转模式和经营观念等的革命性变革，推进电视媒体转型。

一、制约电视媒体转型的主要矛盾

电视媒体发展到今天，已进入改革的深水期，制约电视媒体转型的问题和矛盾都是长期积累下来的。对于这些矛盾，不能头疼医头，脚疼医脚，而是要抓住主要矛盾，通过主要矛盾的解决促进大部分矛盾的解决。

1. 内容生产拘泥于传统思维和方式

对于受众在不同媒体之间的常态性转换视而不见，对于这种转换对电视的影响充耳不闻，对于新媒体的传播规律考虑不多，仍然拘泥于传统的思维模式；一味延续传统的生产方式，不能体现当前和今后很长一段时期媒体多屏化、移动化和互动化的趋势；没有考虑到受众越来越强烈的参与、

① 引自李岭涛发表于《电视研究》2014年第5期的《用颠覆式创新推进电视台转型》一文。有删改。

分享和体验的需求；只对收看电视的受众做节目，只对单一的电视屏幕做节目，习惯于按照传统的电视传播渠道到达受众，对于代表先进传播生产力的新媒体的传播渠道应用不足；仅以适应传统受众的行为习惯和心理特征为目的，对于兼顾传统受众和网民的需求、电视传播和新媒体传播互动的考虑不多。由此，大量节目思想老套、形式陈旧，导致社会主流受众大量流失，受众群越来越老龄化。

2. 对市场变化反应滞后

电视媒体虽然具有政治和经济双重属性，但在我国电视媒体的成长过程中，政治属性占主导地位。电视媒体的组织机构是按照行政单位的模式设立的事业体制，这种事业体制属于内敛型，先天性缺少应对瞬息万变的市场变化的基因，对于稳定性的追求大大高于对外部变化的反应。电视媒体虽然是市场主体，但对于经济效益的追求动力和背负的压力远远低于真正意义上的市场主体。在电视资源的配置中，行政力量的作用要大大高于市场手段。这导致电视媒体缺少在剧烈的市场变化中保持和产生新功能的能力，缺少自我调节、自我修复的免疫力。

3. 内部资源流动效率低下

由于电视媒体的事业体制，内部资源流动是事业导向而不是企业导向，决定内部资源流向的不是外部市场变化，不是经济效益最大化的需要，其资源流动只对上级负责，不对市场和效益负责。这导致了多方面的问题：从组织文化上看，导致电视媒体团队意识和协同作战能力差，员工没有养成协同作战的意识和习惯，部门之间存在着“边界高墙”；从流程上看，电视媒体的内容生产流程系统仅仅是简单的业务链条，而不是复杂而封闭的循环系统，整个流程系统经常性不畅通、不闭合，甚至存在冗余和不足，导致资源流动断裂、梗阻、栓塞；从战略上看，由于对行业、市场缺少研究，很多电视媒体的战略定位不准，很难根据市场变化不断进行战略定位和战略调整。如果战略定位不准或者战略突破、战略转型没有适时做到位，电视媒体的内部资源流动必然会忙而低效、忙而无效。

4. 长期的在位优势导致发展惰性

长期以来，电视媒体在社会上确立了自己的强势地位。这种地位在促进电视媒体快速发展的同时，也令其不同程度地滋生了小富即安的惰性，忽视甚至是不愿意关注新行业、新领域等带来的新的市场机会，从而导致一些电视媒体在实践中迷恋于既有优势，不敢面对甚至抵制与其他行业的竞争，对于受众不断变化的心理需求和行为特征缺少研究。另外，在适应新的市场规律方面，网络、手机等新媒体已经走在电视媒体前面。电视媒体原有的在位优势导致对网络、手机等新技术的整合并不积极，对微博、飞信等新娱乐方式重视不足，对 3G、4G、网络视频等新的传播渠道敬而远之。这直接导致了节目形态的原始化，滞缓了电视传播模式的创新进程，影响了受众参与节目的深度和广度，压抑了受众主体性的发挥。

二、推进电视媒体转型的顶层设计

在实践中，电视媒体的经营具有很大的随意性，缺少战略性和系统性，导致经营活动左右摇摆，结果往往事倍功半。显然，加强顶层设计，即统筹考虑电视媒体的各个层次和各方面要素，分析自身和竞争对手的优劣势，把握外部环境的变动趋势和规律，在最高层次上寻求发展之道，是推进电视媒体转型的关键和基础。而相对于高度开放的新媒体，电视媒体处于一种相对封闭、保守的状态。这种状态不打破，电视媒体很难真正进行科学准确的顶层设计。

第一，推倒受众与演播室之间的墙。传统演播室的特点是封闭，演播室与受众之间有形或无形的墙拉开了节目与受众的距离，削弱了节目的贴近性。在新媒体催化的受众主体意识觉醒大潮的冲击下，传统演播室所构筑的受众关系已经很不合时宜。明智的做法是，利用各种手段推倒受众与演播室之间的墙，打造零距离演播室，做到演播室与受众零距离，使节目既从形式和内容上贴近受众，更从心理上贴近受众。一方面，要推倒“有形的墙”，把演播室常态化地搬到田间地头、厂矿社区，搬到农民的炕头上、居民的客厅里，由普通受众与主持人共同主持节目。另一方面，要推倒“无形的墙”，利用手机等新媒体把演播室与受众连接起来，使受众能够多渠道、多层次参与电视传播活动的全过程，真正成为电视的主人，做到受众和主持人无障碍沟通交流，拉近电视与普通百姓的距离。

第二，推倒电视媒体与新媒体之间的墙。无论从技术手段还是从传播规律看，电视与手机、网络等的特点都有很大不同，受众在使用这些媒体时表现出不同的心理特征和行为取向，这会导致他们对电视、手机和网络等有着不同甚至对立的需求。因此，直接把一种媒体的内容照搬到另一种媒体上是行不通的。但是，电视与手机、网络等又在很多方面有着共性特征。明智的做法是，根据电视与手机、网络等的共性特征，推倒电视与新媒体之间的墙。一方面，打造跨媒体的多媒体互动平台，对内容实现生产、聚合及分享；另一方面，找出受众使用不同媒体时的共性需求，然后按照这一特征生产、加工内容，与受众互动，让受众体验，从而兼顾受众在不同媒体环境下的需求，保持多种媒体的一致性。

第三，推倒电视资源与外部资源之间的墙。在资源越来越丰富、流动越来越快的今天，电视媒体拥有资源的优势越来越不明显，仅靠自有资源想取得大的发展已经不可能。明智的做法是，推倒电视资源与外部资源之间的墙，积极整合自有资源、可控制资源、可使用资源，努力做到跨行业、跨地域、跨所有制整合资源，不求所有，只求所用。通过资源整合，既快速壮大自己的实力，又引入先进的经营理念和经营方式，改造自己的落后基因。

第四，推倒大众传播与人际传播之间的墙。电视媒体一直被单纯视作大众传播媒体，它的人际传播属性被忽视。随着传播环境的进化，电视媒体面临着大众传播人际化、人际传播大众化的趋势。受这种传播趋势的作用，大众传播和人际传播你中有我、我中有你，融合度越来越高，越来越难分清彼此之间的界限。对此，电视媒体不能一味地简单按大众传播规律办事。明智的做法是，适应大众传播和人际传播的融合趋势，推倒大众传播和人际传播之间的墙，把大众传播规律和人际传播规律结合在一起，以指导自己的经营活动，通过大众传播提高人际传播的广度，通过人际传播提高大众传播的深度和渗透力。

第五，发挥市场在资源配置中的决定性作用。市场配置资源具有效率高的特点，资源的流动方向代表了先进生产力的发展方向，代表了行业的制高点。电视媒体应发挥市场在电视资源配置中的决定作用。通过市场作用的发挥，电视媒体可以及时发现市场变化，把握市场新机会、新需求；电视媒体可以通过资源的流动方向了解和把握新的经营理念、新的经营方式、新的经营模式，并利用资源的市场化配置把这些新东西引入电视媒体；电视媒体可以准确感知市场压力，并将其转化为发展动力，促进自身的理念创新、组织文化创新、机制创新和流程创新。

第六，形成互联网思维。时下，尽快形成互联网思维，积极拥抱互联网是电视媒体刻不容缓的目标。通过互联网思维，电视媒体可以认识到话语权正向受众转移，受众共同参与、共同分享的开放架构正在形成。电视媒体必须主动邀请受众参与到内容的创意、生产和传播等价值链的创造中来，应尽快建立起以受众为中心的具有互联网特征的经营模式，给受众带来到位的应用和体验，使营销推广能够发挥互联网的特性。

第七，适应受众媒体环境的变化。当前受众所处的媒体环境已经发生根本性变化：一是由传统的单屏幕变为多屏化，导致大量电视受众流失。二是由传统客厅的排他式电视收看变为随意、高频率的跨屏转换，导致受众对电视的注意力和关注度下降。三是以手机为代表的伴随性媒体的出现，导致受众时间碎片化。更重要的是，媒体环境的变化带来了信息的高度透明，受众占有足够的信息。受众与电视媒体之间的信息对称性由向电视媒体倾斜变为向受众倾斜，这必将颠覆电视媒体的经营方式。电视媒体应尽快适应，研究手机、网络等竞争对手的走向，学习他们的先进经验，在差异化竞争中寻觅机会。

第八，推动一般性活动电视节目化和电视节目的一般性活动化。受众在日常工作和生活中都在从事大量的活动，从中获取信息、娱乐休闲，乃至直接推动自己的工作提升。这些活动的优势是参与度高、受众对其的依赖度高，缺点是只能惠及较小的群体或个人。在高度分享、体验的时代，这些活动的分享必然具有较强的市场号召力和生命力。而电视节目的优势是惠及面高，不足是参与度低。如果能够实现这些一般性活动的电视节目化，或者把电视节目做到一般性活动化，就既能解决一般性活动惠及面窄的问题，又能解决电视节目参与度低的问题，取得惠及面广、参与度高的效果，真正做到互补。

三、推进电视媒体转型的创新基点

有了科学的顶层设计，电视媒体就有了坚实的创新基础，就能很容易找到创新基点。

1. 建立受众关系链，实施受众关系管理

新媒体相对电视媒体的优势不在于传播渠道，而更多地在于紧密的受众关系链。电视媒体应改变以往高高在上的姿态，以受众满意为目标，树立受众经营理念，建立专业的受众维护机构管理受众关系，把受众粉丝团化，通过各种渠道尽可能详细地掌握受众的信息，建立独有的受众关系链。要针对所有的受众进行分层化和差异化服务，并且建立有效的管理信息系统。例如，可以根据受众粉丝团化的要求把受众分为核心层、紧密层和松散层等，根据不同层次的受众需求，提供参与节目、在线互动、有奖竞答等服务，从而通过对受众每一条意见及时到位的尊重和反馈，对受众每一个需求给予及时到位的满足和引导，提高受众对电视媒体的黏性和忠诚度。

2. 敢于参与入口竞争，扩充电视发展阵地

从内容为王到渠道为王、平台为王，再到内容、渠道和平台并重，媒体竞争的着力点和方向不断发生着变化。在终端多样化的情况下，能否掌握入口将在很大程度上决定电视媒体竞争的成败。系统和平台是入口建设

的基础，电视媒体应以互联网竞争中最核心、最重要的着力点——操作系统为突破口，一方面研发体现资源优势、符合受众习惯、具有强大社区互动和聚合功能的操作系统；一方面为操作系统打造跨媒体、跨行业、多媒体互联共通共享的全媒体支持平台，把操作系统与平台有机结合为电视媒体独有的入口，从而为电视媒体的发展占领新的阵地。

3. 改变对广告的严重依赖，打造内容衍生产业链

长期以来，电视媒体的收入严重依靠广告，导致电视媒体经营自主性差，受外部经济环境影响大。电视是一个无形资产丰富、对相关行业拉动作用大、与社会人群接触度高的行业和领域，可供经营的资源比较多。因此，电视媒体应突破荧屏的局限，从市场角度研究整个内容生产和传播的产业链，从电视节目一般性活动化和一般性活动电视节目化过程中的每个环节入手，挖掘可能的新的经济增长点，逐步改变对广告的严重依赖。

4. 建立纳新机制，确保持久活力

对新的传播渠道、新的技术手段、新的娱乐方式、新的资本形态的整合是电视发展的重要趋势。电视媒体应从机制上保持对新生事物的高度敏感，一旦相关领域出现新的事物，马上研究是否能整合到电视传播中来，进而研究整合的途径。例如，对于很多自己基因里没有的东西，电视媒体完全可以通过资本市场的手段整合进来，如可以自建技术平台，可以收购有一定基础的现成平台，也可以通过资本建立紧密型关系联合开发。通过这种整合，可以提高电视媒体的传播质量，丰富电视传播活动的内涵和外延；可以跨越式壮大电视媒体的整体实力，提高市场竞争力。

5. 加大研发投入，增强发展后劲

在竞争越来越激烈的媒体市场中，谁拥有了新的经营理念、新的媒体形态、新的内容样式，谁就有可能占得先机。电视媒体应参考市场化程度比较高的行业和领域的经验，改变经验主义和不重视研发的做法，建立高质量的研发队伍和机构，加大对研发的投入，研究媒体发展趋势、技术

变革特点、内容创新规律等，在关键点位上做到使用一个，储备一个，研发一个。

第三节　电视发展的协同创新[①]

在全媒体的市场化环境中，影响电视媒体发展的因素越来越多。面对复杂的新局面和严峻的新形势，推进自己主导的协同创新是电视媒体的明智选择。

一、电视媒体协同创新的依据

电视媒体主导的协同创新，是指适应市场在资源配置中起决定作用的规律和经济发展开放、合作、共享趋势的要求，通过突破与电视发展相关的各个创新主体间的障碍和壁垒，促进各种资源和要素向有利于电视媒体发展的方向流动，从而增强电视媒体自有资源和要素的扩张力、控制力与影响力。推进电视媒体主导的协同创新有着科学的理论依据和客观的现实依据。一是电视媒体的外部发展环境变动越来越快，新技术、新手段、新渠道层出不穷，仅靠一己之力已经难以应付。二是电视媒体面对的问题越来越复杂，涉及更多领域、更多学科的理论和知识，必须随时保持紧密接触，仅靠一己之力已经难以解决。三是电视媒体承受的竞争压力越来越大，必须整合各种资源，仅靠一己之力已经难以实现。四是社会分工越来越细化和专业化，电视产业发展的集群趋势越来越显著，仅靠一己之力已经难以驾驭。五是电视及相关领域的创新规模越来越大，蕴含的风险也大大超出预料，仅靠一己之力已经难以承受。

---

① 引自李岭涛发表于《电视研究》2014 年第 12 期的《推进电视媒体主导的协同创新》一文。有删改。

二、电视媒体协同创新的不同之处

电视媒体主导的协同创新是电视发展到一定阶段的必然产物和要求，是建设创新型国家战略在电视领域的落实，它迥然不同于以往传统的电视媒体创新模式，是反映时代特色的、不同于其他行业的、具有电视领域特点的全新创新模式。

1. 随机性与制度化的区别

各级电视媒体是在创新中不断进步的，但是，传统的电视媒体创新目前仍然处于随机性创新阶段，随机性创新有着面宽、量大、成本高的不足，不利于电视媒体核心竞争力的形成和巩固。电视媒体主导的协同创新不再是简单地在原有框架内的修修补补，而是从电视媒体长远发展战略的贯彻、核心经营理念的体现和核心竞争力的提升出发，推动电视媒体进入全面的制度性创新阶段。协同创新能够适应日新月异的技术进步和日益激烈的市场竞争从不同角度、不同层次对电视媒体提出的方方面面的新要求，是电视媒体跟上时代潮流、追求可持续发展的主动出击。协同创新能够帮助电视媒体打破长期以来被动适应市场等内外部环境要求的局面，增强创新工作的前瞻性和必然性，使电视媒体内部的创新成为自发和持续性行为，而不是昙花一现。

2. 封闭性和开放式的区别

传统的电视媒体创新常常是自我封闭、自我独立的。电视媒体钟情于“自我探索式创新”“单打独斗式独立创新”，喜欢追求电视媒体内部自身的“成龙配套”，往往呈现为线性特征。电视媒体主导的协同创新是跨学科、跨领域、跨组织、跨资本性质、跨行业标准的深度合作和开放创新，它把创新对象看成是一个有多种资源、多种要素和多个分支或多个子系统组成的复杂系统，以多元主体协同互动为基础，关注和实现各方面的协调整合，从而通过各种资源和要素之间的相互依存、合作共享而达成综合整体效应。

协同创新具有非线性、角色多、主体杂、网络化、开放性的特征，有利于创新力量在各个创新链条之间和创新链条各环节之间的流动和发力。

3. 应景式和动态性的区别

传统的电视媒体创新应景式的较多，具有急功近利的特点，追求“短、平、快”和“立竿见影”，各个创新行为之间缺少有机联系，缺少互相照应。电视媒体主导的协同创新是把自己放到整个电视领域、文化创意产业领域乃至国民经济的大背景下进行战略性思考的结果，体现了很强的因时而变、因势而变的动态性特点。结合创新生态系统是不断动态变化规律的要求，协同创新的动态性一方面表现为不同创新行为之间的关联性，即各个创新行为之间是密切相关的，互为因果，互相促进，做到资源共有、相互借势，使一个创新行为能够成功影响到其他方面或领域的创新行为得以实现，从而得到创新关联效应的最大化。另一方面创新效应是一个累积的过程，因此协同创新的动态性表现为不同创新行为之间的连续性，通过连续性保证创新成果能够持久，培育更多的利益相关者，从而使电视媒体依靠持续创新获得较为稳定的竞争优势，形成对相关领域优势地位的持久占领。

4. 局部化和整体性的区别

传统的电视媒体创新往往着眼于局部，头疼医头，脚疼医脚，因此也常常是按下葫芦起了瓢，很难取得理想效果。电视媒体主导的协同创新要解决的是其为实现自身整体发展目标而以自己的整体资源与相关创新主体进行的全方位合作。协同创新是以各种资源和要素能够在各创新主体之间自由、有效流动，各创新主体之间步调高度一致、系统匹配科学准确为特征的多元主体协同互动的网络创新模式，创新生态系统是各种资源和要素的有机集成而不是简单机械的相加，无论从资源的使用、创新战略策略的确定、创新过程的推进、创新目标的达成和创新成果的应用等，都表现出统一的整体性。协同创新需要电视媒体在整个组织的层面与各创新主体组建长期的而不是临时性的、关系紧密的而不是松散的创新平台或联合体。

三、构建电视媒体主导的协同创新

明确了电视媒体主导的协同创新与传统电视媒体创新的区别就为构建协同创新模式打下了基础。协同创新模式应能够保证实现多方面的目标。一是能够适应国家宏观经济政策和行业产业政策的要求，对于政策变化所创造的新的市场机会要保持高度敏感；二是能够适应大众传播、人际传播等方面的规律要求，对于规律发生作用的方式、方法和途径的变化要保持高度敏感；三是能够适应技术研发和新技术应用的变动趋势，对新的技术成果及其可能产生的影响要保持高度敏感；四是能够适应竞争者市场运行规律的要求，对于竞争者的风吹草动要保持高度敏感；五是能够适应全媒体环境下受众需求越来越频繁的变动，对受众已经发生的或潜在的行为及其心理依据要保持高度敏感。电视媒体主导的协同创新模式可以从层级维度和链条维度两个方向进行构建。

1. 层级维度

从层级上讲，电视媒体等各个创新主体在协同创新模式中分别属于核心层、紧密层和松散层等不同层次。

（1）核心层：你中有我的资本关系。

核心层包括电视媒体本身、网络和手机等新媒体、电信和互联网等方面的技术研发和集成企业、市场化内容生产企业、兼容多种媒体功能的带有入口性质的设备生产和集成企业。这些资源是电视媒体协同创新所必须掌握或控制的，必须按照缺什么补什么的原则，通过资本经营与这些创新实体建立相互依存的关系。电视媒体利用资本手段在核心层明确各种资源和要素的所有权、使用权和收益权，能够充分调动各创新主体的积极性，因此可以在短时间内迅速形成打通上下游产业链、以自己为核心的产业集群，逐步实现跨行业、跨领域、跨资本、跨所有制的优势互补和资源的由共享到共有。

（2）紧密层：长期稳定的契约关系。

紧密层包括电视媒体本身、高校等科研机构、顾问咨询机构、会计师事务所等社会中介机构，等等。通过紧密层，电视媒体可以充分利用高校等科研机构的学科集群所带来的创新能力和力量，而自己只具备一个或几个方面的核心能力即可，从而使好钢用在刀刃上，形成独特的创新能力和竞争优势。

（3）松散层：一事一议的供求关系。

在松散层中，电视媒体与各创新主体的关系比较简单，主要是根据自己的特定需求（一般是战术层面的需求）而与供应方发生暂时的关系。

通过层级维度的设计，电视媒体在产业集群和学科集群中起桥梁和纽带作用，利用各种有效形式和途径推动创新成果、创新资源在两个集群之间双向无障碍地流动，并借助对这种流动的掌控来提升自己的创新能力和增强对协同创新进程的主导能力。

2. 链条维度

链条维度主要是从产业链和创新内容角度来考虑协同创新模式的构建。电视媒体主导的协同创新模式要综合考虑产业集群和自身发展的需求、电视领域乃至传播领域的发展趋势、相关领域的技术发展规律，结合学科集群的优势确定协同创新的整合方向，使产业集群和学科集群能够有效对接和积极互动，从而提高协同创新效果，提高电视媒体和产业集样的整体创新力、渗透力、影响力和辐射力。实践中要根据每个协同创新链条的实际情况和核心层、紧密层、松散层中各个创新主体的优势及其在协同创新系统中的作用来进行统筹安排，确保分工合理和责任明确，做到每个创新主体的资源都能得到有效利用，每个创新链条的需求都能得到有效满足。

（1）受众经营协同创新链条。

电视媒体主导的协同创新应以受众为核心，充分尊重受众的主体地位，应利用全媒体时代主流受众与新媒体的高黏合性，以新媒体为手段和途径，以互动和参与为目的，多渠道、多层次、多角度与受众建立全方位、零距离的紧密联系，增强受众的主体性和认同感，提高与受众的互动效率和效果，提高对受众需求的反应速度和能力，真正做到听民声、贴民心、说民事、纳民意，进而从形式、内容和心理上反映受众共同享有人生出彩机会，共同享有梦想成真机会的进程。

（2）传播模式协同创新链条。

电视媒体主导的协同创新应在新的技术手段、新的娱乐方式和新的传播渠道基础上进行传播模式的创新。在新的模式中，受众随时随地能够使用电视，能够把自己制作的内容提供给电视，能够利用电视从事各项工作，能够对电视活动的优劣做出评价，等等。更重要的是，受众能够由单纯地看电视变为用电视，通过电视与各种网络和平台实现无缝连接，从而无障碍享受各种技术进步和社会发展的成果。

（3）经济增长点培育协同创新链条。

电视媒体主导的协同创新应充分发挥自身优势，深入挖掘各种可供经营的资源，培育各种经济增长点，做到遍地开花。因此，电视媒体应走出荧屏，从市场角度研究整个内容生产、受众传播、技术研发与应用等各个相关的产业链，从每个产业链的每个环节入手寻找可能的市场机会。

（4）人才培养与使用协同创新链条。

电视媒体主导的协同创新应着力培养具有市场意识、互联网思维和技术基因的高层次、综合性优秀人才。借助协同创新，优秀人才好的经验、方式方法能够很快在协同创新模式内得以推广，实现优势互补和有效合作，既能使优秀人才的能力得以发挥，又能帮助其他人才快速提高综合素质。

第四节　电视发展的评价体系创新[①]

为了探索拓展电视媒体影响力的抓手和切入点，2007年4月，在笔者的组织和牵头下，中国广播电视协会、中国传媒大学和中央民族大学联合成立了中国电视网络影响力课题组，笔者担任课题组长。课题组从建立和完善新型电视评价体系的角度出发，提出了电视评价网络影响力的概念。基于网络对社会经济发展的重要意义，电视媒体在网络上的影响力很大程度上代表和反映着它的真实社会影响力。从这个意义上讲，考察中国电视媒体在网络上的虚拟影响力就等于考察中国电视的现实社会影响力。因此，网络影响力是一个连接电视与网络、体现传统媒体与新媒体融合趋势的全新的评价指标，它是对现有的以收视率为主要指标的电视评价体系的一次革命性补充和完善，更是理论上的一次全面创新。

一、电视网络影响力概念提出的背景

根据2008年1月中国互联网络信息中心（CNNIC）发布的《第21次中国互联网络发展状况统计报告》，截至2007年12月，中国网民数量已增至2.1亿人，位居世界第二。网络作为一种全新的媒介样式；在不断创造出新的媒介功能的同时也在重塑着传统媒介的传播模式和传播机理，其基丁Web 2.0技术的以博客、播客、论坛、BBS、社交网站等为代表的网络虚

① 引自李岭涛、黄宝书发表于《中国广播电视学刊》2008年第7期的《网络影响力——电视评价新指标》和《现代传播（中国传媒大学学报）》2008年第3期的《网络影响力：中国电视的新型评价体系》，李德刚、李岭涛发表于《中华新闻报（广电前沿版）》2008年7月9日的《电视网络影响力：中国电视评价标准发展的新坐标》和《现代传播（中国传媒大学学报）》2009年第5期的《理论创新与实践价值：互联网时代电视评价体系的建构》等四篇文章。有删改。

拟社区的形成更是将互联网的交互性能发挥到了极致，受众不再是被动的信息接收者，甚至不是传统意义上的媒介消费者，而是主动的信息接收者、信息传播者和行为参与者，在颠覆了以传者为核心的传统媒介文化体系的同时，也建构起一种以虚拟社区为平台和载体的全新的媒介文化样式参与式文化（participatory culture）。因此，网络媒体不仅在改变着信息的传播方式，而且还在改变着中国的社会生态环境。在被媒体热炒的厦门 PX 项目事件、山西“黑砖窑”、太湖蓝藻事件，到早前重庆发生的“史上最牛钉子户”、彭水诗案，再到更早前的刘涌案、孙志刚案，等等，都能看到新媒体在网民参与下在舆论监督方面所起的巨大作用。美国《时代》周刊更是在 2006 年将全体网民评选为 2006 年的年度人物。至此，一种“知情者网上发帖—事件迅速在互联网传播—被传统媒体报道—报道再次被网络转载—引起政府高度重视—问题得以解决”的信息传播和舆论监督模式开始形成。

2008 年 6 月 20 日，时任中共中央总书记、国家主席胡锦涛更是首次通过网络与网友进行交流，指出“通过互联网了解民情、汇聚民智，也是一个重要的渠道”。中国青年政治学院展江教授认为，这是胡锦涛第一次专门就媒体问题发表讲话，可以说，在中国今天的舆论环境下，网络媒体对以电视为代表的传统媒体，以至对整个社会的巨大影响力已经成为无可辩驳的事实。

那么反过来，电视在网络世界中究竟具有多大的影响力呢？哪些电视节目，哪些电视频道，哪些电视事件在网络引起了网民的关注？一个在现实世界中具有较高收视率的电视节目、电视频道是否在虚拟世界中具有同样的影响力？在现实世界有效的生存法则在网络世界是否依然通行？对于这些问题的解答，不仅有利于研究网络媒体与电视媒体在内容传播上的特点，而且更有利于提升电视内容在网络世界二次传播的效果，有利于通过网络塑造电视媒体的品牌形象。

二、网络影响力评价指标的提出

世界范围来看，当前对于电视节目的评价主要存在两种方式，一种是基于定量调查的收视率指标，主要代表国家是商业电视盛行的美国；另外一种则是基于定性研究的欣赏指数（Appreciation Index），即满意度指标，主要代表国家是公共广播占主导的英国。收视率指标解决的主要是有多少人观看的问题，对于受众观看后的反应则无能为力；满意度指标的提出则在一定程度上解决了受众对一档节目的态度问题。收视率之所以会成为美国评价电视节目的主要标准，其根本原因便在于美国的广播电视是世界上商业化程度最高的媒介产业。商业的特性决定了美国的电视台必须以收视率作为节目宗旨，以赢得广告商青睐。与美国不同，英国的广播电视在主体上属于公共广播电视体制，这种体制在赋予 BBC 这样的电视台更多传播知识与信息义务的同时，也使其获得了以收视费为支撑的经济保障。这种严格限制商业力量的理念，直接导致英国媒介研究者对收视率的不屑一顾，他们甚至预言“受众测量的方法已经走上一条不归之路，它将可能彻底失去其立论基础——再也不能认为看电视是一种简单的行为，可以被客观地测量出来”[①]。在他们眼中所谓收视率“仅仅是用一些概括的和标准化的收视行为变量来描述各种不同类型的受众以及他们之间的差异，所有其他的认同和差别却因此被忽略了”[②]。正是在这样的媒介环境下，英国的电视节目评估由美国人对“量”的追求，转向对“质”的崇尚。英国的媒介研究学者更关心的是“看电视，对受众而言，意味着什么”[③]，而不是有多少人在看电视。于是，英国的媒介研究者提出了“电视节目欣赏指数”（TV Programme Appreciation Index）这一定性的指标。欣赏指数又被称为“受众满意度”（Audience Reaction Survey）。如果说“收视率”更加侧重“数量”标准的话，那么满意度就更加注重对“质量”的考核。

① ［英］戴维·莫利：《电视、受众与文化研究》，史安斌主译，北京：新华出版社，2005 年版。

② ［英］戴维·莫利：《电视、受众与文化研究》，史安斌主译，北京：新华出版社，2005 年版。

③ ［英］戴维·莫利：《电视、受众与文化研究》，史安斌主译，北京：新华出版社，2005 年版。

改革开放之前，“收视率”被作为资本主义的异端而不见容于中国的主流意识形态。但随着我国电视业的市场化转型，收视率开始登堂入室，走向前台。中国传媒大学教授刘燕南等在《反馈的变奏：“数字受众”vs“意见受众”——中国电视台受众反馈现状调研报告》[①]中研究发现，收视率指标“普遍受到各电视台的高度重视，所有电视台都购买了商业性调查公司的收视率数据，有些电视台还购买两家或两家以上公司的收视率数据，以进行比照和分析”，在影响电视台决策的诸因素中，“收视率已经成为一个不可或缺的、有时甚至是唯一起作用的因素”。与之形成鲜明对比的是，虽然“‘定性’受众调研方式本身在与时俱进，受众的意见反馈量总体上呈上升趋势，受众的主动性在不断增强”，但“各电视台对于受众意见反馈的重视程度以及受众意见之于传播决策的影响力，都在逐渐下降”。换言之，“受众意见反馈被逐渐边缘化，而收视率反馈则已然制度化”。刘燕南教授认为，之所以会出现这种反差，其主要原因是“受众意见反馈比较零乱和分散，难以科学量化，亦难以覆盖那些‘沉默的多数’和‘矜持的少数’”。谁都不能否认，受众是电视节目的上帝。没有任何一个节目敢于置受众的意见于不顾而一意孤行。但是因为受众意见反馈的零乱与分散，使得节目制作者很难从整体上把握这些意见的总体趋势，也不能像收视率那样简化为直观的数字。这直接导致了受众反馈的弱化，如果长期忽视受众的心声，必将影响受众的节目忠诚度。网络的出现，为将受众反馈量化提供了可能。一方面，在网络中可以通过网页文本分析对网友们对某档电视节目的反馈内容进行收集和分析，解决受众反馈零乱和分散的问题；另一方面，随着网络的普及，在网络中主动发表意见的网民越来越多，网络中信息的数量也日渐增多，在一定程度上可以解决由于发言人数少而不具代表性的问题。然而，无论是收视率指标还是满意度指标都是对电视媒介一次性传播、瞬

① 刘燕南、商建辉：《反馈的变奏：“数字受众”vs“意见受众”——中国电视台观众反馈现状调研报告》，《现代传播（中国传媒大学学报）》2008 年第 2 期。

间传播、强制性传播、单向传播的传播效果的测量，是基于旧有媒介形态之上的检测工具。传统意义上的电视是一种一次性的、瞬间即逝的、单向的、强制性的传播媒介，受众在整个传播链条中处于绝对劣势的地位，不仅无法重复观看，而且也不能与电视传播者直接即时交流。随着新兴媒体的普及，电视内容开始向网络等多媒体渠道延伸，传统电视的媒介特点也逐渐被“多次性、随时性、双向性、互动性”所替代。无论是传播范围、传播信息量以及覆盖人群等，网络环境中的电视影响力都已显示出超越传统媒介环境中电视的趋势。这时收视率或者满意度指标只能对电视频道中即时播出的节目的传播效果进行衡量，而对于在网络这一新兴媒体中的影响力则无能为力。然而，最新的调查数据却一再表明，越来越多的电视受众开始放弃在电视机前观看电视，而是选择到 PC 或者手机上观看视频。这也就意味着电视节目的多次、多渠道、长久传播将成为主要的传播形态，这种传播形态甚至会超越电视本身所具有的影响力。

与电视传播形态变迁相比，收视率单一评估体系的缺陷越来越明显。针对以上提到的受众信息反馈零乱与难以量化的问题，针对电视节目在网络中影响力日趋超越电视影响力的问题，从更好地收集网民反馈信息的角度出发，从更全面地反映电视节目影响力的初衷出发，为了更好地服务于电视节目的创新，更准确地衡量一档电视节目的社会影响力，中国电视网络影响力课题组通过“网络影响力”的概念，以期对电视内容、电视机构以及电视人物等在互联网世界中的影响力和在网民中的评价进行调查与评估。这不仅有利于全面检测电视节目的社会影响力，而且也有利于推动电视节目的网络化生存，推进中国传统媒体与新兴媒体融合的进程。

三、网络影响力评价体系的构成

所谓“电视网络影响力”，不是“电视网络的影响力”，而是指“电视在网络这个虚拟世界中的影响力”，具体而言是指“电视组织、电视内容、电视人物和电视事件等在网络世界中所具有的知名度、关注度、收视度以及美誉度等”。网络影响力指数包含四个指标，一是知名度指标，指的是由正式机构发布的关于某一电视媒体的信息量的总和。这一指标表明了某一电视媒体的信息在网络中传播的广度，主要以样本网站搜索引擎的搜索结果为依据。二是关注度指标，指的是某一电视媒体在网络各大论坛以及博客中被讨论的量，被讨论次数越多表明媒体越受关注。这一指标表明电视媒体在网络中的信息传播深度，主要以样本网站搜索引擎的论坛搜索结果为依据。三是收视度指标，指的是电视媒体生产的内容在网络中被收看/被下载的次数，表明受众的主动收看行为，主要以样本网站中电视节目被下载次数为依据。四是美誉度指标，指的是网友对电视品牌评价所持的满意及赞美程度。知名度和关注度是美誉度的基础，而美誉度才能真正反映电视品牌在消费者心目中的价值水平。美誉度是以知名度和关注度为前提的，知名度和关注度可以通过宣传手段快速提升，而美誉度则需要通过长期的品牌经营方能树立起来。四大指标的加权平均之和即为最终电视网络影响力指数。

在确定细分指标之后，还需要确定具体指标的数据调查方法与数据计算方法，这直接关系到网络影响力指数的准确与否。

一方面，调查方式为“抽样调查”。由于网站种类繁多，计算全部网站各类数据的工作几乎是不可能的，也是没有必要的，只要通过科学抽样的方法选择若干种富有代表性的样本网站，并计算这些样本网站的相关数据，就足以反映整个互联网影响力指数的变动趋势。同时，依据稳定性和动态跟踪相结合的原则，采用类型抽样、等距抽样以及多阶抽样等方法，对所选用样本网站进行定期调整，用具有活力的、更有代表性的网站替代那些人气低下、失去代表性的网站。这种选取方法在保证样本网站具有较高的代表性和典型性的同时，也保证了对网民的覆盖率，能够最大限度地反映网民的意愿；更重要的是支撑指数走势的样本力量将更加多元，个别网站影响指数整体走势的可能性进一步降低，这就在很大程度上减少了人为操纵的可能性，指数变得更为客观和真实。

另一方面，指数计算方法为“相对加权计算”。网络影响力指数是反映电视媒体在互联网上不同时期的影响力变动情况的相对指标。不同的网站，地位不相同，对受众影响的大小也存在较大差异。加权法按样本网站在市场中的地位利用分级靠档技术分别赋予不同的权数，地位重要的权数大，地位次要的权数小。这种做法可以有效避免由网站相关数据频繁变动带来的跟踪成本增加的问题，使不同时期的数据可以进行比较，便于电视媒体进行跟踪。

四、网络影响力指标的意义

网络影响力这一新的评价指标的建立，可以在电视领域建立一种带有一定强制性的导向机制，鼓励或压迫电视媒体积极向网络扩张自己的阵地。从网络发展的需求看，当前网络出现一些问题的主要原因是内容的缺失。电视媒体应该而且能够用它们长期积累下来的内容资源和内容生产优势占领网络媒体这一新阵地，使劣质内容无生存之地，为社会经济发展创造良好的网络环境。但是，鉴于网民的心理特征与受众有很大区别，电视媒体应从受众的心理特征出发来进行自己的内容生产活动，如果简单把现成的电视节目搬到网上，很难引起网民共鸣。同时，由于电视媒体很长时间以来一直处于强势地位，这导致了它们在开拓新领域等方面一定程度上存在惰性，主要表现在它们在新媒体的发展上照搬照抄电视媒体的经验和做法而鲜见创新。由此可见，新的导向机制的建立有助于电视媒体在发展新媒体方面取得较大突破。在这种机制作用下，电视媒体会积极创新，用反映网络媒体特点和适应网民心理特征的方式方法去发展网络媒体，在进行内容生产时不仅研究受众的心理需求，而且能够主动研究网民的心理特征，使新生产的内容能够同时满足受众和网民的不同功能要求。在此基础上，电视媒体就能突破空间属性的限制，不但会大幅拓展电视媒体的发展空间，而且能够扩大我国各个领域建设成果的辐射力和感染力，增强我国在全球的话语权和主导国际舆论的能力和文化渗透力。

同样重要的是，网络影响力指标体系的建立有助于提高我国网络信息和电视信息的安全度。以收视率为例，它属于舶来品，相关的基础性技术和信息很大程度上被外资掌握，这对我国的信息安全是一个很大的威胁。而网络影响力则不然。据不完全统计，它的提出是中国乃至世界首次从网络角度对电视进行研究，网络影响力具有填补我国乃至世界理论空白的重要意义，它的研发是具有强烈自主知识产权的创新性活动。在国家网络安全日显迫切的国际大形势下，它的研发成果必然会大大提高我国在网络和电视媒体方面的软实力。

同时，网络影响力指标的提出，还将从一定程度上解决电视“唯收视率论”所带来的表面性和片面性等各种问题。一方面，收视率所表现的是受众在强制状态下做出的一种被动性反应，既无法反映受众的主动性要求，又无法代表受众的真实满意程度，更无法测量电视媒体的社会影响力。而在网络中，没有时间的强制性限制，没有频道的强制性选择，受众对某一电视节目的喜爱与否可以最大限度地得到释放，这是一种发自内心的主动性的自我选择，而非被动性的强制观看。因此，一档电视节目在网络中的受欢迎才是真正地被喜爱，电视节目的网络影响力才是真正持久的社会影响力。另一方面，收视率指标评价的是在看电视的受众总数中有多少人看某个电视媒体的节目，而对于没有看电视的人是否了解某个电视媒体以及所持的看法等却无法评价。当前电视受众与网民呈现一定的分化趋势，即网民看电视越来越少。不容忽视的是，网民在现实及虚拟社会中经常担当舆论领袖的角色，因此尽管他们可能不直接看电视，但他们却可以通过网络来影响人们对某个电视媒体节目的看法和行为。

据不完全统计，网络影响力的提出是中国乃至世界范围内首次从网络的角度对电视的影响力进行研究。与“收视率”这一舶来品不一样，网络影响力具有填补我国乃至世界理论空白的重要意义。尤其是在国家网络安全日显迫切的国际大形势下，我国具有自主知识产权的研发成果将会大大提高我国在网络和电视媒体方面的国际软实力。

第五章　电视发展的融合分析

第一节　对电视发展融合趋势的预测①

20世纪的最后20来年是我国媒体业由恶性膨胀到自我调整的一个时期。经过了这段时期的改革和不断的量的积累后，媒体业已经为未来质的飞跃奠定了基础。21世纪，媒体业将进入大发展阶段。从经济大环境的变动规律来看，融合将是媒体业大发展进程中表现出来的一种必然趋势。

这种融合主要体现在三个方面。

一、媒体传播内容和形式的融合

这种融合主要是借助于因特网实现的，它使媒体之间的界限模糊化。

媒体传播内容和形式的融合是建立在各种媒体优势互补的基础上的。覆盖全球的传播范围、几乎不受限制的信息容量是因特网不管相对于哪种传统媒体都具有的优势。相对于报刊，因特网有传播速度快、时效性强的优势；相对于广播电视，因特网的优势则在于传播方式的交互性，受众由被动接受变为主动选择。与因特网的优势相对应，报刊的劣势是时效性差、出版周期长；广播电视的劣势是线性传播，选择性、保密性差。鲜明的优劣对比为媒体的融合提供了可能。另外，由于因特网的无国界性和进行管制的难度，越来越多的国家正把因特网作为文化渗透和扩大自身影响的主

① 引自李岭涛发表于《广播电视信息》2001年第4期的《融合——21世纪媒体业的发展趋势》一文。有删改。

要途径，这就意味着因特网将成为国际信息竞争、新闻竞争的重要阵地。基于以上原因，众多媒体为了抢占有利位置纷纷上网。据不完全统计，我国目前已有包括《人民日报》在内的数百种报刊在因特网上发行了电子版，国内广播电视上网尚处于试验阶段，由于技术及经验方面的原因，上网的广播电视台大多是建立自己的网站对本台的节目进行介绍，上海东方广播电台、珠江电台等一些比较前卫的电台也尝试着把广播内容以文字形式提供给网上受众。

在上网的传统媒体的站点中，仍然可以看到原有媒体的特征。在新闻传播的时效性和影响力上，传统媒体都要逊色于依托于因特网的新闻网站，像新浪、搜狐等，都在网民中有很大影响。之所以会这样，是因为传统媒体对因特网的规律还不太了解，对新媒体的信息传播与传统媒体信息传播的差别认识还不够，而这正是新出现的新闻网站所拥有的，因为这些网站大多是由一些长期从事计算机开发的企业创办的。因特网上的新闻网站也有自己的劣势。由于这些新闻网站的从业人员中少有具备新闻实践经验的，加之他们没有自己的新闻采集网络，因此他们往往一是采取“拿来主义”，从传统媒体上收集新闻，二是依靠网民提供。前一种方式有侵权的嫌疑，已经引起了传统媒体的不满；后一种方式的新闻来源无处考证，有“小道消息”之嫌，可信度低。新闻网站所没有的又是传统媒体所独具的。传统媒体作为党委、政府和人民的耳目喉舌已经发展了几十年，拥有健全的新闻采集、处理系统，在人民群众中有着崇高的威信。从这个意义讲，传统媒体与因特网的融合也是传播活动发展的必然。

通过因特网，传统媒体之间的界限也逐渐模糊。在网上，报刊可以把文字的东西以声音的形式传播出去，广播也可以把节目以报刊的方式传递给受众。特别是在网上视频传送技术取得突破后，声画结合的方式将广为各媒体所采用。到那时，我们将很难分清哪些属于报刊，哪些属于广播电视，哪些属于因特网。

二、媒体间的基础性融合

这种融合关键在于借助资本实现媒体的产业结构高级化和规模经济性，在媒体之间建立一种更为紧密的既相互依赖、又相互竞争的关系。

经济是基础，这就决定了经济关系在媒体内外各种关系中起基础性作用，决定了资本的融合对媒体业的发展是基础性的。

媒体间的基础性融合产生于媒体资本由积聚走向集中的过程。媒体资本的集中是媒体业产业化、集团化的必然结果，是产业结构高级化的根本要求。产业结构高级化是指产业结构向着产业内部生产率水平和产业技术结构水平更高的方向演化的过程。对于媒体业而言，产业结构高级化的内容包括，新的信息传播技术的运用，报刊、广播电视间打破条条框框束缚的优势互补，其他领域改革先进经验的及时引进，媒体资本向其他领域的延伸，媒体作为新的经济增长点在整个国民经济中所占比重、地位的提高等。产业结构高级化的途径是，竞争从分散、小规模的自由竞争转化为集团间的大规模竞争，扩大竞争的深度和广度，让服务在竞争中占主导地位；提高媒体业的开放度，使受众需求的开放性、技术的开放性、媒体资源的开放性都有较大的提高。

20 世纪 90 年代是媒体的高速膨胀期。市场经济体制的建立释放出了人民群众长期压抑的文化需求，这种需求表现为单纯量的需求。在强大的需求压力下，大量以粗放经营为特征的媒体应运而生。但是，媒体业属于规模经济，这表明，第一，媒体的发展需要较大的投入，这意味着媒体必须达到一定的规模，即报刊要有一定的发行量，有线电视要有一定的用户，等等，才能收回经营过程中的各种消耗，小于此规模，媒体不但不能盈利，反而会出现亏损；第二，媒体的经营规模达到盈亏平衡点以后，在未超过某个上限之前，单位产品的成本随规模的扩大而下降，媒体规模越大，其成本优势就越明显。显然，媒体业的现状与规模经济性的要求相去甚远。一方面，随着人民群众文化生活条件的改善，他们对文化产品的需求也由注重量的满足转向追求质的提高，这样，那些只关心规模扩张的媒体就失去了特有的生存前提。另一方面，随着各领域经济增长方式的转变，媒体业逐渐由以粗放型经济增长方式为主向以集约型经济增长方式为主转变。结果，那些能够尽快实现转变的媒体将大大增强竞争力，在日趋激烈的市场竞争中站稳脚跟，而那些不能或不可能实现转变的媒体其竞争力将会下降，最终被市场淘汰出局，从而为媒体规模的形成创造条件。规模经济的形成即媒体间的基础性融合主要通过以下三种方式进行：一是优势媒体对劣势媒体的兼并或收购；二是媒体间的强强联合、强弱联合，文汇新民报业集团即为此种方式；三是媒体之间相互投资、相互持股或控股。

在集约型经济增长方式主导经济领域的大环境下，媒体规模的膨胀与传统的外延式扩张有本质区别，它的目的是使媒体资源向最有效益的方向流动，依靠内涵的丰富来推动媒体进步的。先进的管理和科学技术是经济发展的两个轮子，一定的规模要靠先进的管理和技术来支持，也为采用先进的管理和技术创造了条件，反过来先进的管理和技术又推动媒体规模的扩大，从而形成一个良性循环。

三、媒体的外延性融合

这种融合旨在适应经济一体化的要求，建立一个有利于在社会中发挥更大作用和更多功能的独立产业体系，使媒体业完全与国民经济融为一体。

经济一体化是大势所趋。对于媒体而言，经济一体化是指在经济发展到一定水平后，行业内的市场已不能适应媒体进一步发展的需要，有向外扩展的要求；另一方面，其他行业的发展也有向媒体业渗透的要求，从而表现出媒体与整个国民经济紧密融合的趋势。从媒体的本质来看，媒体作为一个经济组织本来就应该属于国民经济不可分割的组成部分，它利用社会环境的物质资源和信息资源加工出符合社会需求的信息产品，国民经济的发展是媒体发展的出发点和落脚点。但长期以来媒体却与其他经济领域被人为地割裂开来，媒体被单纯地强调为喉舌，国家对它实行了严格的管制，其他行业的资本严禁进入媒体，媒体也由于政策的限制不能进行经营而无力进入其他领域。媒体只是简单地为社会提供信息服务，与其他领域的联系是松散的、不紧密的。

经过 20 多年的改革，媒体发展的内部自我膨胀力已经开始打破原有的政策限制，社会资本逐渐进入了媒体。以有线电视的建设为例，拥有 2000 多亿资产的全国有线电视网络主要就是靠吸收社会资本建立起来的。产业结构调整带来的媒体结构的日趋合理，特别是一些大型媒体集团的出现，大大增强了媒体业的竞争力，媒体业开始向其他领域进军。像中央电视台发射塔的开发就是电视业进军旅游的例子。当然，目前媒体业与其他行业的融合还处于一个初级阶段，媒体业一般以债务性融资的形式吸纳其他行业的资金，以出让节目时间或报刊版面的形式与业外企业合作，而对市场经济中通行的有效的资本经营方式和手段却很少采用。由于媒体业的规模经济性、与其他行业的鲜明差别和行业内已有的激烈竞争，其他行业另起炉灶创办新媒体的难度很大，资本渗透就成为较为明智、可取的一种方式。反过来对于媒体业进入其他行业也是同样道理。因此，媒体业与整个国民经济能否融合以及融合的程度怎样，都取决于媒体业能否以及如何开展资本经营活动。媒体业的资本经营将从如下方面展开，第一，把网络、设备等实物形态的资本价值化，由资本的实物占有转变为货币占有即实物资本的货币化；把知识产权、技术专利等无形资本价值化；把媒体的形象、价值观等无形资产价值化，这是媒体业融入整个国民经济的前提。第二，把价值化后的资本分成股份，谋求将与银行间债务人和债权人的关系改为资本经营者和股东的关系；在国有股占支配地位的前提下，适当出售一部分股份，做到资本主体的多元化，这是把原先进入媒体业的资本规范化。第三，在掌握一定的货币资本后，把货币资本与其他的实物或无形资本结合起来，充分利用媒体优势，通过资本运营，积极培育新的经济增长点，从而变死资本为活资本，这是媒体业向外扩张的过程。第四，在媒体的规模扩张中，通过周密的市场调研和科学论证，确定媒体短、中、长期发展所需的资本量，然后利用上市等方式募集股份或发行企业债券，这是媒体业走向成熟的标志。在完成了以上过程后，媒体业将真正融入整个国民经济。

第二节 手机改变电视[①]

2006年5月8日，北京大兴电视台开设了国内第一档以手机拍摄素材为主要内容的新闻栏目《手机新闻眼》，并率先推出了手机记者的概念。他们的这一创新举措拓展了我党利用社会力量办新闻事业的内涵和外延，催化了新型新闻业态的诞生，标志着记者不再是少数专业机构和人士的专利，标志着全民记者时代的到来。这加速了全新新闻传播模式的出现和新闻传播活动的变革。

所谓手机记者，是指那些利用手机的信息发送、录音、照相和摄像等功能采集素材或内容并提供给媒体使用的非新闻专业人士。根据这一概念的界定，所有手机用户都有可能成为手机记者。手机记者的概念提出时间不长，大家对它还很陌生，但根据媒体的发展规律和趋势对它进行前瞻性分析，必将对电视媒体的发展产生积极影响。

一、手机为什么会改变电视

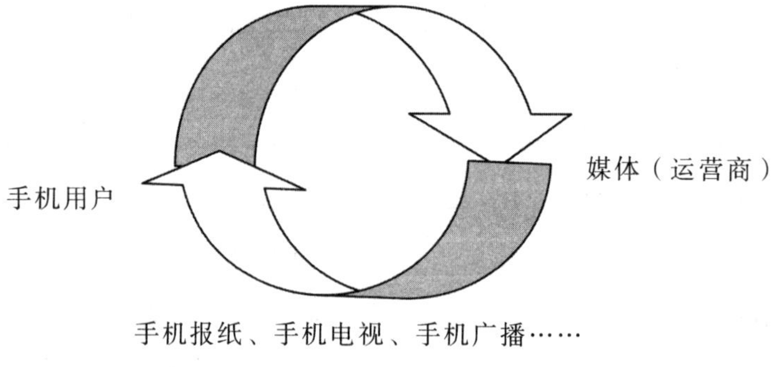

① 引自李岭涛、游智宏发表于《中国广播电视学刊》2007年第11期的《对手机记者的预测性分析》一文。有删改。

由上图可知，手机用户和媒体以及运营商之间的关系是由两个半圆组成的环形关系。一个半圆是媒体到手机用户，另一个半圆是手机用户到媒体运营商。一般认为，手机是一种新的人际传播工具。相关资料显示，目前全国已有近 5 亿手机用户，手机对人们工作、生活的影响越来越大，被称为与报纸、广播、电视和网络并列的第五大媒体。随着手机电视、手机电影和手机报纸等的出现，手机被新兴和传统媒体同时视为新的潜在经济增长点。但是，对手机的这种认识是片面的，对手机的这种认识是单向的，没有突破传统媒体长期以来的单向传播的思维模式和运作方式，对受众（手机用户）的主体性没有给予应有的重视。也就是说，媒体和各种运营商目前较多地考虑了自己对手机用户的单向作用力，而对于手机用户对媒体和运营商的反方向作用力和影响力没有给予足够的重视。

第一，手机记者的角色化有助于受众主体性和电视传播活动双向互动的实现。

伴随着当今时代的变革，受众对于电视媒体的需求发生了重要的变化。一方面，社会环境日益开放。受众面对大量的、经常变化的事物以及各种信息，不仅视野、思维、心理得到扩充和丰富，而且每个人都会按照自己的价值标准和期望进行比较、评判和取舍，显示其对开放环境的适应和把握。环境的开放也改变了意识形态领域相对单一的状况，各种文化的相互激荡和社会思潮的涌动，为新闻传播创造了一种多元的文化环境。另一方面，社会生活日益民主化。改革开放 20 多年来，政治环境越来越宽松，人们不再束缚于条条框框，人与人之间日益趋向平等，个人主体性日益凸显。同时，随着社会主义政治文明建设在理论和实践上的不断深化，政治生活民主化的进程也逐步加快，人们享受的民主权利越来越真切，公共意识、参与意识和意见表达的渴望也越来越强烈。电视受众从走进演播室参与综艺晚会、游戏类节目开始，到拨打热线电话参与，手机的出现使受众多媒体参与互动平台的建立成为可能。

第二，手机代表着先进传播生产力的发展方向，正成为电视媒体技术创新的关键词。

手机对电视媒体的影响力正在逐步显现。如果不能很好地整合手机这一新技术和手机记者速度越来越快的角色化趋势，电视媒体很可能会成为电视市场的落伍者，很可能如同现在的电台、电视台没有短信参与就不能称其为媒体一样。因此，电视媒体必须加快对手机技术的应用进程，通过受众手机记者角色化打造出更具时效性、现场感、互动性和参与机制的开放式的信息传播平台。

第三，手机记者的角色化有助于实现受众与电视媒体的零距离。

按照传统的新闻分类，在我国最普遍也是最主要的新闻类型大致是时政新闻和社会新闻。在这两类新闻中，时政新闻一直是新闻节目的主体，而社会新闻则常常是时政新闻的一种辅助和帮衬。电视媒体是党和人民的耳目喉舌，在以往的新闻中，电视媒体一般较为重视自己作为党耳目喉舌的喉舌功能，而对自己作为人民耳目喉舌的责任重视不够，对普通百姓生活的反映和报道不足。随着民本思想的逐步深入人心，电视传播活动只重视“上情下达”而忽视“下情上达”的价值取向被打破，民生新闻逐步由边缘进入了主流阵地，“平民视角、民生内容、民本取向”成了受众的要求和媒体的追求。民生新闻不仅仅是从电视媒体角度的“三贴近”，更应该是从普通百姓的立场、用普通百姓的思维方式和心理感受来阐释他们的社会生活。手机的出现为此提供了可能，通过手机记者的角色化，受众与电视媒体之间的距离和界限将被有效消除和缩短，受众将成为电视传播活动的重要组成部分，电视媒体既称职地担当党和政府的喉舌，又到位地担当人民群众的喉舌，成功地履行自己的社会责任。

二、手机如何改变电视

在原有的实践中，大众传播属于单向性很强的传播活动，即一方面媒介单方面提供信息，另一方面没有灵活、有效的参与和反馈渠道。手机记者的形成将从根本上改进这种状况。

从现实看，手机已经成为人们特别是年轻人生活中必不可少的组成部分。手机记者在影响和改变着自己的思维方式和行为方式的同时，也已经丰富了各种传播活动的传播方式和内容。在互联网等新兴媒体上，手机拍摄、录制的音视频资料已经非常流行，甚至出现了专门用手机等拍摄素材并上传到网上的拍客一族。一些网站专门为手机采制内容的上传提供了阵地，这些内容受到了不同程度的欢迎。电视媒体也已经与手机有了很长时间的低层次整合，像受众用手机短信参与节目、为新闻节目提供新闻线索等，这都为手机记者的推出积累了经验。由于当前大部分电视媒体的节目还是录播的现实限制，手机记者所带来的受众和电视媒体之间的互动还是严重滞后的，是非即时性的，电视媒体的传播活动与受众的思维状态、行为节奏和心理活动还不能实现同向和同步。也就是说，手机记者作用的完全发挥还有赖于电视媒体运作方式的变革。从发展的眼光看，直播常态化是电视媒体发展的必然趋势，将是未来一段时期电视媒体竞争的重要着力点，将带来电视媒体的革命。在直播状态下，手机记者创造的参与互动才最能够发挥新技术条件下电视传播集广泛性、实时性、交互性于一身的优势。另一方面，由于技术的限制，手机目前只能接收来自运营商的流媒体内容，还不能实现反向和手机与手机之间的传送功能。因此，即使在电视媒体直播状态下，手机记者也只能即时传送图片、文字信息等内容，电视媒体在使用手机记者的流媒体内容时仍然存在严重的滞后性。这样就很难使得电视媒体音画兼备、声形并茂的优势得以很好地发挥。据专家预测，3G 技术将很快实现突破并投入使用。3G 技术的推出将造就手机记者随时随地、畅通无阻传送流媒体内容的新时代。在新的运作方式和技术手段的支持下，手机记者将能够使电视媒体以全方位的参与互动手段来吸引和发动受众，以诚心诚意的真诚态度来回应和打动受众，从电视人“以自我为中心”的封闭制作流程，走向受众参与共享的开放运作方式的转变。北京大兴电视台在这方面多走了一步，他们充分认识到了这一社会发展趋势，合理、有效地把手机记者的活动引入了自己新闻线索收集、节目采访制作、受众信息反馈等生产播出的全过程，取得了非常好的传播效果。

三、应注意的问题

作为一种新生事物，手机记者的出现也同样有利有弊，在实践中应充分认识到这一点，做到扬利除弊。

1. 发挥手机记者的优势

除了传播渠道、技术手段和娱乐方式等方面所带来的先天性特点外，手机记者还具有多方面的优势，这些优势的发挥对电视传播活动功能的进一步挖掘具有重要作用。

第一，手机记者具有点多面广的特点。现在，手机用户可以说覆盖了我们社会的每一个角落，只要能够把他们调动起来，发生的各类事件基本上不会有漏网之鱼，将有效缓解电视媒体内容信息来源不足的问题，大大提高电视媒体的快速反应能力。

第二，手机记者能够降低电视媒体的运营成本。手机记者的出现，可以让电视媒体的专业记者全身心地投入更有价值的新闻报道中去。手机记者是编外人员，电视媒体不需要支付日常的维护费用，从而可以为电视媒体节省经费。

第三，手机记者这种独特的新闻传播方式，使得内容能够从普通百姓的视角观察和分析问题，不光从内容和形式上做到贴近性，更重要的是从受众的心理上做到贴近性，从而真正意义上实现电视传播活动的多向性、互动性。

第四，手机记者来自各行各业，生活背景、文化素质和兴趣爱好等各不相同，他们都没接受过正统的新闻专业训练，因此，他们采集的内容素材题材会很广泛，文风将多样化，有利于从根本上消除一些电视媒体内容的“八股”味。

第五，手机记者能够直接提高电视媒体的关注度。电视媒体对于大多数人来讲仍然具有神秘感，成为电视媒体手机记者的手机用户必然能够依靠在电视媒体上的曝光率而受到自身社交圈子的关注，从而带来对电视媒体的关注，直接提升电视媒体的品牌知名度和受众对媒体的忠诚度。

2. 规避手机记者的劣势

正如手机记者的优势很多一样，它的不足也很明显。因此在实践中必须想办法加以规避，否则会对电视传播活动带来不利影响。

手机记者的一个不足是缺少培训。虽然手机记者没有接受正规新闻专业培训会使他们不带条条框框，但也会导致他们效率较低、导向性差等问题的出现。由于手机记者的素质和水平参差不齐，因此在对待手机记者这个新生事物上应采取“遍地开花，重点突出”的策略。“遍地开花”就是欢迎所有的手机用户参与，以保证把尽可能多的手机用户纳入进来，扩大电视传播活动的触角；而“重点突出”则是重点培养一批固定的手机记者，对他们进行适当培训，使他们了解和基本掌握电视传播规律、政策和技巧，从而提高他们手机采集内容的质量。

手机记者的另一个不足是内容的真实性问题。手机记者采制内容时一般会从自己的喜好出发，带有很强的倾向性，这必然会影响内容的真实性；或者由于手机记者的能力所限，他们只看到问题的表面现象，看不到问题的本质，这也会导致内容的真实性问题。真实性是电视媒体的生命所在，电视媒体在使用手机记者的时候，引导舆论、稳定社会的社会责任感不能丢，电视媒体必须对自己播出的内容负责，虽然不能像要求正式记者那样严格，但手机记者在从事电视传播活动时也同样要坚持真实性原则，因为不管是不是电视媒体自己的记者采制的东西，受众都会认为是电视媒体立场和观点的体现，尽管有的电视媒体自欺欺人地打出所播发内容不代表自己立场的旗号。因此，电视媒体必须对手机记者采制的每一个内容的真实性进行核实，对于事件的时间、地点、人物等基本要素、每个细节都必须确保真实。唯有这样才能恰到好处地发挥手机记者的作用。

由上述分析可知，手机改变电视，全民记者时代的到来，手机记者新型业态的形成，电视传播活动的进一步变革，都有其必然性，都有其科学的作用途径。这一进程发生的早晚、快慢，取决于电视媒体对这一规律的认识和掌握程度。从这个意义上讲，领先者得天下。电视媒体要想在今后的竞争中占据更多的主动权，必须给予手机记者这一新生事物足够的重视，必须对电视媒体发展的整合趋势有前瞻性把握。

第三节　基于手机的电视传播模式创新[①]

2012年8月15日，北京市大兴区广播电视中心与相关单位开发的、具有自主知识产权的《基于多种媒体的互动式应急采集发布平台》作为国内首个，也是目前唯一的投入使用并运行良好的平台，在常态化运行一年多，经历过了各种使用条件的考验和验证后，通过国内权威专家鉴定，被认为“达到国内领先水平，具有推广价值”。这为媒体融合大背景下，如何推动基于手机的电视传播模式创新提供了实践和理论借鉴。

在新媒体和传统媒体互动的范围越来越广、程度越来越深的情况下，电视传播模式的创新在媒体实践中已经越来越不鲜见。而手机自身特点、其对电视、电信行业发展趋势的要求以及受众市场的变动规律的准确体现，决定了它在电视传播模式创新中的关键作用。

一、基于手机的电视传播模式创新的流程设想

基于手机实现的电视传播模式创新需要克服跨媒体、跨行业标准、传统方式和新型方式互为补充、专业技术与民用技术无缝对接的困难，从而获得意义重大的理论和实践创新。

① 引自李岭涛、于金伟发表于《中国记者》2013年第4期的《手机：改变电视直播模式——北京大兴区广播电视中心的创新实践》一文。有删改。

该传播模式的预想流程是，以由手机等各类移动设备、电视、广播、计算机、户外大屏幕等新媒体和传统媒体融合而成的全媒体为基础，以通过直播方式实时展示突发情况为目标，采用多种智能终端采集现场信息，通过多种传输通道即时传送现场情况至处理平台，实时把现场实况经多种受众接触端对外发布。在整个过程中，媒体内部之间、媒体内部与外部之间可以实现实时互动。

它首先利用手机、Pad 等多种民用智能移动终端采集信息，然后通过广电网、电信网、互联网等各种传输通道把拍摄到的音视频信号即时传送到相应媒体的信号处理系统，将音视频信号由电信标准转换为与对应媒体相适应的标准（如电视标准、广播标准等），最后再将信号送到各媒体的播出平台，受众就可以即时接收到手机、电视、广播、网络、户外大屏幕等各种媒体传送来的现场信息了。

它面向直播服务的需求，利用先进的多媒体技术、存储技术和网络技术，突破全媒体资源汇聚、媒体内容集中管理、安全传输、媒体内容运营发布等技术，为三网融合背景下的大文化产业提供一个集全媒体内容汇聚、全媒体集成管理、全媒体集成播控推送、全媒体内容采集及发布、安全监控等功能于一体的全媒体互动式直播平台。该模式将在适应各种移动终端设备等新媒体特点的同时，无论在前端信息采集、信号传输、末端信息发布等各个层次和环节都与电视、广播等传统媒体的业务流程兼容，都力争成为名副其实的新媒体与传统媒体有机融合的全媒体平台。

二、基于手机的电视传播模式创新的功能

1. 实现全媒体渠道整合

从最前端的多种智能终端信息采集，到 3G、Wifi、互联网等多种渠道信号传输，再到广播、电视、网络、手机、户外大屏幕等多渠道信息发布，在每个环节和层次都是以全媒体的整合为基础的，因此将充分体现全媒体

的功能多样性和渠道丰富化对应急处理的影响和作用。同时，基于移动通讯网、宽带互联网和广播电视网，将具备支持各种移动终端通过多种信道进行视频实时拍摄、实时传输、实时审核发布、实时播放浏览，并将图像、声音、文字等形式的内容通过多种信道发布至电视机、手机、计算机、平板电脑等各种计算设备的能力。

2. 实现全贯通流程再造

涉及广播电视、手机和网络等多种媒体，涉及广播电视和电信多个领域、多种行业标准，涉及民用和专业两种技术，整个流程从多种技术手段采集信息开始，通过多种通道传输信号，然后利用多种媒体专业设备转换处理和播出信号。整个流程力争全面贯通，信号能够在各个环节、各个层次不间断、无障碍地流动。面对种种复杂的突发情况，不需准备就可以随时随地将移动终端设备拍摄的内容通过多种途径回传到应急平台，同时与远端应急指挥中心实现视音频交互通讯，在其指导和控制下进一步深入开展工作。在此种情况下，可以使应急直播深入各种原来难以到达的区域，是对传统方式的有益补充，体现应用的创新和生产业务流程的再造，将极大增强各种复杂情况下的应急处理能力。

3. 实现无滞后信息传播

将以直播为目标，实现音视频信号实时采集、实时传输、实时审核发布、实时播放浏览的功能。利用手机等智能终端可以随时随地拍摄事件现场、即时传送内容至后方平台，而且能够通过手机端实时观看后台开放的内容并与后方实现视音频交互通讯。在技术支持下，手机等普通民用设备将具备转播车的相当部分功能，弥补目前传统的卫星、光缆和数字微波传输系统存在的耗费人力和物力，不易运作等不足，确保在紧急情况下顺利实现“异地多点直播”。

4. 实现民用设备与专业设备的有机结合

采用手机和Pad终端等各种移动通信设备，其播出质量可满足电视台的播出需要。终端设备连接专业高保真扬声器，采用 Air-Wired 无损耗传输技术，支持无压缩的大流量数字音频传输，为媒体及政府管理机构提供高质量的信源处理能力。配备各种专业灯光处理设备，增强现场的呈现能力。提供便携式信号中继放大变频设备，保证复杂电磁环境下的持续传输能力。这种民用设备与专业设备的融合应用，将极大提高现场的采集质量，缩短反应时间，拓展采集方式，丰富传输手段，使媒体及政府管理机构面对重大新闻及突发事件时的应急业务处理能力再上一个台阶。

基于上述分析，在基于手机的全新传播模式将发挥手机用户点多面广的特点，能够经常性地对受众感兴趣的内容利用手机进行直播，有效缓解节目信息来源不足的问题，大大提高自身对新闻事件特别是突发事件的快速反应能力，彻底改变传统电视直播机动性差、互动性弱、耗费人力和物力大的弊端。

更为重要的是，传播模式的变革必将带来时空概念的巨大变革。这种变革所造就的、手机媒体与直播方式相结合的、独特的电视传播方式将会带来电视媒体与受众关系的变革，不光使传播活动从内容和形式上做到贴近性而且从受众的心理上做到贴近性，从而淋漓尽致地表现受众主体意识的觉醒，帮助受众实现对电视传播活动的深度参与、决策和互动，弥补电视自身技术手段的不足，使电视突破传统的单向传播模式的限制，开始回归“传播是人与人之间的沟通交流”的本质。

三、基于手机的电视传播模式创新的意义

检索国内相关的同类案例发现，跨媒体、跨行业、传统方式和新型方式互相补充、实现民用技术与专业技术无缝对接的特点将使模式创新表现出非常强的综合性和集成性、独一性。

1. 对于电视媒体的意义

第一，将大大提高媒体的快速反应能力，以更高的时效性把各种信息

传播给受众。

第二，将大大降低电视媒体直播的成本，使真正意义上的对各类不可预测性事件的直播具有更高的可行性。

第三，使广播电视节目生产的时空概念发生质的转变，极大拓展演播室的空间和内涵，使只要有无线通信信号的地方就能成为演播室的重要组成部分。

第四，丰富电视媒体与受众互动的渠道和手段，使媒体与受众的关系有飞跃性提升。

2. 对于社会的意义

不仅为电视行业新增长点的出现打下基础，而且也能够为更多领域创造出积极的变化。

第一，是真正践行“三网融合”趋势的实践和理论创新的探索，必将为我国推动“三网融合”带来示范效应。

第二，将实现电信行业与广播电视行业的有效交叉，必将为广播电视行业向电信行业渗透提供抓手和经验。

第三，将为受众参与媒体、表达意见提供更大方便，不但提高受众对媒体的作用力和影响力，更重要的是有效维护了受众的知情权、话语权和表达权，必将为推动我国民主进程做出贡献。

第四，处于多个行业、多种媒体、多个技术领域的交叉点，因此必将推动我国电视和电信等交叉领域、边缘业态的出现，为我国这方面理论的发展提供有效的实践佐证。

第五，能够为我国应急指挥、城市管理、企事业单位内部监督等提供先进的手段，必将促进我国的应急指挥水平、社会管理创新和企事业单位管理水平。

第四节　4G 给电视带来什么[①]

2013 年 12 月 4 日，工业和信息化部发布了 3 张 4G 牌照，标志着我国的 4G 进入了实质性推进阶段。面对竞争环境的风云变化，未雨绸缪，尽早研究 4G 可能带来的影响并有针对性采取措施，是电视媒体抓住机遇迎接挑战的不二选择。

一、迎接挑战

一种新的技术形态的诞生，必然带来相关领域的变革。4G 的出现也不例外，它必将给电视媒体带来一系列的挑战。

1. 4G 将造成外部环境的高度不确定性

4G 将不仅改变人们的通信和社交方式，而且改变人们的思维和行为方式。这将进一步增加外部环境的不确定性。一是 4G 将大大推进由传统的一块屏幕到多屏化的进程，导致大量电视受众流失；二是 4G 将使由传统客厅的排他式电视收看到随意、高频率的跨屏转换更加成为可能，导致受众对电视的注意力和关注度下降；三是 4G 将使以手机为代表的智能终端的伴随性媒体特征更加明显，导致受众时间的碎片化。更重要的一点是，4G 将会带来信息的更加透明，信息高度透明以后，受众占有足够的信息，受众与电视媒体之间的信息对称性将由向电视媒体倾斜变为向受众倾斜，这必将对电视媒体的经营发生颠覆。

2. 4G 将造成媒体界限的高度模糊

4G 将促进电视媒体与网络、手机等新媒体进一步融合，导致媒体之间

① 引自李岭涛发表于《广告大观（综合版）》2014 年第 5 期的《4G 给电视带来什么》一文。有删改。

的界限趋于模糊化，带来电视标准和电信标准的深度渗透。电视媒体将从单一的媒介形式转变为兼具多种媒介形式特点的“四不像”，多种媒介特点要求电视媒体必须摆脱用传统思维经营电视的做法，要研究多种媒体的运行规律，研究多种传播形态的运行规律，研究把这些媒体特点和传播形态有机融合的途径和方式，研究如何让有限的资源实现最好的配置，在最恰当的时机取得最佳的传播效果和最高的影响力。

既从受众的视角切入，更要以网民使用和消费的方便性、心理特征和行为习惯等标准来界定市场，从而找准资源整合、方式创新的立足点，彻底改变简单把电视资源照搬到新媒体上、泯灭媒体特性的机械做法。注重利用电视与新媒体融合形成的规模优势来留住受众，使电视和新媒体之间呈现出很强的逻辑性，既形成统一的风格，又能丝毫不掩盖自己的特性，从中不仅体现出很强的政治意识、受众意识、奉献意识，还体现不断出奇出新的策划意识和敏锐的超前意识。如果能做到这一点，将使电视媒体由只依靠单一媒介和渠道转变为多渠道、跨媒体、全覆盖，但是这种转变的难度相当大。

3. 4G 将造成技术压力的高度现实化

长期以来，作为技术应用性媒体的电视一直属于缺少技术基因，导致它的自我革新和变革能力远远低于新媒体。4G 将使电视媒体的这种技术劣势更加凸显。4G 将把世界带入全媒体互动、“全立体”信息传播的时代，空中、地面信息全覆盖，信息在时间、空间多维度流通，包含文字、音频、视频等多种媒体产品形式不断涌现，将使新媒体越来越主流化，使新媒体技术对受众需求的催化作用越来越占主导地位，使受众需求呈爆发之势，这必将导致电视媒体在引领受众需求方面远远处于落后位置。面对巨大的挑战，电视媒体向新媒体学习，培育自己技术基因的压力很大。

二、抢抓机遇

实践证明，每一种技术变革不仅仅带来挑战，而且也会带来大量前所未有的机遇。能否抓住这些机遇，对于电视媒体的发展至关重要。

1. 实现生活即内容，丰富内容资源

受众的需求在随着社会的进步不断进化。随着媒介技术的发展，“拟态环境”效应逐渐弱化，人们与“真实”世界的距离逐渐拉近，受众希望通过传播媒介尽可能接近事实的愿望越发强烈。一方面，4G 的出现，为受众天然的追求真实、全面客观的信息传递效果增加了可能性与可行性。而且，再现真实，满足受众需求，对于最大化媒介公共服务职能将起到积极作用。另一方面，受众主体意识的逐步强化导致他们希望全过程地参与到电视传播过程中去，而 4G 为此创造了可能。通过 4G，受众的一举一动能够随时即时地传递到电视媒体，成为电视节目内容，将极大丰富内容资源。这种更加逼真的电视再现功能，将为受众提供互动性更强、更加生动有趣的参与方式，满足受众的主体性需求，真正实现受众生活就是节目内容，节目内容与受众生活状态融为一体。

2. 打破局限，创造更大发展空间

传统电视所受的局限很多。一方面，我国大多数电视媒体受地域空间的限制，即使竞争力再强也很难在政策上取得突破而实现跨区域发展。4G 的出现，为有实力的电视媒体走出本地，走向更大市场创造了条件。利用 4G，电视媒体可以把自己的优质内容通过更多的渠道、在更大的范围内传播，可以在更大的受众基数上参与竞争。另一方面，4G 的出现，其意义不仅仅是为电视媒体提供一条便捷性更高、互动性更强、覆盖人群更多、影响力更大、成本更低的全新发展渠道和路径，而是将从根本上改变电视媒体大众传播的属性局限，使电视媒体适应大众传播和人际传播融合的趋势，把人际传播整合进大众传播，从而增加和增强电视媒体的社交属性，并通过社交属性的挖掘加深电视媒体与受众发生关系的深度，提高受众对电视媒体的人际依赖度。

3. 掌握受众需求，提高服务的精准度

在技术的激发下，受众对电视媒体的要求也在从单纯的耳目喉舌功能为主向为受众提供信息、生活、娱乐、体验等的全方位、多层次、贴身式服务转变。而要做到这一点，就必须在媒体市场日益细分和窄众化的情况下，了解哪些人是自己的受众，哪些人是自己的忠实受众，这些受众的心理需求和行为特征有什么特点等。传统的研究受众的方法主要是抽样调查，具有很大的片面性和滞后性。4G 的出现为电视媒体在大数据时代及时、全面地掌握受众变动规律创造了条件。通过 4G，电视媒体可以利用地理位置定位系统对自己受众的区域分布有较为详细的了解，可以对受众的生活状况进行跟踪调查，从中归纳分析出他们的生活习惯；电视媒体可以对受众在各种终端上的收视行为进行跟踪调查，掌握他们在收视过程中的各种细节；电视媒体可以利用文本分析技术对受众在微信、微博等的发言频次、发言内容等做更深层次的文本分析，进一步挖掘受众的数据。在此基础上，对于受众喜欢看什么样的节目，喜欢的原因是什么；受众对节目的忠诚度如何，受众对节目有什么意见，提意见的原因是什么；受众对节目用脚投票的可能性有多大，如何预防；在有这些倾向的受众中，男女比例是多少，不同年龄段各占多大比例，不同地区各占多大比例，等等，电视媒体将在第一时间一目了然，大大提升为受众服务的针对性和有效性。

4. 带来无盲点覆盖，提升快速反应能力

4G 将为电视媒体增加与受众黏合性提供手段和途径。在“手机控”遍天下的情况下，电视媒体可以以互动和参与为目的，组建以反映新媒体特点的各方面受众为主体的手机记者队伍，切实进行队伍创新。通过队伍创新，力争做到手机记者覆盖每个村子、每个社区、每个重点企业和重点项目，做到对重点区域无盲点，对突发事件无盲点，对突发事件和群众原生态的状态零距离、零时刻做出反应，使电视媒体多渠道、多层次、多角度与受众建立全方位、零距离的紧密联系，切实让受众参与到电视传播的决策中来，

参与到电视传播的过程中来，参与到电视传播的评价中来，增强受众的主体性和认同感，提高与受众的互动效率和效果，提高对受众需求的反应速度和能力，真正做到听民声、体民心、说民事、纳民意。在队伍创新方面，CNN 的做法值得借鉴。CNN 根据全媒体时代的要求推出了 iReport 应用系统，通过该系统受众可以方便地传输视频和图片。他们经过七年左右的实践已经在全球积累了 80 多万人的忠实的兼职报道队伍，使他们对全世界突发事件的反应速度大大加快。

5. 创新传播模式，达到受众接触零距离

传统的电视传播模式体现的是受众与演播室之间的关系。基于传统演播室的传播模式是封闭的，演播室与受众之间有形或无形的墙，拉开了节目与受众的距离，削弱了节目的贴近性。而 4G 的出现为传播模式的创新创造了条件。对于各种场景，可以利用手机等智能终端拍摄现场情况，然后再通过 4G 实时把信号传送到电视播出平台上，几乎同时受众就可以在电视上看到现场的场景了。因此，4G 能够轻松推倒演播室与受众之间的墙，使受众能够多渠道、多层次参与电视传播活动的全过程，真正成为电视的主人，做到演播室与受众零距离，做到受众和主持人无障碍沟通交流，实实在在拉近电视媒体与普通百姓的距离，使节目既从节目形式和内容上做到“贴近”，更从受众的心理上做到“贴近”。电视媒体也能够实现与手机等新媒体影响和改变受众思维方式、行为方式的过程的互动，并把这一互动与自己线索收集、节目采访制作、受众信息反馈等生产播出的全过程相融合，丰富自己的传播方式，做到演播室与受众生活场景融为一体。

6. 延伸产业链，提供新的经济增长点

电视媒体的收入长期以来严重依靠广告，这导致电视媒体的经营自主性差，受外部经济环境的影响大。4G 具有技术含量、无形资产、智力要素等多方面的优势以及对相关产业的聚集和拉动作用，必将带来商业模型的变革，必将带来较大的产业链效应和产业集聚效应，这必将为电视媒体创

造更多的价值和应用空间。在4G时代，演播室和受众生活场景融为一体，节目内容与受众生活状态融为一体，生活就是节目内容，节目内容就是生活。受众一方面要利用手机等终端接受电视媒体的服务，另一方面要向电视媒体提供自己的内容，这必将带来大量的互动过程，导致电视活动与受众的接触面大大扩大，接触层次大大深化，为电视媒体创造具有很强产业厚实度的新的经济增长点，使电视媒体真正进入电信的增值服务领域。在受众变为消费者的过程中，电视媒体通过满足受众的正当需求来获得利润，广告不再是电视的主要创收渠道，电视活动的产业链不断拉长，不断增强。

第五节　电视节目的新媒体融合力①

目前国内有影响力的电视节目与新媒体的融合已经常态化，渗透到节目的日常策划、制作、播出与营销推广等诸多环节。电视节目与新媒体的融合力是电视节目与新媒体交叉渗透、优势互补、资源共享的能力，融合力的高低与电视节目影响力的大小息息相关。融合力包括广度、深度和频度三个评价维度。广度是从空间维度来衡量的，是从两者物理空间接触的范围看融合情况，比如电视节目应用新媒体的类型、技术的多样化程度。深度是从价值维度来分析的，是看电视节目开发利用新媒体功能价值的层次。频度是从时间维度来评价的，是电视节目与新媒体融合的时间频度。

一、常见的电视节目的新媒体融合方式

从融合的广度来看，有影响力的电视节目与新媒体的融合是贯穿于节目策划、制作、播出和推广等的全过程，并且不断地开发新的融合形态。目前电视节目常见的新媒体融合方式有：

① 引自李岭涛、李冬梅发表于《电视研究》2014年第1期的《电视节目的新媒体融合力分析》一文。有删改。

1. 电视节目策划阶段

在这个阶段，电视节目研发、策划、编导人员主要是用新媒体来找信息和找人。

（1）从网络查找信息。不少电视节目选题及所需的资讯是由网络提供的，比如门户网站新闻、微博热门话题、社区热门帖子，社会事件视频，节省了节目采编制作的时间。一些故事类节目组通过邮箱、QQ、贴吧等寻找故事和新闻线索，例如江西卫视《传奇故事》等。查找信息网络有手工检索和系统采集等不同的方式，需要专人对网络信息进行真假辨别。

（2）从网络选择参与节目的选手或嘉宾。各个视频网站和音乐网站有很多平民达人的表演视频或原创音乐，节目组通过分类查找和筛选人气榜，可以发现网友喜爱的平民选手。新浪微博有大量实名认证的民间艺人或出道多年但不温不火的歌手等，他们为了艺术梦想而不断打拼，在网络上表达着自己的喜怒哀乐，节目组通过微博搜索可以发掘适合的选手，例如山东卫视《中国星力量》的编导就用微博对一些选手进行邀请和选拔。大型婚恋交友网站为一些交友节目提供了男女嘉宾。益智游戏节目除了选手报名、网站推荐外，还通过新媒体选拔选手。比如《一站到底》通过 QQ 群、App 游戏应用等征集网友答题，答题得分排名高者有可能被选中参与节目录制。

（3）通过新媒体征集现场受众。不少节目组通过官方网站或社区网站与网友互动，征集现场受众；有的通过奖励答题多者，给予入场门票奖励。有的节目组则和一些组织受众的中介网站、旅游网站进行合作。有的在微博开通了抢票专用微博，比如山东卫视的《歌声传奇》栏目。

2. 电视节目制作阶段

（1）把新媒体信息引入电视节目制作的现场。

在节目的录制现场让远程的受众通过微博、微信、网络视频、短信等方式发表自己的观点和态度，常用的方式有微博墙或大屏幕、滚屏呈现这些互动信息。家庭电脑摄像头和手机的使用，可以让多则数十个场外的受众在演播室屏幕上分屏呈现进行话题讨论或评价打分。

（2）将网络游戏和手机应用游戏植入电视节目中。

为迎合年轻人的喜好，一些电视节目尝试将网络游戏、手机应用游戏搬到电视演播室进行制作，比如深圳卫视的《男左女右》。

（3）新媒体和电视节目的广告融合。

一些职场类节目帮助网站招聘人才，同时宣传网站的业务和企业文化。电视栏目中越来越多地出现赞助商网站和通信运营商的名称、Logo、广告，例如，酷我音乐与《酷我真声音》，360视频和天翼飞YOUNG与《中国好声音》，美空网与《快乐男声》、顺网云海与《快乐男声》等。不少网站的管理层也纷纷作为出场嘉宾、导师、评委等参与节目录制。

（4）与新媒体共同制作节目。

电视台与视频网站共同参与制作节目。2010年湖南卫视与淘宝网携手打造嗨淘网，成立快乐淘宝公司，推出一档主打秒杀购物的电视节目《越淘越开心》并与流行的网购秒杀元素结合，引领了消费时尚。2012年搜狐视频与湖南卫视合作的90后少年才艺表演秀《向上吧！少年》从报名到制作播出打通了电视和网络两个平台；2012年乐视网制作的《中国好声音》加长解密版揭秘90分钟播出节目外的故事，呈现导师与选手的互动和选择选手时的纠结，增加了信息量，吸引了网友的兴趣。而乐视网制作的《中国好声音成长教室》则是关于刘欢、那英、庾澄庆、杨坤四位导师如何训练学员的12集纪录片类型节目。2013年爱奇艺联合河南卫视打造的《汉字英雄》获得人气和好评，同名App游戏上线。东方卫视播出的《晓松说》则为优酷热播视频《晓说》的短篇。当视频网站拥有雄厚的资金实力、优质的人才和内容资源以及得天独厚的广告资源时，视频网站和电视台间的人才流动，以及合作制作节目将成为一种趋势。

3. 电视节目播出阶段

电视台制作的节目多为录播，在一期节目播出的一个小时左右的时段内，也可以与新媒体互动融合。

（1）网站播出电视节目视频。

视频网站购买电视节目播映权，播出电视节目有三种情况，延后播出，同步播出，提前播出网络版，第三种情况较少，例如2011年3月江苏卫视《非诚勿扰》曾尝试推出网络加长版抢先看。台网联动的电视台相关栏目则主动或授权合作网站或手机台，把同一素材制作剪辑成片长、内容有差别侧重的节目，以适合网站和手机台播出的需求。

（2）App应用。

不少电视节目有自己专属的App应用，比如山东卫视《中国星力量》的App星梦、湖北卫视《我的中国星》的App星吧等。央视节目《我要上春晚》2013年也与2012年诞生的手机应用程序《天籁K歌》合作。

（3）新闻客户端。

新闻客户端的推广价值不是简单的推送节目的新闻资讯，而是让网民参与、体验、选择、互动，增加用户的活跃度和黏性。2013年7月初开始，《中国好声音》《快乐男声》《舞出我人生》《中国梦之声》等多个节目通过网易新闻客户端进行推广。2013年《快乐男声》使用网易新闻客户端投票系统进行冠军预测，还通过网易新闻客户端的“积分商城”向用户赠送录制门票，同时在节目现场，受众可以通过网易新闻客户端跟帖发送对选手的评论和节目感受，在现场大屏幕上实时呈现，实现场内场外、线上线下连通。而浙江卫视的另一档综艺节目《王牌谍中谍》选择了另外一种方式与网易新闻客户端合作——首次“多屏互动”：每周一晚节目播出期间，有上万名网友通过网易新闻客户端与节目中的参赛者同步答题[①]。浙江卫视第二季《中国好声音》与搜狐新闻客户端达成深度合作。2013年8月27日，浙江卫视入驻搜狐新闻客户端，成为继央视等之后又一家发力“全媒体平台”电视媒体。

---

① 《电视节目三年求索路：移动互联网 请赐我观众》，《时讯互联》，2013年8月15日，http://www.18qu.com.cn/2013/tougao_0815/635.html。

（4）微博、微信等社交媒体的联动。

在电视节目播出的时段，网友参与互动评论，传播节目的信息，微博和微信平台上热播节目的话题讨论量激增。2013 年 8 月 19 日至 8 月 25 日新浪微博推出的“疯狂综艺季”一周节目排行榜数据表明，冠军《中国好声音》获得 1835 万的话题提及量，《快乐男声》的话题量为 1303 万，《中国梦之声》话题提及量达到 858 万。电视节目新浪官方微博与网友的常见互动方式有有奖竞猜、在节目播出时网友拍电视机节目画面或本人与节目合影照片上传微博，或者评论节目，根据其发微博的质量、数量或转发的数量给予奖品，或者会被官方微博随机抽取为幸运受众。

（5）百度贴吧、人人网等社区。

百度贴吧的网友在节目播出时讨论热烈，会有各种预测帖、分析帖、美图帖、视频帖、爆料帖、牢骚帖等。贴吧的管理也形成了一些规范，比如有的贴吧禁止发剧透帖等，所以在节目播出的时候，与节目相关的内幕信息发布数量较多。相比微博的字数限制，百度贴吧的发言更为开放自由。人人网则更多的面向大学生群体，相关话题图文并茂，以公开日志、分享照片、分享视频等形式进行交流传播。

4. 电视节目播出后的宣传推广

有影响力的电视节目的宣传推广是从节目策划阶段就开始筹划的，节目播出后是话题的集中宣传推广期。

（1）新闻话题的新媒体发布。

电视节目的话题营销可以通过新闻网站、博客、微博、微信、贴吧、手机报、邮件、搜索引擎、百度产品、新闻客户端等诸多平台展开。

（2）网络微访谈。

新浪、腾讯、搜狐等网站均有与电视台合作推广节目的微访谈内容，问题来自网友，参与节目的嘉宾在线回答问题，节目制作内幕、人气选手故事、明星的家庭生活与情感、节目主持人、导师如何选择学员等都是微访谈的热门话题。

（3）衍生节目。

新媒体往往会主动参与那些有影响力的节目的内容资源的开发，制作衍生的系列节目。以《中国好声音》第二季为例，搜狐视频在《中国好声音》播出后无缝衔接播出全民互动 K 歌吐槽节目《K 歌之王》，另外搜狐视频还有针对导师和人气学员的深度访谈《好声音英雄谱》，揭秘好声音台前幕后的《搜狐视频娱乐播报》和《酷我真声音》，四大导师培训学员的纪录片的《成长教室》，好声音热门舆情集合的《三星 Galaxy time》。

5. 电视节目衍生产品开发与产业链打造

目前，借助新媒体开发的电视节目的衍生产品多为免费非营利的，这和电视台及网站等较为单一的广告盈利模式有关。目前常见的衍生产品有：音乐彩铃、微电影等的制作；专辑、图书、DVD、动漫玩偶、道具服饰的网络售卖；演艺市场的开发。以《中国好声音》为例，2012 年第一季落幕后城市巡演也相继展开。2013 年由中国电信举办的天翼飞 Young 中国好声音百城百场演唱会，通过部分第一季和第二季人气学员参与演出。演唱会以免费的形式向公众开放，将通过多种形式向公众发放，受众办理中国电信一些指定业务，如入网、或指定套餐或充一定数额话费等，就能获得演唱会门票。入场受众还能通过天翼 3G 提供的网络，用手机终端与演出现场进行互动。

二、电视节目与新媒体融合的深度分析

按照电视节目的融合力的深度，不同的电视节目对新媒体的价值开发利用的程度可以分为五个层次。

1. 通信工具价值

电视节目制播人员用新媒体找人和信息，与传统的电话、信件交流互动比较，不过换了一个更为方便直接和成本低的交流通信工具，所以是工具替代的价值。

2. 技术功能价值

随着新媒体技术和功能不断被开发，这些技术功能并迅速移植到电视节目中，电视台和新媒体还会联合开发一些适合节目制作和宣传推广的相关技术。

3. 输出传播价值

在这个层面上，电视台与新媒体是竞合关系，电视台将节目内容和节目信息输出到新媒体，目的是借助新媒体的优势吸引更多的网络受众注意力，从而回归传统电视收看，提升收视率。

4. 营销推广价值

在这个层面上，电视节目与新媒体的合作是交互推广、联合营销。新媒体需要优质的内容资源赢得流量和受众，从而把吸引到的规模用户转化为可以与广告商谈判的货币。电视台借用各种新媒体资源来赢得受众的关注和口碑，扩大了节目的影响力。

5. 产业升级价值

新媒体可以帮助电视行业实现产业升级，不再单纯以广告收益作为唯一的收入来源。电视台和制作公司可以出让节目网络播映版权，可以和其他行业联合营销，实现多赢；可以低成本开发适合新媒体传播和年轻人使用的文化消费产品；未来电视节目的产业运营中新媒体将不断渗透到产业链的各个环节中。

“新媒体与传统媒体不是取代与被取代的关系，而是相互融合的关系，新媒体是对传统媒体的继承发展，传统媒体可以借助数字技术转变为新媒体。新媒体的特征具有交互性与即时性、海量性与共享性、多媒体与超文本、个性化与社群化。”[①] 从电视节目与新媒体融合的路径也可以看出，早期电视节目与新媒体相互借用，电视节目应用新媒体提供的技术便利，发掘其

① 石磊：《新媒体概论》，北京：中国传媒大学出版社，2009 年第 1 版。

工具性价值；然后电视节目与新媒体逐渐联合策划、制作、播出、营销推广，电视节目看重和发掘的是新媒体的营销推广价值，新媒体则对电视节目的资源进行了充分的整合利用；未来的全媒体节目将不分彼此，节目与新媒体将完全融合在一起，实现真正的融合。

三、电视节目与新媒体融合的趋向分析

从电视节目与新媒体融合的频度来看，目前大多数的电视节目还没有达到在日常的制作和播出中高频率的应用与融合新媒体的程度。未来的高频率融合新媒体的全媒体节目则是与目前的电视节目有所区别的新形态节目，这种节目至少应该具备的条件有：环境因素、设备条件、思维转变、评价机制等。

1. 全媒体环境

在全媒体环境下，不论受众年龄、职业、性别和社会阶层所属，新媒体技术掌握和设备的使用将成为潮流，碎片化时间的充分利用是社会时尚，受众主动参与电视节目制作是一种荣誉。一些受众日益掌握了节目制作和传播的新技术，实现从受众角色向传者的转变。更多新形态的节目类型将会涌现，比如网友可以用新媒体和电视节目中的明星进行 PK，还可以自由选择在电视节目中露面的方式。

2. 全媒体设备

目前不少电视台的设备已经开始升级换代，配备全媒体演播室，比如增加了大屏幕播出系统，在大屏幕中还可以实现多视窗视频连线，呈现微博互动等效果。虚拟图文系统可以即时展示节目所需的场景，丰富视觉效果；点评系统可以和新媒体实时连线，增加互动效果，配合多种终端发布。有的电视台记者配备了手机等手持设备具有高清摄像功能，摄像机具有摄像、编辑、传输一体化功能。采编设备可以快速数字化编辑和分规格编辑成适合多种媒介需要的视音频节目，并快速审核后通过多媒体接口迅速发布。

电视节目播出终端的多屏互动技术，例如投影链接设备、App 和智能机顶盒等多种方式可以打通电视机与电脑、智能手机、智能平板等，屏与屏的互动更为便利，内容传输更为便捷。

3. 全媒体思维

在全媒体时代必须要有大数据思维，通过高速科学运算和整合分析海量数据，可以发现很多相关关系，以及消费者、受众和用户使用媒体的习惯，通过对大数据个性化、定制和智能化使用，可以提高电视节目的制作品质和影响力。全媒体思维还在于了解分析新媒体对现代人生活方式改变的优劣，比如浅阅读、热衷读图、移动生活、高效快捷的信息沟通方式，从而引导更多人的生活方式、工作方式和人际交流方式的转型。全媒体思维也包括节目运营观念的转变，比如提供更多免费产品给受众，用免费赢得受众市场，从而和广告商等合作共赢；充分开发各种微内容，利用长尾效应获利；鼓励民间、民营制作公司和视频网站提供优质产品，按质购买，在竞争的市场格局中将会出现更多有影响力的节目。

4. 全媒体评价

未来的电视节目评价指标应该是多元化和综合化的，既包括抽样调查技术支持的收视率调查以及面向海量数字电视用户的海量收视数据，还将包含电视节目网络影响力评价和手机用户收视数据。还应有针对具体用户收视行为和心理反应规律的数据，比如网络视频节目的搜索喜好、点击关闭视频方式、快进、暂停和回看，广告收看、流入和流出趋向，受众的这些行为都会被分析记录下来；另外用户关于节目的美誉度的态度评价也会通过语义分析等技术手段，转换成可以量化分析的数据。这些测量指标融合后的全媒体评价将会成为一种趋势。

总之，新媒体给传统电视节目提供了更多机遇，未来两者在更广的领域深度融合，将会出现更多完全融合的全媒体节目。

第六章　电视发展的策略分析

第一节　卫视频道的网络“根据地”战略①

根据地战略是我们党在长期的对敌斗争中所采用的基础性战略。在媒体融合的进程中，根据地战略——官网建设也是电视媒体进入网络的有效着力点。作为我国电视行业的中坚力量，卫视在根据地建设中具有很强的代表性。分析他们的根据地建设情况对于电视媒体更好地适应媒体融合趋势，提升网络影响力有着举足轻重的意义。

一、卫视根据地建设现状分析

1. 卫视根据地建设情况分析

通过考察发现，卫视的根据地建设情况呈现“中间大，两头小”的特点。“两头小”一方面是指建设情况比较好的卫视，他们都有自己的独立官网，而且建设比较好，主要有东方卫视、浙江卫视、旅游卫视、青海卫视、东南卫视等，仅占 33 家卫视的 15.2%；另一方面是指建设情况很不理想的卫视，如内蒙古卫视的官网属于三级主页，而四川卫视、新疆卫视、西藏卫视、安徽卫视、重庆卫视则干脆没自己的独立网页。“中间大”是指大部分卫视虽然有自己的官网，但都处于二级主页的位置，很不方便网民使用，如北京卫视、天津卫视等 20 多家卫视。从以上情况可以看出，84.8% 的卫

① 引自李岭涛、陈早霞发表于《中国广播电视学刊》2012 年第 9 期的《卫视视界下的网络“根据地”分析》一文。有删改。

视的根据地在网络上的能见度不高，这直接制约了影响力的扩散。

从根据地的内容看，都包括了基本的网络语言：文字、图片、音视频、链接等。无论是独立官网还是一级主页，内容都有基本的分类（筛选），但是内容都比较多，包含分类也比较多，寻找链接信息犹如“海底捞月”。

一方面，北方几个省份卫视的官网属于比较中规中矩的，但比较呆板、乏味；页面还是主要以国内外及省内新闻为主的官样网站，在对自有节目的宣传上力度不够，都放在比较靠后的位置，对节目的网络影响力没有太大的促进作用。

另一方面，南部省份卫视的官方网站做得要好些。有的虽然前面一小部分也是新闻，但是网页后面的设置比较合理，主推卫视的电视节目和主持人。有的甚至不将新闻作为主要部分，而是将网页做成很全面的节目宣传网页。网页的整体设计也很有亲和力、洋气，色彩也较为鲜艳、吸引人，对卫视的节目等方面的网络影响力有很好的助推作用。

2. 卫视根据地的接触度分析

卫视根据地的接触度直接反映自身的影响力。笔者以“××卫视”为关键词，利用百度搜索引擎做了搜索，并根据搜索量的高低将各卫视的前五名和后五名进行了排序（见表6-1、表6-2。表中数据是笔者将不同时间搜索结果取平均数得出的，因为搜索时间的不同和卫视发展的原因，搜索结果会有不同），表中列出了各卫视搜索结果列表的前十名。

表6-1 搜索结果前五名

关键词	湖南卫视	东方卫视	江苏卫视	浙江卫视	安徽卫视
搜索结果数	约56000000	约20700000	约17300000	约15100000	约12200000

续表

搜索结果排名前十位	金鹰网（总网）、湖南卫视贴吧、百度应用在线直播、湖南卫视首页、百度百科、pptv 湖南卫视直播、湖南卫视电视猫时间表、百度视频、湖南卫视的最新相关信息、给力 2011 跨年演唱会优酷视频	东方卫视官网首页、tv007 东方卫视直播、东方宽频总网、东方卫视百里挑一搜狐视频、pptv 东方卫视直播、百度百科、上海东方卫视直播页 - 布谷电视、达人秀在线观看新浪影音娱乐、东方卫视百度贴吧、东方卫视的最新相关信息	江苏网络电视台总网、非诚勿扰官方网站、百度应用在线直播、江苏卫视吧、tv007 江苏卫视直播、百度百科、江苏卫视官网首页、江苏卫视的最新相关信息、百度视频、江苏卫视官方直播高清流畅	浙江卫视官方首页、浙江卫视爱情连连看搜狐视频、百度应用在线直播、浙江卫视电视猫节目表、百度百科、浙江卫视百度贴吧、tv007 浙江卫视直播、浙江卫视 - 布谷直播页、浙江卫视的最新相关信息、浙江卫视电视直播 - 网易视频	中国安徽网络电视台总网、tv007 安徽卫视直播、百度应用在线直播、9bowang 安徽卫视在线直播、百度百科、安徽卫视百度贴吧、安徽卫视首页、百度视频、安徽卫视的最新相关信息、安徽卫视《美人天下》新闻搜狐娱乐

从表 6-1 中可以看出，搜索量最多的前五名是湖南卫视、东方卫视、江苏卫视、浙江卫视、安徽卫视，最少的后五名是内蒙古卫视、北京卫视、甘肃卫视、中国教育台、西藏卫视。在搜索结果列表中官网处于第一位置的仅有新疆卫视等 7 家，占 33 家卫视的 21.2%。从上表还可以看出，各卫视对搜狐视频、百度视频等市场化程度比较高的推广阵地有较高利用，这也影响了各卫视对自有根据地的开发使用。

表 6-2 搜索结果后五名

关键词	内蒙古卫视	北京卫视	甘肃卫视	中国教育台	西藏卫视
搜索结果数	约 4030000	约 3830000	约 3460000	约 3030000	约 2880000
搜索结果排名前十位	内蒙古电视网总网、内蒙古卫视－布谷直播页、内蒙古卫视电视猫节目表、内蒙古电视网蒙古语卫视频道、内蒙古卫视电视直播网易视频、百度百科、内蒙古电视网首页、内蒙古卫视搜视网节目预告、内蒙古卫视新浪网影音娱乐、内蒙古卫视《我的伊塞克》100521首期开播	BTV 在线总网、北京卫视－布谷直播页、百度应用在线直播、北京卫视电视猫时间表、北京卫视养生堂搜狐视频、百度百科、北京卫视养生堂酷 6、北京卫视节目单新浪电视视频、北京卫视的最新相关信息、tv007 北京卫视直播	飞天新传媒总网、甘肃卫视－布谷直播页、百度应用在线直播、百度百科、甘肃卫视搜视网在线直播表、百度视频、甘肃卫视《投资论道》全景网财经快讯、甘肃卫视的新浪微博、pptv 甘肃卫视直播、甘肃卫视搜库专找视频	中国教育电视台果实网总网、tv007 中国教育台一套直播、百度百科、百度视频、百度地图、9bowang 直播、中国教育电视台校园招聘、CETV1 新浪博客、中国教育台 1 搜视网节目表、中国教育电视台《教育人生》优酷视频	西藏卫视－布谷直播页、西藏电视台首页、西藏卫视节目单新浪视频、百度视频、百度百科、西藏卫视搜视网节目表、搜视网节目表（同前）、西藏卫视优酷视频、西藏卫视百度贴吧、西藏卫视价格－志趣网

二、根据地建设的功能

1. 打造粉丝互动之家

整合网络上下资源，利用官网构建粉丝“和谐之家”，打造独立网络平台。

这是电视媒体网络化生存的第一步，也是电视各要素在网络世界中蔓延的前提。官方网站不仅要将所有的官方资讯以及网上网下的资源集合在一起，而且也能够将那些忠实的节目“粉丝们”网络在一起，成为一个名副其实的“粉丝互动之家”。

2. 引导多文本立体传播

如果说官网传播属于“面上传播”的话，那么博客传播和微博传播则属于“点上传播”，而只有“点面结合”才能构筑起立体的传播格局。作为新兴的个性化媒体，以专业领域知识作为传播模式的博客和微博更具有个人式的、点对点的深入探讨的可能。通过根据地建设，可以引导博客和微博按照有利于电视媒体发展的方向进行，使电视要素的社会知名度与栏目的品牌形象成功地融合在一起，电视要素的社会知名度可以扩大自身的影响力，而自身的影响力也可以反过来提高电视要素的社会知名度。

同时，电视各要素不仅要在传播渠道上实现“立体”传播，而且在传播内容上也要实现多媒体互文本的传播。不仅要主动传播节目自身的文字、视频，而且也要发掘由粉丝们主动创作的“互文本”，这些文本往往是对某一主题加以解构，从而创造出喜剧或讽刺效果的一种网络娱乐文化，常见的一些形式是将一些既成视频加以改编后再次发布，属于二次创作的一种手段。有时候，这些“互文本”的内容会因为更符合网络传播的特点而具有比原文本更为强大的吸引力和传播速度。通过根据地建设，可以为互文本传播提供平台，把散乱的信息集成为规模化的信息，从而促进电视要素影响力的提升。

3. 推动网络传播的口碑营销

今天，伴随着电视频道和节目数量的几何级增长，电视受众的收视行为也在悄悄发生变化。在收看一部电视剧、一个电视栏目之前，电视要素自己的宣传往往不被网民所信任，他们首先做的是到网上搜索其他受众的反响和评论，即电视各要素的“口碑”。而口碑传播最好的平台与载体则非网络社区莫属。作为一个分享、交流、互动的空间，网络社区已经成为一个真正意义上的聚会场所，在一定程度上甚至可以取代人们在现实生活中的聚会场所。面对网络社区的火爆，口碑营销开始进入网络，并拥有了一个更为“网络化”的名字：“病毒式营销”，“在马尔科姆·格拉德威尔撰写的著名小册子《引爆流行》中总结了这种‘病毒性传播’的三个特征：感染性、小事变大后果以及突发而非渐进性”，“这是一种极其高效的信息传播方式，由于它是用户之间自发进行的，因此几乎不需要费用，却可以像病毒一样迅速蔓延。在网站推广、品牌推广等方面不乏‘一夜成名’的先例。”（何苗《网络口碑营销：正面优化还是信息作弊》，《中华工商时报》2007 年 9 月 13 日）。受制于人不如主动出击。电视媒体可以把根据地作为“病毒”的发源地，主动推动有利于自己的病毒快速传染，而且可以使这种传染处于自己的可控制范围之内。

三、卫视根据地建设策略分析

1. 通过将根据地建设纳入战略范畴来提升网络影响力

网络对电视媒体发展的影响力已越来越不可忽视。但是，从卫视频道的表现可以看出，我国相当一部分电视媒体对于媒体融合趋势的把握还仅仅停留在嘴上，还远远没有落实到行动上，即使采取了一些所谓应对网络冲击的措施，也不过是应景式的，局限于战术层面。电视媒体处于一种动态的环境之中，而且环境中的不确定性因素越来越多。在动态环境下，电视媒体真正的发展能力必须能够经受住长期和动态环境的考验或检验。这是因为，电视媒体的成功或核心能力的获得不能够只是依靠某个时点的定位或零星的动作，而是应该从长期来看电视媒体的总体经营绩效或表现。因此，电视媒体必须能够深刻预见或洞察网络所带来的变化并迅速地做出相应反应，能够立足于其所拥有或控制的战略资源、核心能力、动态能力，把根据地建设上升到战略层面，这样才能从其既有的优势迅速地转换到新的竞争优势，才能超越其所处环境和市场竞争，不断超越自己，超过竞争对手。

2. 通过把根据地建设作为延伸经营重要着力点来提升网络影响力

通过科学合理地推行经营链延伸策略，可以达到有效整合电视媒体上下游经营资源，扩大经营辐射范围，增强市场竞争力的目的。媒体融合的趋势为电视媒体释放长期积累下来的发展的内部膨胀力创造了条件。因此，电视媒体应把根据地建设作为延伸经营的重要着力点，适应相关产业之间互相融合、互相渗透的大趋势，将原有品牌运用到根据地建设之中，力争通过树立大破解和大经营意识，打破地域和行业观念，进行延伸经营，在更大的市场范围和发展空间破解要素瓶颈制约和释放发展的内部膨胀力，既减少要素瓶颈对自身发展的负面影响，破解瓶颈制约，增强抗击风险的能力，又把各种资源优势的含金量充分开掘，培育新的经济增长点，提升自身的价值回报率。

3. 通过改进资源整合方式来提升网络影响力

从目前电视媒体与网络的融合进程看，各种资源之间的相关性不高，表现为零散、个体的活动多，缺少组织性和整合意识。显然，没有资源的合理组织与协调，无论电视媒体的先天条件多么好，其优势都难以真正发挥，更难以持续保持，核心竞争力也就是一句空话。因此，电视媒体应把根据地建设置于从策划、制作到营销的市场化生产链之中，在科学、系统、全员的层面运行。要研究如何让有限的资源实现最好的配置，在最恰当的时机取得最佳的传播效果和最高的影响力。

4. 通过与广告客户在根据地的互动提升网络影响力

广告客户是电视媒体生产交换活动得以实现的中介和载体，因此，高质量的和足够数量的广告客户也是品牌的主要内容。广告客户和作为消费者的受众一样，在电视媒体经营中具有至关重要的地位和作用。广告客户在评价广告投放效果时一般不在意有多少消费者看了节目，而更关心有多少消费者买了自己的产品。可见，由于利益驱动，广告客户与栏目结成了利益共同体，甚至从某种程度上更关心节目在受众中的影响力，更愿意为提高栏目影响力出力献策。因此，电视媒体应注重与广告客户在根据地中的互动，借助广告客户的独有渠道和差异化资源推动自己的品牌扩张。在广告经营部门、内容生产部门和网络运营部门之间建立起畅通无阻的信息通道，及时把广告客户的要求反映在网络的运营中，在内容传播活动中为广告客户开拓市场建立桥梁和纽带，推动自己与广告客户、广告客户与其目标消费者群之间的互动。

第二节　电视媒体的微博营销①

在信息碎片化、受众分化和媒介融合的时代背景下，微博具有实时分享短消息、互动交流便捷、传播范围广等优势，已经成为电视媒体提升知名度、打造品牌形象的重要的营销平台。电视媒体微博的类型多样，包括电视台、电视频道、电视栏目的微博，还包括电视节目的活动组织机构微博（比如票务微博、报名微博等）、电视台部门微博等。其中新浪微博平台上已有官方认证的数百个电视频道微博和上千个电视栏目微博。本文以新浪官方认证的电视频道和电视栏目的微博为例，分析目前电视媒体微博营销的不足，结合品牌接触点理论探讨其微博的营销策略。

一、目前电视媒体微博营销的不足

以 2012 年 2 月 28 日（截至 19:36）新浪微博电视媒体人气榜提供的前 100 名微博账号为例，从微博所代表的电视媒体类别来看有电视节目 69 个账号（其中电视栏目 68 个，电视剧场 1 个）、电视频道 30 个账号（其中省级卫视频道 21 个，其他电视频道 9 个）、电视机构 1 个账号（CSPN：中国电视体育联播平台），其中有 26 个微博的粉丝数量超过 100 万。

① 引自李冬梅、李岭涛发表于《当代电视》2012 年第 6 期的《电视媒体的微博营销分析》一文。有删改。

电视媒体微博粉丝增加情况的统计方法：

粉丝日增加量 =（2012-2-28 粉丝量 –2011-11-28 粉丝量）÷92 天

表 6-3　新浪人气榜电视媒体粉丝日增加量统计表

粉丝日增加量	微博数量	电视频道微博	电视节目微博	电视机构微博
大于 10000	1	1		
5000—10000	6	4	2	
3000—5000	10	8	2	
2000—3000	11	5	6	
1000—2000	10		10	
300—1000	15	4	11	
200—300	7	1	6	
30—200	12	5	7	
0—30	8		7	1
小于 0	6		6	
无数据	14	2	12	
合计	100	30	69	1

注：搜集数据时间分别为 2011 年 11 月 28 日 19:36、2012 年 2 月 28 日 19:36。

从表 6-3 可以看出在 3 个月里，电视媒体微博中有 14% 的微博在 2011 年 11 月 28 日尚未进入新浪电视媒体人气榜导致没有完整数据，有 38% 的微博粉丝平均日增长量超过 1000，即月增加量超过 3 万，约每分钟增加一个粉丝。另有 15% 的微博粉丝平均日增长量在 300 到 1000 之间，即月增加量在 9 千至 3 万之间。27% 的微博粉丝数平均日增加量低于 300，有 6% 的微博粉丝数平均日增加量负增长，分别为 2011 快乐女声、中华达人、酸酸乳巨星梦想学院、CCTV315、2010 快乐中国快乐男声、CCTV-1 分秒必争。

品牌传播的目标在于构建及维护品牌与用户及利益相关者的稳定关系，

提升品牌的知名度、美誉度和忠诚度。电视媒体微博的粉丝人气高意味着粉丝对电视媒体品牌已经有一定的认知度，从目前来看，电视媒体微博对电视媒体品牌的美誉度和忠诚度的影响不够，具体表现在：

1. 活跃粉丝率低

利用第三方监测平台“微博风云”提供的功能，将“活跃粉丝”定义为“微博粉丝数大于30，微博数大于30，一周内有互动”，通过检索后数据统计，2012年2月28日新浪微博电视媒体人气榜前100名微博账号的活跃粉丝率如下：

表6-4　新浪微博电视媒体人气榜前100名微博账号的活跃粉丝率

活跃粉丝率（%）	>20	10—20	5—10	1—5	0—1	无数据	合计
微博数目	3	15	23	54	4	1	100

注：统计时间为2012年2月28日20:00—21:15，数据来源于微博风云：http：//www.tfengyun.com/。

通过统计发现，除了一个电视频道没有新数据外，有3个电视微博（康熙来了、中华美食频道、芒果娱乐无极限）的活跃粉丝率超过了20%，38%的电视频道活跃粉丝率为5%—20%，54%的电视频道微博活跃粉丝率为1%—5%，4%的电视频道（《歌声传奇》、《SETV欢乐合唱团》、贵州卫视《非常完美》、湖北卫视《我爱我的祖国》）活跃粉丝率低于1%。

2. 电视媒体微博的转发和评论数过少

电视媒体微博的转发和评论是二次传播行为，借助粉丝的圈子可以实现信息裂变和扩散，带来更大的影响力。一般来说，节目预告的文字或节目片段视频转发评论数量在几十或几百人次，关于人生哲理感悟的语录体微博转发量可以过千，热点新闻、节目决赛资讯、地面活动预告类微博转发人数可以在几千或几万。目前电视媒体微博的评论转发数远低于电视媒体人微博的评论转发数，与其内容缺少话题和创意活动有一定关系。

3. 电视媒体微博很少成为热点新闻第一来源

目前由微博曝光引发的社会新闻事件较多，但电视媒体的微博很少成为热点新闻话题第一来源，说明电视媒体微博主策划和执行话题营销的能力还有待提高。话题营销的关键是具有新闻价值的消息或事件。尽管一些电视媒体微博的留言板、私信中每天涌入大量信息，但真实性有待核查，导致信息反馈和微博传播速度慢些。另外，不少电视媒体微博忽略了与其他媒体比如新闻网站、报纸、期刊等的合作，导致新闻曝光率低。

4. 电视媒体微博与粉丝的互动性弱

根据马斯洛的需要层次理论，人的需要有五种层次，从低到高分别为生理需要、安全需要、社交需要（或称为爱和归属的需要）、尊重需要和自我实现需要。目前一些电视媒体微博的营销活动并没有很好地满足粉丝的高层次需要，影响了品牌美誉度和忠诚度。表现在：

第一，活动营销过于物质化。

目前电视媒体微博的营销推广活动的奖励方式多是送手机、手机充值卡、机票、录制节目的门票、赞助商产品等，奖励规则有：随机抽奖、奖励整数（比如 1 千、5 千、1 万等）转发者等。但粉丝如果把获奖归因于运气等不稳定的外界因素，而非努力或能力的话，其关注和转发行为并没有得到强化。其中的“抽奖专业户”和“微博猎人”很难成为该电视媒体的忠实粉丝和受众。很多电视媒体微博活动不仅要求个人转发，还要求粉丝用打扰的方式转发给三到五位好友，这也影响了活动营销的效果。

第二，社交功能开发不够。

电视媒体微博主要通过私信联系粉丝，在微博评论和留言板给予粉丝的回复太少。参与投票的粉丝人数多为几十、几百人，话题讨论深度不够，粉丝的心理卷入程度低，忠诚度不高。另外由于大量粉丝微博并不用真名，资料不详，难以进行年龄、性别、职业、地域、喜好等的类型细分，粉丝缺少群体归属感，活动推广时，类群的聚集性和黏合度不高，这说明微博的社交功能尚待进一步开发。

第三，缺少创意活动以满足粉丝的尊重和自我实现的需要。

电视媒体的微博主限于精力和人手，仅能回应个别粉丝，冷落了大多数粉丝。目前电视媒体微博多数活动缺少创意，类似让受众微博上传看电视节目的照片参与抽奖的活动并不需要受众多少智力投入。其实粉丝不仅仅是信息接收者，还可以是信息的搜集整理者以及信息来源者；粉丝是有创意和想法、有思想情感的个体；粉丝有多种兴趣爱好和专业技术特长；粉丝群体是有智慧、力量和强大人际关系网络的现实人群。因此电视人需要转变观念，以受众为中心，借助微博征集和发起创意活动与粉丝交流互动，满足粉丝的尊重和自我实现的需要。

以上问题导致了即便是新浪电视媒体微博人气榜上的粉丝也是“沉默的大多数”，即传播学所指的在公共话语空间里保持沉默不发表意见的大多数，这不利于电视媒体品牌的美誉度和忠诚度的提高。如何唤醒这些沉默的粉丝，更好地提升电视媒体的品牌影响力，电视媒体微博的运营者和编辑们可以考虑运用品牌接触点的营销策略。

二、电视媒体微博营销的策略分析

根据美国西北大学教授唐·E. 舒尔茨（Don E.Schultz）的品牌接触点传播理论，电视媒体的微博营销要重视并利用关键接触点，除了把自身作为品牌信息关键接触点，还要发掘受众的需求，分析受众的其他媒体接触点，由点到线，由线到面，打造电视媒体微博的营销矩阵，即：电视媒体微博——粉丝微博——微群——社交网络——大众传播媒介，从而提升电视媒体品牌传播的广度和深度。

1. 微博内容要契合电视媒体的品牌定位

第一，电视媒体微博的内容要具有一定的传播价值。要重视微博内容的原创性和质量，从“可读”变为“必读”；应有知识性、信息价值、文化内涵和艺术性；适当展示媒体人的真实工作生活和个性魅力；利用电视媒体的品牌和可信度，提供各种社会服务，比如找人、找线索等；善于发现和制造话题，争取成为第一信息源，引发网友的兴趣和围观；通过情感营销，带来更多的转发和评论，带动其他媒体的跟进报道。

第二，电视媒体微博要针对自己的微博粉丝的喜好进行调研，了解网友希望在微博上看到什么，对“说什么”和“怎样说”形成适合自己媒体的差异化风格。还应该契合电视节目与频道原有的品牌定位，比如目标受众、频道和节目的宣传口号、节目风格、节目的内容形态等，从理念、行为、视觉识别系统全方位展示其品牌形象。

2. 通过粉丝价值分类管理，进行精准营销

电视媒体的微博运营可以设粉丝管理员，通过一些粉丝分析软件对粉丝分类管理，整理各种活动时搜集的粉丝个人信息资料，了解不同类型的粉丝人群的特征和行为，建立粉丝数据库，从而进行精准营销，即针对不同类群进行个性化的沟通交流和信息传播，从而实现特定的营销目标。对粉丝除了可以按照加 V 与否简单分类外，还可以根据粉丝的价值，参考其使用微博转发、评论和私信的频率，将电视媒体微博的粉丝分成五类。

第一类是无价值的粉丝，包括发广告的粉丝、僵尸粉及僵尸粉升级版的“活粉”等。尽管此类粉丝短期内可以为电视媒体微博增加人气指数，但随着微博分析技术的研发和推广，无价值粉丝的存在会影响微博的品牌形象和营销效果，需要通过一些粉丝管理工具加以管理或剔除。

第二类是沉默的粉丝，是那些加了关注却从不转发评论和发私信，没有任何言论的粉丝。对此类粉丝可用抽样调查的方式加强沟通交流，了解他们对电视频道、栏目以及微博的需求、评价和意见等。

第三类是热衷于转发微博的粉丝，他们以转发行动表明自己关注和乐意分享微博信息的态度。对这些粉丝除了采用抽样方式做些互动调查，还可以用分析软件追踪微博转发后的网上传播路径，对微博的传播效果进行监控和记录分析。

第四类是主动发评论或私信进行沟通的粉丝。对此类粉丝可以通过各种社交途径详细了解他们的信息，建立资料库以便将来征询节目和频道的反馈意见。另外还可以用粉丝管理软件等筛选出有社会舆论影响力的粉丝，比如名人，从事公共关系、媒体、教学等的人群，对他们要辅助其他的通信手段维系良好的社交关系。

第五类是未成为粉丝的有价值的微博主。他们的特点是：微博条数、转发和评论数多，影响力大。虽然他们未加关注，但热衷于讨论该电视媒体，提出中肯的建议或尖锐的批评，比如媒体研究人员、媒体人、营销专家、广告从业者等。通过微博内容、关键词或标签搜索可以找到这类微博，主动关注他们并“求关注”，不仅可以获得有价值的信息，还可以把消极型粉丝转变为积极型粉丝。

3. 利用微群发起讨论调查和活动，维护与忠诚粉丝的关系

“微群，是微博群的简称，是新浪微博推出的社交类群组产品。微群能够聚合有相同爱好或者相同标签的朋友们，将所有与之相应的话题全部聚拢在微群里面，让志趣相投的朋友们以微博的形式更加方便地进行参与和交流。”[①] 目前电视媒体使用微群的兴趣远远不及微博，微群的功能还可以进一步发掘。

根据调查话题的公开程度不同，新浪微群可以分为公开群和隐私群两类。电视媒体微博公开群内的粉丝更为忠实，黏性更高，适宜进行各种细致的开放性调查，比如一期电视栏目的环节设置、主持人表现、创意点和笑点设计、受众收视情况等的意见反馈，或者电视频道和栏目的改版、包装、宣传等的态度倾向性调查，还可以征集话题和创意活动。由于私密群内的信息只有成员可见，内容不能被公开搜索和微博分享，保密性更好，电视媒体微博可以利用私密群进行内部沟通、话题交流、技术探讨和创意研发等。

---

① 新浪微群 - 微群帮助：《什么是微群》，http://q.weibo.com/help。

4. 病毒式营销，扩散至其他社交网络

群体间人际关系按照媒介类型有血缘型、地缘型、趣味型（或称为友谊型）和业缘型等几种类型。微博双向关注的关系类型与现实人际关系相仿，微博单向关注行为也多是出于信任和观点认同，这些都有利于病毒式营销，即信息通过网友间不断的鼠标点击、快速复制和转发，在较短时间内便能获得类似病毒感染式的快速弥漫的信息传播效果。

适合病毒式营销的电视媒体微博的内容特性可以是情感、公益、创意、搞笑、互动、个性、猎奇、趣味等，形式可以是文字、图片和视频，比如真人秀、公益活动、录制现场揭秘、热点新闻事件等。电视媒体微博的内容可以通过名人的发现转发或新闻媒体的发掘成为社会热点后，不断传播到其他社交网络，加上大众的口碑营销，便能加强病毒式营销的效果。

5. 内容营销，铺设大众传播营销矩阵

受众在一天内接触的媒介终端是多样的，不同的受众对媒介使用有差异性。随着多屏互动技术的成熟和推广应用以及社交电视的发展，电视媒体微博可以充分利用受众与品牌的多个媒体接触点，打造大众传播营销矩阵，进行内容营销。

第一，微博和电视媒体的联动。通过电视栏目可以发起各种和微博有关的创意活动，给予粉丝一定的物质奖励或荣誉称号，吸引更多的受众转化为微博粉丝；鼓励受众边看电视边使用手机或电脑写微博发布自己的观点和感受；可以在节目中采用微博墙等展示粉丝对节目的评论等；可以让受众用微博与节目的制片人、主持人、编辑、记者、演员等实时对话、讨论，从中也可以了解受众的心理需求。

第二，微博内容输出到其他网络平台。一方面电视媒体微博可以作为信息接口，通过链接相关博客和电视媒体的官方网站进行深度报道和分析评论，弥补微博字数少、信息量小的不足。另一方面电视媒体微博还可以与其他新闻网站、视频网站等合作，发挥协同效应。例如可以和新浪网的

微访谈合作，吸引微博粉丝在线参与电视媒体的话题讨论。还可以在微博上关注其他媒体的微博，以示友好并求关注，争取把信息快速传播到其他媒体。

第三，微博内容输出到手机等移动媒体终端。电视媒体微博的编辑可以汇编整理有创意的、值得传播的微博内容，以短信息形式发布到手机平台，这样手机用户可定时订阅该节目的相关微博资讯或图片视频等。也可以和手机报等的运营机构合作，将微博的热点内容、节目预告等信息广泛发布。

第四，微博与报纸、广播互动。电视媒体微博可以和报纸合作，刊登受众微博中对电视节目的感言、点评、意见，发动网友整理与节目有关的逸闻趣事或幽默台词、哲理感悟等。同样，电视媒体微博的精彩内容也可以输出到广播节目中，再加上网络广播和微电台，可以扩展电视媒体品牌信息传播的范围。

第五，微博与户外媒体合作。电视媒体借助户外媒体营销更多的是实现广告效应，未必讲求实时互动。比如在户外广场等公共场合放置电子显示屏，显示热心受众的微博内容，这本身就是对受众参与节目互动的嘉奖，也展示了电视媒体的品牌形象。

第六，微博内容结集出版。比如在栏目创办周年纪念日时推出电子版本或纸质版的精选微博合集；可以年终盘点一年的电视媒体微博热点或精彩语录、事件、活动等；可以将业内微博的精彩评论和粉丝分析数据做成报告，在与广告商沟通合作时作为电视媒体网络影响力的证明，这些都有助于提升电视媒体品牌的知名度、关注度和美誉度。

第三节　电视媒体的微信应用①

2011 年 1 月 21 日，由腾讯公司所打造的微信面世。微信推出不久，用户数量便一路飙升。“在微信用户总数很快就要突破 4 亿之际，腾讯日前

① 引自李岭涛、黄灿发表于《中国记者》2013 年第 10 期的《电视媒体应用微信的误区及对策》一文。有删改。

披露微信‘海外版’WeChat的注册用户数已经突破5000万。”[①]微信在竞争日益激烈的全媒体市场中异军突起的主要原因在于它实现了通信、社交、平台化三者一体，很大程度上在改变着人们的通信和社交方式，改变着人们的思维和行为方式。同时，对新的技术手段、新的传播渠道、新的娱乐方式的整合是电视媒体的发展趋势。而微信的这一特点恰恰与电视媒体的这一发展趋势相吻合。因此，研究微信在电视媒体中的应用对于电视业的发展具有积极的推动作用。

一、微信在电视媒体中的应用概况分析

与以前对新媒体的一些新型产品的无动于衷相比，经过新媒体巨大冲击的电视媒体对微信的出现表现出了很大的热情，纷纷把微信引入自己的日常节目运营。以省级卫视为例，截至2013年7月11日，全国31个省级卫视中，共有19家卫视及其卫视所办栏目开通了官方微信（以取得微信认证有“V”标志作为官方微信开通的标准），具体情况如下表。

表6-5　省级卫视开通微信情况

省级卫视	微信名称	微信号	栏目微信及其微信号
安徽卫视	安徽卫视	anhuitv1997	无
北京卫视	北京卫视	btvweishi	无
天津卫视	天津卫视	tjtv-tj	无
辽宁卫视	辽宁卫视	lntv-1	无
广东卫视	广东卫视	gdtvstar	无
四川卫视	四川卫视	sctvweixin	无
广西卫视	广西卫视	guangxitv	无
河北卫视	河北卫视	hebtvStar	无

① 刘明远：《微信“海外版”注册用户数已经突破5000万》，新快网，2013年6月13日，http://news.xkb.com.cn/shuma/2013/0613/268862.html。

续表

青海卫视	青海卫视	qinghaitv2013	无
陕西卫视	陕西卫视	sxtvs2012	无
江西卫视	江西卫视	jxtvok	新闻夜航（jxtvnew）
东南卫视	东南卫视	chinasetv	爱拼才会赢（thewinner2013）
山西卫视	山西卫视	sxrtvcom	小郭跑腿（xiaoguopaotui）
山东卫视	山东卫视	sdtvchina	天籁之声 （sdtvtianlai）
湖北卫视	湖北卫视	hbtv-2012	包公来了（HBTV20130105） 生活帮（hbstvshb）
浙江卫视	浙江卫视 中国蓝	lanmei2008	今日证券（jrzq888） 浙江卫视粉丝团（zjwsfs）
旅游卫视	旅游卫视	The_Travel_channel	有多远走多远（loveydyzdy） 世界游（arthurshow） 美丽俏佳人（tcmeiqiao） 行者（tcwalker）
江苏卫视	江苏卫视	JSBC-JSTV	非诚勿扰（jstv-fcwr） 非常了得（jstv-fcld） 一站到底（jstvyzdd）
湖南卫视	湖南卫视—— 湖小微	happychina1997	湖南卫视节目预告 （hunantv-yugao） 湖南卫视粉丝团（hnws00） 金鹰报（hunantvjyb） 湖南卫视节目（hnetv009） 湖南卫视呼啦（Whon_Now） 湖南卫视综艺何炅谢娜冰藏冷笑话（coldxh521）

在其余的 12 个卫视中，东方卫视虽没有开通官方微信，但是其所办栏目《顶级厨师》《谁是大擂主》《梦立方》均开通了微信，一定程度上弥补了东方卫视官方微信未开通的缺陷。而其他 11 家卫视，既没有开通官方

微信，也没有任何栏目进驻微信。

在上线的19个卫视官方微信中，湖南卫视的官方微信最为醒目，它属于全国省级卫视中的一线梯队，拥有丰富的资源以及优秀的创作团队，而且是第一批上线的卫视官方微信，到现在已经拥有庞大的粉丝群，拥有很多忠实的受众。因此，不论是母体，还是上线时间以及受众人数，湖南卫视的官方微信相较于其他卫视，都具有明显的优势，走在其他卫视官方微信的前列，是当前上线的卫视官方微信的典型。

2012年7月，湖南卫视正式开通湖南卫视官方微信，一直追求创新的湖南卫视这一次又勇敢试水，成为首批进驻微信的省级卫视。初次上线的湖南卫视官方微信定位明确，不论是微信号“happychina1997”还是首创的官方微信虚拟代言人“湖小微”都展现了其卫视母体一直追求的轻松快乐的风格，同时湖南卫视调动自家主持人、邀请明星嘉宾不时通过微信与用户进行交流，频道的重大新闻、事件，湖南卫视新闻发言人也选择通过官方微信进行权威发布，力求在最短时间内扩大官方微信的影响力。在运行近一年后，2013年6月1日，湖南卫视进行微信改版，这是到目前为止，所有上线的卫视官方微信中唯一一个进行改版的卫视官方微信。

如果说改版前的湖南卫视官方微信就已有明确的定位，改版后的湖南卫视官方微信再一次将其风格体现得更加明显。改版后的湖南卫视官方微信推出“青春秀”“呼啦吧”“呼我”三大自定义菜单，为受众提供更多及时、优质的节目资讯的同时，也全面丰富了线上线下渠道联动以及新颖活泼的在线互动方式。

在改版后的三大自定义菜单中，湖南卫视将王牌节目《快乐男声》《快乐大本营》《天天向上》《青春剧好看》添加至“青春秀”的菜单里，只要点击“青春秀”，就会出现相应界面，受众可以继续点击所要了解的节目，也可以回复栏目名称，了解栏目的相关资讯。

其他两个菜单则体现了微信不同的功能，“呼啦吧”包含了“市集”“活动”“公告”等三个子菜单，“呼啦吧”的主要功能是加强与受众的互动，湖南卫视通过“活动”这个子菜单发布湖南卫视举办的各种相关活动，通过“公告”来发布湖南卫视的重大信息。“呼我”这个菜单则是强调“湖小微”这个代言人的角色，树立其在受众心目中的位置。整个“呼我”菜单分为“认识我”“找朋友”“群星贺周岁”“帮助”等四个子菜单，都是以“湖小微”第一人称的口吻在介绍自己或者湖南卫视的各种资讯，受众不断使用“呼我”这个菜单时，也会逐步加深对“湖小微”这个虚拟代言人的印象。

湖南卫视官方微信风格与湖南卫视母体一致，“湖小微”这个虚拟代言人的出现，使得整个官方微信更加形象活泼，而改版后出现的菜单细分，将湖南卫视的相关信息都整合到一起，在聚集了庞大信息的同时，又让受众感觉整个官方微信更有条理。受众只需关注湖南卫视的官方微信，就可以了解湖南卫视的王牌栏目及其他各方面的信息，既全面又细致，同时受众在查找相关信息时也会更加方便。

二、微信在电视媒体应用中的问题分析

从对微信的应用看，对于微信这一新生事物，各电视媒体还没有形成一套可参考的标准，还没有成熟的应用方式和方法，基本上处于“摸着石头过河”的阶段。这不仅导致了各电视媒体在微信应用上水平参差不齐，更导致了实际应用中存在很多问题。这些问题不解决，将大大阻碍微信对于电视媒体作用的发挥。

1. 经营管理不重视

任何新生事物的成长和作用的发挥都要以严格的经营管理为基础，微信在电视媒体中的应用也同样如此。在目前上线的 19 家卫视官方微信中，有一部分卫视虽然开通了官方微信，但仅仅停留在开通的状态，并没有从根本上重视官方微信的建设经营。电视媒体微信要进行信息及时推送，微信有任何变故，要第一时间通知受众。但是很多电视媒体的官方微信并没有做到这一点。以某卫视官方微信为例，笔者在 7 月 12 日查看其微信所推

送的消息，发现最后一次推送消息的时间为5月31日，有近一个半月的时间，该卫视官方微信没有推送过任何消息，也并没有通知受众其官方微信是因为何种原因停止推送，或者是通知受众什么时间其官方微信将重新上线，整个官方微信呈现出一种荒废的状态。而另一卫视在其微信首页能体现自身特色的功能介绍上也是一栏空白，整个微信首页上只有短短的口号式一句话，给人感觉整个官方微信非常粗糙，不精致。

2. 推送内容不全面

内容一直是电视媒体在全媒体市场占据优势的法宝，而对于电视媒体的微信来说，内容也同样非常重要。电视媒体微信的主要功能之一应该是为受众提供通过其他渠道很难获得的内容，包括节目制作的台前幕后，等等，与电视媒体其他的品牌推广和内容传播形成立体互补的格局，而不是内容重复、方式雷同。电视媒体应每天对各种相关信息进行精挑细选，组成内容大餐推送给受众，在内容推送上应该全面丰富，避免出现片面单一的情况。但是，电视媒体的微信在发展中定位很大，内容很窄。很多电视媒体的官方微信演变成单一栏目的微信，只介绍某一个栏目具体节目的相关信息，而关于整个电视媒体的整体情况、主持人的背景等应该更丰富，可是，对电视媒体来讲属于信手拈来的信息却有意无意地被忽略了。

3. 受众互动不充分

微信最大的优势就在于即时互动，而且能够做到文字、声音画面甚至视频兼备。电视媒体应用好微信的这一功能，将大大弥补自己互动性不足的问题。而实践中很多电视媒体却仅仅把微信当作一种单纯的节目预告工具，对于它独特的、对电视媒体意义重大的互动功能没有给予足够重视。一是电视媒体对于受众的信息回复不够及时，让受众有被冷落的感觉。二是互动的形式单一，基本上是使用文字互动，图片、音视频等的使用凤毛麟角。三是在家里等客上门，很少有利用微信的“摇一摇”、漂流瓶等功能主动寻找受众的。四是微信服务的针对性不强。微信用户千差万别，而微信的各种功能实际上已经为电视媒体识别不同的受众并对不同的受众进行分类管理提供了方便。对微信这种功能的不了解导致了电视媒体通过微信提供的服务千人一面，只有共性，没有特殊性。五是向受众推送的多，让受众参与的少。对于主体意识觉醒带来的受众要求——参与到电视传播活动全程的要求没有引起足够重视，没有积极利用微信这一受众广泛接受的手段和途径引导受众成为电视传播活动的主人。

三、微信在电视媒体中的深度应用分析

作为一种新型的媒介产品，微信一定程度上兼具大众传播和人际传播的特征。因此，电视媒体在应用微信的过程中，应既要遵循大众传播的规律，又要遵循人际传播的规律。唯有如此，才有可能取得好的应用效果。

1. 受众黏合

媒体竞争的出发点和归宿是受众，因此电视媒体应用微信的主要目的也是尽可能多地争取受众。微信在功能设置上为电视媒体争取受众提供了很多通路和渠道。电视媒体目前的微信用户基本上是坐等客户上门，通过积极招揽的很少，用得较多的是二维码。电视媒体应突破既有局限，深入挖掘微信的功能，吸收和固定微信用户。

（1）用好漂流瓶功能。

一方面主动“捡一个”。电视媒体在微信漂流瓶的海洋中捡拾与节目定位相似的漂流瓶，“捞”到后可以和对方进行对话，使其成为自己的用户。另一方面主动“扔一个”。电视媒体可以用语言或文字等做成漂流瓶投入大海，等其被其他用户“捞”到后打开对话。为了吸引受众“捞”的兴趣，电视媒体可以把漂流瓶设计为公益活动或奖励等。

（2）用好“摇一摇”功能。

电视媒体要定期“摇一摇”，发现目标受众，利用爱好、背景、区域等与节目的相似性，或者明星、著名主持人等的近距离接触作为激励手段，

更多地吸引其他的微信用户成为自己的受众。

（3）用好位置签名功能。

微信用户有利用定位功能——查找“附近的人”的习惯，根据自己的地理位置查找周围的用户。电视媒体可以在微信的用户签名档加入受众感兴趣的信息，在微信用户查找附近的人时向他们推销自己的节目，引起他们对节目、对微信的关注。

（4）用好敞开平台功能。

运用微信敞开平台，电视媒体可以通过微信的敞开接口接入第三方使用，使微信用户可以随心所欲地利用第三方使用功能挑选电视媒体的微信内容，并方便地把这些内容共享。

2. 内容推送

电视媒体受众与微信用户之间是一种强相关的关系，如果不管微信用户的心理特点，不考虑他们的需求，不管不顾、不加区别地向他们推送各种节目信息，必然会招致他们的反感甚至抵制。电视媒体推送信息，应充分考虑微信人际传播的特性，回归与受众最真诚的人际沟通的本质。电视媒体应研究受众都喜欢什么样的信息，喜欢什么时候接收信息，喜欢用什么方式表达等，然后再利用公众平台的推送功能有的放矢地推送。

电视媒体可以在微信中推送节目预告、节目内容等常规信息，但这类信息由于受众在常规渠道都可以轻松获得而变得对受众而言没有差别性和必需性。因此电视媒体在推送内容时应加以创新，不断以新形式和新内容满足受众的好奇心。当前卫视官方微信所进行的内容推送中，比较受喜爱的是主持人或明星嘉宾与受众互动聊天的方式，受众可以通过微信与他们进行语音交流，这种互动形式感觉更加真实，受众可以通过这种方式更近距离地“接触”平时远距离的明星。因此电视媒体应定期安排知名主持人与受众微信互动，或者在新电视剧播出时要求主创人员与受众实时在线交流，从而为受众提供更多喜闻乐见的内容。

实践中电视媒体也在内容推送方面进行了探索，效果不错。东南卫视的官方微信每天以一个时下热点话题作为主要推送内容，在版面的设计上，图片所占的位置多于文字所占篇幅，整个卫视官方微信感觉像是一本图片杂志，视觉效果强烈，受众阅读起来不仅不会觉得乏味，反而感觉趣味浓烈。安徽卫视的官方微信遵循其卫视母体定位，走“剧行天下”的路线，在版面编排上，热播剧的内容永远排在前面，并且配以相关图片。除此之外，安徽卫视还开辟了官方微信栏目——《海豚幽默》，主要内容是一些短小轻松的小笑话，用来取悦受众。湖北卫视官方微信为其重点打造的节目《我的中国星》制作微信特刊，整个特刊分为 5 个小标题，多角度全方位地报道《我的中国星》，让人对这档节目印象深刻。

3. 受众参与

在坚持人民主体地位的今天，受众越来越要求成为电视传播活动的主体，越来越希望参与到整个电视传播活动的过程中来。电视媒体应用微信的目的除了进行品牌推广和市场营销外，应该把微信经营成为受众参与电视传播活动更为直接、更为方便的途径。

电视媒体对微信的应用可以分为与节目播出同步、与节目播出不同步两种。与节目播出同步的微信应用可以定义为微信直播。一方面，微信直播可以使电视媒体与受众实现实时互动。另一方面，实时互动是电视媒体与受众互动的最高境界，在电视直播难度大、难以为受众实时互动提供条件的情况下，微信直播创造的实时互动将有可能带来电视传播模式的变革。因此，笔者力推电视媒体在对微信的应用中应更多地采用微信直播。

（1）参与讨论。

在电视直播的状态下，电视媒体可以同步开通微信直播。电视媒体可以有意识地开办话题性讨论节目，让受众通过微信实时地发表对特定主题的意见和看法。受众发表的观点可以是文字，可以是图片，也可以是音频或视频。电视媒体把这些观点加以整理、分析，应用到节目中，既可以作为节目的观点主体，又可以作为既有观点的佐证或论据。由于微信用户的背景都比较复杂，因此他们发表的观点将会在风格、特点等方面多姿多彩，有效地去除一些节目的“八股”味，使节目更加活泼，更好地接地气。

（2）提供内容。

“三贴近”是党对电视媒体发展的要求，在形式、内容和心理三个层次的“三贴近”中，从心理上的贴近性是“三贴近”的最高层次。由于教育、阅历等的限制，电视媒体的记者、编辑在“三贴近”上总有一定折扣。由下图可知，有 77.25% 的微信用户会在不同范围内发布文字、图片等。微信用户的这些习惯为他们向电视媒体提供内容打下了基础。通过微信用户提供节目内容，不但可以丰富电视媒体的内容资源，而且可以由于受众拍，拍受众，完全独立地体现受众的思维方式，因此能够从形式、内容和心理各个层次上都较好地做到“三贴近”。

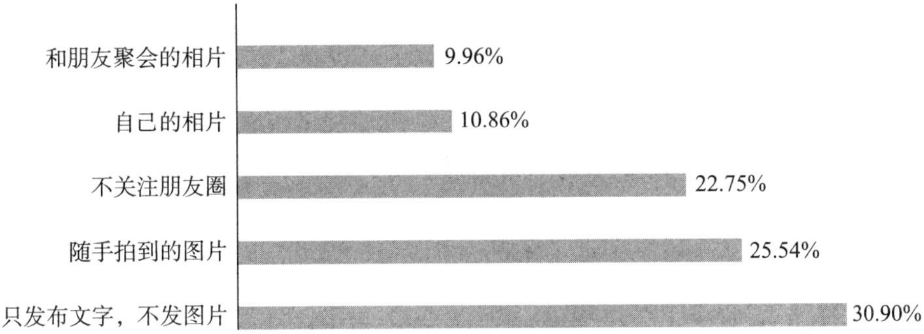

微信朋友圈发布内容的形式①

通过微信用户，电视媒体可以实现对突发事件，对受众的身边情、人间爱做到无盲点覆盖，将会大大提高电视媒体的快速反应能力。湖南卫视在其推出的“爱在春天随手拍春天合影”的互动活动中，利用文字与图片结合的方式，要求受众拍下和《爱在春天》电视直播合影，添加内容上传至微话题“爱在春天”，参加互动活动，这种互动形式相较于单一的某种形式，显得更有趣，更能吸引受众参与。

① 《微信用户行为特征调查分析》，2013 年 4 月 26 日，http://www.techweb.com.cn/data/2013-04-26/1292733.shtml。

（3）节目评价。

现有的电视生产和传播过程中也有一些评价方法。如市场导向的方法、电视的收视率等。这些方法的弊端很明显，一是过于强调市场导向，容易导致一味迎合受众，品位低下。二是很多方法以问卷调查为主。由于绝大部分人有趋利避害的心理，因此在问卷调查的过程中，调查对象在接受问卷调查时，一般会朝着对自己有利的方向回答问题，对自己不利的答案一般会加以回避。这大大影响了调查的客观性。三是大多具有表面性，属于行为评价，很难反映受众的真实心理特征。四是具有滞后性，很难实时、及时反映受众的真实意见和观点。还有如专家评价的方法、各种评奖等。这些方法经常出现脱离普通受众的合理趣味和需求的状况。而且目前这些方法最大的问题是彼此之间难以形成有效互动，不但不能互相映射，而且有时甚至互相排斥、自相矛盾，因此实践中经常出现叫好不叫座、骂声一片反而收视飘红的怪现象。

微信等为代表的网络虚拟社区的形成将网络的交互性能发挥到了极致，受众不再是被动的信息接收者，甚至不是传统意义上的媒介消费者，而是主动的信息接收者、信息传播者和行为参与者，在颠覆了以传者为核心的传统媒介文化体系的同时，也建构起一种以虚拟社区为平台和载体的全新的媒介文化样式——参与式文化（participatory culture）①。

显然，以微信为渠道对电视节目进行评价具有及时性和深入的态度评价等优点，能够很大程度上弥补现有评价体系的不足。因此，电视媒体应通过微信随时搜集受众对节目的看法，并把这些看法进行分析整理，作为评价节目的主要依据，纳入节目评价体系。

① 李德刚：《新媒介素养：参与式文化背景下媒介素养教育的转向》，《“传播与中国”复旦论坛（2007）：媒介素养与公民素养论文集》，2007年。

第四节　女性电视形象的塑造[1]

随着我国妇女事业的不断进步和电视事业的快速发展，我国女性电视形象由沿袭电影而来的“高大全”一统天下，日益变得多样化，日益变得符合我国女性现实状况的实际，正成为解读我国女性“媒介化生存”的较好载体。电视在直接或间接助力女性确立积极的文化身份的同时，也对女性在社会生活中能否获得自觉的文化认同产生着某种深远的影响。深入了解并识别电视按照“性别意识形态”的逻辑框架来“安排”和“引领”我国女性媒介形象社会展演的过程，将会对解决女性电视形象的再现匮乏（underrepresentation）和错误再现（misrepresentation）[2]等问题提供极富启发意义的特有视角。

一、电视媒体持续为主流社会输送理想女性的榜样与典范

“理想女性”概念的提出本身就带有非常鲜明的性别权力意味，所谓“理想”必要先问是谁的理想？是怎样的理想？而中国传统男权社会认同的媒介塑造的理想女性形象早有学者以“温顺”“从属”“柔弱”“小鸟依人”“贤妻良母”等关键词来描绘。而考察我国女性电视形象，我们发现的一个重要趋势却是电视还在持续不断地为主流社会输送理性女性的榜样与典范，

① 引自李岭涛、王艳发表于《当代电视》2013年第9期的《见诸电视的我国女性形象分析》一文。有删改。

② 1988年，在上海举办的“大众媒体中的妇女形象论坛”上出现了关于媒体中女性形象的最早公开讨论，从那时起，越来越多的研究开始关注大众传媒中的女性形象问题，他们大都发现当代中国媒体里普遍存在着对女性的再现匮乏和错误再现。参见陈阳：《协商女性新闻的碎片——20世纪90年代以来中国媒体里的国家、市场和女性主义》，西安：陕西人民出版社，2006年版。

但“理想”的内涵发生了重大变化。这从中央电视台倾力打造的、被誉为“中国人的年度精神史诗”的“感动中国”人物评选出的那些具有独立、勇敢、坚毅、乐观向上、大善至爱等品质的女性获奖者中可见一斑。这不仅传递了以央视为代表的“主流媒体”对“主流社会”关于中华民族理想女性的“主流价值取向”，也见证了中国当代女性的持续自觉与自立：她们或是因挫折而成长，或是于平凡中见证伟大，或是在大时代中展现大情怀。受此影响，一个时期以来我国各级各类电视机构都纷纷开展了“十大杰出母亲”“十佳妈妈”“可爱母亲”“魅力妈妈”等“榜样女性”的人物评选。从社会发展的角度来看，这些大众传媒实践不啻为我国女性群体与女性事业的不断进步留存了弥足珍贵的榜样档案。

二、电视媒体精心撰写并导演成功女性典范的社会脚本

2012 年 9 月，SMG 东方卫视与新娱乐联合推出的大型女性歌唱真人秀节目《妈妈咪呀》在全国掀起了收视热潮，该节目通过电视媒体让那些因为成家而让歌唱理想搁浅的“绝望主妇”们在节目中一展歌喉，华丽转身成为“逆袭的成功女性”。而翻开我国女性电视形象塑造的编年史，2004 年中国湖南卫视举办的针对女性大众歌手的选秀赛《超级女声》节目与央视 2006 年《百家讲坛》节目连续七天播出的专题讲座“于丹《论语》心得”也同样是无法跨越的经典事件。前者以电视之力为平民女性转型为成功女性开辟了“绿色通道”，李宇春、张靓颖等亲身演绎了“灰姑娘”一夜之间蜕变为“玻璃鞋公主”的神话，湖南卫视也凭借旗帜鲜明的“女性励志”主张受到全国受众的追捧，更鼓舞了万千我国女性踊跃投身于这之后的各类“平民电视选秀”活动中，“超女”亦从此成为新世纪媒介造就的成功女性的别样名词。而后者则成功演绎了于丹这一学术领域的“超女”跨界电视媒体的神话。诚然，于丹的社会声望的取得与时下正值复兴的“国学热”不无关联，但电视媒体有关于“美女讲学术”的概念炒作无疑助推了一种文化现象的形成，更颠覆了“女子无才便是德”的传统女性认识桎梏——

尽管其重点仍未摆脱先“美女”后“学术”的男性视角。

事实上，当代中国电视媒体对于成功女性典范形象的塑造场域正日益广阔，路径也越来越多元。除去大张旗鼓的选秀活动，女性励志题材电视剧的创作已然形成一种独特的样式与类型。2008年湖南卫视根据风靡全球的都市喜剧《丑女贝蒂》改编完成的自制电视剧《丑女无敌》更是成为媒体精心撰写并导演的成功女性典范的又一社会脚本。今天，在我国女性争取成功的道路上，电视媒体已不再满足于“事后的宣传和歌颂”，转而热衷于“事前的参与和策划”。从这个意义上说，“成功女性的电视形象”与“成功的女性电视形象”形成了一种事实上的奇妙的互文关系。

三、电视媒体参与制造并推动问题女性群体的社会讨论

作为社会和文化的一面镜子，电视媒体或出于社会责任的考量，或出于经济利益的权衡，每日都会源源不断地为受众设置“问题议程”，而其中的女性问题议程由于兼具了上述两种属性，因而得到了电视媒体的普遍青睐——“问题女性”形象亦由此被塑造和被关注。这在一大批家庭伦理电视剧的创作中得到了集中的展现，比如《婆婆媳妇小姑》《双面胶》《中国式离婚》《新结婚时代》《王贵与安娜》《青衣》《裸婚时代》《婆婆来了》《丈母娘来了》《新恋爱时代》等都从各自的角度和层面、生动鲜活地反映了不同女性在纷繁的社会生活中所遇到的种种现实问题和心理危机。这其中不乏“集体性焦虑”，比如婆媳之间的永恒冲突、婚姻面临的各式考验与诱惑、女性职业生涯中遭遇的巨大压力，等等。可以说，这些电视剧的艺术创作都隐含了非常丰富的社会讨论资源，极易成为电视媒体进行女性身份建构的素材来源。

2008年，一部电视连续剧《蜗居》不仅生动描写了当代中国高房价下的各种疯狂和苍凉，还折射出了在金钱与权力的步步紧逼之下我国女性严峻的生存危机与情感困境，其中一些敏感的社会问题，如“婚外恋”“小三”等更是一度引发了全国范围的社会大讨论。而20世纪90年代以来，

由电视剧引发的女性问题大讨论共出现过五次（见表6-6），几乎每一次全社会都将我国女性电视形象当作标本进行解剖和诊断。但需要指出的是，表中的电视剧都同时荣获了“中国电视剧飞天奖”和“中国电视金鹰奖”，其传播价值与社会影响力得到了官方与民间空前一致的认可。前者是中国电视剧最高“政府奖”，后者则是国家级的唯一以受众投票为主评选产生的电视艺术大奖。而《蜗居》则由于某些众所周知的原因没能斩获上述任何一个电视艺术奖项，这无疑也就意味着以“海藻”“海萍”等为代表的女性电视形象并未得到来自主流意识形态的认可。事实上，通过这些讨论我们看到的是女性在社会转型期与自己、与外部世界的紧张关系以及她们试图突破困境的努力，对此电视媒体给予了艺术而忠实的记录，并启迪了受众的思考。

表 6-6　电视剧引发的女性问题

年代	剧名	女主角	引发社会讨论的女性问题征候
1990	《渴望》	刘慧芳	逆来顺受的自虐者[①]
1994	《过把瘾》	杜梅	对爱情极度缺乏安全感
1999	《牵手》	夏晓雪、王纯	在婚姻中丧失独立人格、婚外恋
2002	《空镜子》	孙丽	在追求幸福中与幸福擦肩
2008	《金婚》	文丽	婚姻不同阶段中女性的矛盾与困惑

而近年来另一个由电视媒体一手制造并推动的问题议程则是“大龄剩女愁嫁”。无论是电视剧《好想好想谈恋爱》《张小五的春天》《大女当嫁》《李春天的春天》等的播出，还是各个省级卫视相亲节目的同质化竞争，都引发了广泛而持久的社会争鸣。“从女性发展与变迁的脉络来看，不难发现，‘剩女’窘境引发的女性危机其实是一种建构的性别危机，根植于建构女

① 本文认同著名文化学者、批评家朱大可在《流氓的夜宴》中的观点，他认为逆来顺受的刘慧芳原本是个饱受讽刺的对象，结果竟成了国家主义重构道德理想的光辉样板。“这是中国现代史上最严重的一次集体文化误读。”

性与女性建构的撕裂。”[①] 这其中，电视受众在感受、体味和同情“问题女性”的内心纠结的同时，也见证了某些电视机构对“大龄剩女”群体缺乏起码的尊重和诚意，诱导受众肆意消费女性、意淫女性——难怪有学者直言：“剩女的出现是进步，而媒体对剩女的过度关注可能是倒退。”

四、电视媒体为非主流女性提供表演与生存的社会舞台

2012 年，干露露母女三人在江苏教育电视台竞猜节目《棒棒棒》录制过程中撒野、大爆粗口，造成了极坏的社会影响。原国家广电总局在叫停该节目的声明中指出，江苏教育电视台罔顾媒体社会责任，为丑恶言行提供展示舞台，违背了媒体职业道德，败坏了媒体形象。无独有偶，2009 年底 2010 年初，湖南卫视《我们约会吧》和江苏卫视《非诚勿扰》等婚恋交友真人秀节目也曾因为默许为“非主流女性”提供极为宽容的社会展演空间而招致非议和批评。由此，马诺、闫凤娇等一批语言大胆犀利、毫不掩饰物欲主张的“非主流女性”由此成为电视焦点，其毫不掩饰的“非主流”的拜金价值观和电视媒体为博取收视率而不惜让“无聊的东西充满了意义”“语无伦次变得合情合理”[②] 的做法一度引发了社会舆论的极大不满。

由上述分析可知，我国女性在电视媒体中的“形象再现”问题随着社会文化背景的持续变化而日益显要。一方面，我们看到并承认我国女性群体与女性事业的实质性发展，女性参与各项社会事务，特别是接触与使用媒介的机会在不断增加；另一方面，我们也看到在电视的“安排”和“引领”下的女性形象塑造对电视媒体和社会都带来了不同程度的影响。

从电视媒体层面来看，女性电视形象塑造产生的“乱码”占据和消耗了大量媒介资源，某些女性电视形象被置于缺乏尊严和道德感的绝望境地，这不仅会引发女性群体与电视之间的紧张关系，更会败坏电视媒体自身的

① 左雪松、夏道玉：《建构女性与女性建构——建构主义视阈中“剩女”危机引发的社会学思考》，《妇女研究论丛》2008 年第 5 期。

② [美] 尼尔·波兹曼：《娱乐至死：童年的消逝》，章艳、吴燕莛，译，桂林：广西师范大学出版社，2009 年版。

品格和灵魂。对此，电视媒体应当明确自身所承担的重要的社会责任和舆论引导功能，对女性的电视形象塑造和传播保有足够的人文关怀，并努力消除被刻板化、被扭曲化了的女性媒介形象，最终营造出两性平等的社会公共话语空间。

从社会层面来看，围绕女性电视形象展开的“消费主义竞技”暴露了整个社会对女性群体缺乏起码的诚意与尊重，由男性主导的对女性媒介形象的消费趣味不仅败坏了社会风气，也最终导致了女性与男性间的社会发展鸿沟因“文化霸权”的蓄意偏向而不断加剧。在这样的社会现实语境下，电视媒体理应努力完善女性形象塑造的手段和技术，从而为女性谋求更多的平等发展的机会，最终避免男女性别“发展之沟”演化为性别“对抗之沟”。

总的来看，我国女性电视形象的塑造不仅包含有积极、健康的“正能量”释放，而且有对女性问题、女性意识的严肃观照与思考，当然这中间也不乏由于某些失当的女性形象塑造带来的不和谐。面对上述复杂的情况，电视媒体要勇于消除传播偏见，敢于冲破自身的局限，以自身的媒介实践为女性建构更加完善的形象与身份。

第五节　垂直类文创节目的文化传播力①

当前产业形态升级需要新旧动能转换，文化创意产业是促进国民经济增长的朝阳产业。我国历史文化悠久、各地文化资源丰富、可供开发的文化创意产品类型多样。“文创节目”是文化创意节目的简称，是着眼于优秀历史文化的传承和创新、文化创意的发掘与推广、服务文化创意产业的节目类型。文创节目的亚类型多样，其文化传播效果差异明显。本文以目前

① 引自李冬梅、李岭涛发表于《中国电视》2019年第8期的《垂直类文创节目的文化传播力解析》一文。有删改。

国内电视台播出的聚焦文创产品开发设计的文创节目，即垂直类文创节目为例，分析影响文创节目文化传播力的结构要素，即影响文化内驱力的动能、形成文化创新力的质能、构成文化融合力的场能、促进文化推广力的势能几个方面。

一、动能：垂直领域选题的文化内驱力

文创节目的创意策划理念和选题思路决定了其文化内驱力的大小和方向，影响着传播动能的大小。

1. 传承创新传统文化，寻找文化传播的情感共鸣

在文化创意产业大发展的背景下，将优秀传统文化资源进行创造性转化与创新性发展，展示中华民族的文化瑰宝成为媒体创新热潮。优秀的文创节目的制作理念内蕴了文化传承与创新的使命感，厚重的文化底蕴和文化自信可以提升节目的文化品位，增强民众的文化自信，在文化传播中形成情感共鸣。

北京卫视《上新了・故宫》倡导的是“让文物活起来，把故宫文化带回家”，渗透的是家庭文化伦理、家国情怀、匠人精神、科技与艺术追求等，是带有文化共通性的部分，产品“上新”的目标是让创新的故宫文化满足普通人美好生活的期许。《创意中国》中创业项目背后是中华民俗、文化IP开发的故事。央视财经频道的《时尚大师》要求新锐设计师化用东方元素和中国意象，为服装设计注入文化之魂。湖南卫视的《百心百匠》的精髓讲的是传承的精神在于创新。江苏卫视的《匠心传奇》聚焦于殿堂级的非遗大师和艺术大师，以学徒传承的方式传递“意匠”概念和工匠精神。浙江卫视的《漂亮的房子》传播的是传统建筑美学，借助艺人们的体验和建造，感受自然、自由和现代生活的真谛。这些都使得文创节目的意义生成更为自然有深意。

2. 提升文创产品价值，增加文化传播的社会效用

文化的创新体现在与现代生活产生关联，通过对传统文化元素的重组、

改造和设计，转化为活化的文化形态。同样，文创节目的选题要有时代新意，研发的文创产品要有一定的艺术审美价值和实用价值，展现出技术创新和文化创新。比如《上新了·故宫》有应用人工智能技术的阿尔法蛋，十套故宫文化衍生品的众筹热卖是对消费者新需求的有效发掘和满足。《漂亮的房子》中用智能技术控制居室窗帘的自动开合，设计师的真才实学和建造材料的真材实料保证了房屋结构造型与功能的高标准，这也是节目多项建筑设计获得设计大奖的原因。《时尚大师》则将服装设计与中华传统文化艺术结合，通过评委的文化解读和选手的相互点评，时尚不再是高高在上，而是有了人间烟火气。当文创节目中的设计产品获得消费者的青睐，也就保障了节目文化传播的社会辐射面。

3. 转化节目商业元素，减弱文化传播的网络噪音

文创节目需要合理转化商业元素，否则过多的商业气息会放大节目传播中的网络噪音，影响节目口碑。第一，可以用展演、创投、竞技概念将商业元素职场化，例如北京卫视的《创意中国》加入竞技表演的开场环节，打造了战队比拼和项目创投的场景。央视财经《时尚大师》中十场比拼角逐出的优秀选手有机会与时尚大师合作完成公益联名款；第二，可以用众筹方式将商业元素合理化，例如北京卫视的《上新了·故宫》发起的是消费者主动参与的众筹上新的活动。第三，用公益行为将商业元素生活化，例如浙江卫视的《漂亮的房子》与当地乡村文化和公共文化建设结合，赢得地方和行业机构支持。第四，用策展与学艺将商业元素大众化，例如江苏卫视的《匠心传奇》和湖南卫视的《百心百匠》借高规格策展和明星学艺话题获得大众认可和文化圈层的知名度。因此，找到文创节目逻辑构建的突破口，弱化商业性以减少文化传播的阻力。

二、质能：节目形态升级的文化创新力

在媒介融合的时代，作为文化传播的媒介载体的文创节目需要创新艺

术审美体系和叙事技巧，融入个性化和差异化的网感，实现节目形态升级，为用户提供高品质的传播内容。

1. 组合创意元素，把控传播内容的品质

创意元素包括主体、产品、创意过程和环境四个方面，它们的优化组合可以实现文创节目形态的创新。

首先，从主体要素看，文创节目的嘉宾要遴选得当。江苏卫视的《匠心传奇》以意匠大师为主、12 位明星为辅，70 后嘉宾居多，杨澜身兼主持人和策展人多重身份。北京卫视的《上新了·故宫》则以热爱历史文化的邓伦、周一围两位演员作为新品开发员，处于上升期的年轻流量艺人为节目带来更多关注度。《创意中国》邀请的国际国内知名设计师和设计新人的理念碰撞成为节目看点。《漂亮的房子》中毕业于建筑学系的吴彦祖和冯德伦导演带领筑梦小队完成挑战任务。

其次，从设计过程来看，不同节目对解决问题的场景各有偏倚。《上新了·故宫》把观察探索故宫的未开发区域，发掘灵感元素作为重头戏，交流产品设计仅约占 10 分钟。《匠心传奇》和《百心百匠》细致记录非遗传承人和艺术大师的创作过程并深度访谈。《时尚大师》则较为完整地展示了命题发布、寻找灵感、作品创作、理念阐述及展示的过程。《漂亮的房子》突出互动亮点，省略了烦琐的建筑房屋的过程。

再次，从设计环境来看，文创节目要充分利用文化发展政策和资源条件，符合中华优秀传统文化传承发展工程的实施意见。北京卫视《创意中国》的有利社会条件有：政府鼓励发展对环境破坏小、投入产出大、智力密集型的文化创意产业类型，北京市自 2016 年每年举办大型文化创意大赛。浙江卫视《漂亮的房子》基于乡村文化发展需求，嘉宾深度体验后改造或创建适合地域文化特色的房子。

最后，从产品类型来看，节目设计的产品追求精品化。《上新了·故宫》中开发的故宫 IP 产品有电子类、文娱类、生活用品等，在价格和品类

上避开与故宫其他文创机构的竞争。江苏卫视的《匠心传奇》定位于传世经典之作。央视财经的《时尚大师》是针对中国传统意象命题，如吉祥图案、水墨丹青、东方旋律等的服装设计。

2. 讲好中国故事，预设文化传播的话题

文创节目中可以用访谈、脱口秀、表演、小剧场、真人秀等讲中国故事，比起宣讲说教，人格魅力和人性光辉更能打动受众。比如《漂亮的房子》中吴彦祖和冯德伦互动、聊成长史成为话题生发点。《上新了·故宫》的历史小剧场中精心演绎的故事让受众情感代入。《百心百匠》讲到离散四百多年的两把同款古琴在修复师家中奇迹会合的故事，讲述者把古琴视作生命个体，饱含深情的自述有跨时空对话的感染力。《时尚大师》讲述设计师多年留学后克服阻力坚持中国风设计和设计师在云南贫困地区支教、关爱孩子做免费公益眼镜捐助的故事。

预设悬念以增加戏剧冲突。《上新了·故宫》每期开场给出主题任务和线索，构成结构性悬念；在每个建筑场景和文物介绍时，明星嘉宾好奇的问题引发受众的思考。《匠心传奇》预设冲突情境，用明星费劲心力做出的有瑕疵的工艺品不仅不能带走，还要悉数毁掉的心痛来反衬大师的匠心追求。《时尚大师》邀请的设计师选手风格不一，为演播室内的观点碰撞埋下伏笔。

3. 考究后期制作，提供文化传播的物料

文创节目的后期制作要专业化和创意先行，需有导演思维和项目推广意识，既能熟悉节目的逻辑线索，又能预测受众热议的看点。后期制作中快节奏的镜头组接可以把控受众心理节奏，例如《百心百匠》把感受唐卡文化的 12 个小时转山过程剪辑成 6 分钟正片，还可以用风格化的背景音乐制造情绪化的体验氛围。

大千影业承担了《上新了·故宫》和《漂亮的房子》节目的后期制作，会根据事件的心理节奏点剪辑素材，便于二次加工成系列短视频，为裂变

传播提供了物料。节目用动画特效赋予猫、一草一木对话的趣味性，用花字着重标出嘉宾感悟自然、人生、人际关系等的金句和节目的主题寓意，这些也消除了文化传播的受众的年龄隔阂。

三、场能：多方联合运营的文化融合力

文创节目的项目运营包括了文案、活动、市场、用户、新媒体等。这里的场能指节目联合运营的多方机构，如节目制作方、播出平台、广告商及其他社会机构与力量的阻力和支持力的综合，通过场能优化整合可形成文化融合力。

1. 制作公司专业推广，深谙用户运营之道

在文化垂直领域深耕多年的文化传媒制作公司有成熟的运营理念和技巧，并积累了业界资源。以获得 2018 年微博综艺大赏文化类综艺节目的第一名的《上新了·故宫》来说，春田影视公司团队研读专著查找文献摘录笔记，节目开播前后，导演、制作人等相继在微博发声，主动评论和分享节目的信息，与媒体记者畅谈节目的幕后故事。团队全员参与营销推广，打造了值得信赖的专业团队品牌形象。央视财经频道《时尚大师》则由与央视有多次节目合作的北京爱享文化传媒有限公司制作。

2. 播出平台诚意合作，凸显市场头部效应

当电视台、视频网站与文创节目的文化主题契合，并能提供较为有利的播出时段和推广资源时，可实现协作创新和文化价值观的共鸣。北京卫视先后打造了系列文化综艺节目、文化传承节目，站立在文创大潮的潮头。江苏卫视、浙江卫视、湖南卫视同为一线卫视，在改革开放 40 周年之际，积极扶持播出公益、经济、科技和文化节目。央视财经频道贯彻了服务百姓经济生活的理念，把衣食住行有关的服装节目类型《时尚大师》提上日程。爱奇艺、腾讯视频、优酷、芒果 TV 等主流视频网站近几年加大了对非遗纪录片、文化综艺节目的投资支持力度，甚至成为一些节目的联合出品方。

视频网站通过泡泡社区、漫画作品、衍生节目、投票评论、会员版等提升文创节目的知名度和美誉度，用一些创新性的互动玩法吸引了网友的关注度。

3. 广告品牌创意植入，助力企业文化传播

广告运营商的企业文化理念、品牌文化的精神内涵要与文创节目契合。文创节目中的植入广告要有趣、有用、有意义，形成品牌积极联想。浙江卫视《漂亮的房子》的赞助商夏普的产品理念是“简单生活，回归美好本源”，在节目中多以自然生活化、少而精要的方式植入。北京卫视《创意中国》和《上新了·故宫》均设置了收官盛典，除了褒奖优胜的项目或上新产品外，还起到了穿针引线植入企业品牌的作用。《时尚大师》把京东的 Logo、卡通形象以背景板和道具植入节目中，并用二维码与口播导流到京东时尚大师的专区频道。广告商也可直接参与节目的线上线下推广运营，比如产品的包装附加上节目信息及文化元素，在微博和公众号进行文化营销，借助明星效应，用创意的社交互动和热议话题激发网友的“约会期待”，实现企业与节目文化传播的相得益彰。

4. 社会资源优化整合，实现共同目标追求

文创节目的出品方除了制作公司和电视台外，还可能有投资公司、其他文化传媒公司等。另外文化创意行业主管部门、文化艺术机构、文化产业联盟、文化艺术投融资机构、公益性组织与机构、活动组织、高校社团、设计团队和公司等都可以调动起来，在新闻发布会、社会化营销等方面共同策划与协调，实现项目的社会资源整合和可持续发展。《创意中国》第二季节目“由中共北京市委宣传部、北京市国有文化资产监督管理办公室、北京市文化投资发展集团首次联合指导，北京市文化创意产业促进中心、北京电视台、大业传媒集团联合出品。本季将成立由北文投、IDG 资本、文资大业等二十家业内知名投资机构领衔的投资团，设立总值 10 亿元资金池的‘创意中国领投基金’，从而带动数十亿元参投资金，撬动超过百亿

元的产业并购资金。”[①]

四、势能：圈层突破的文化推广力

强势能的文创节目的文化推广力将势如破竹般层层突破，从垂直领域的受众群和用户群不断地扩散，形成全媒体的文化传播力。

1. 节目受众与社交媒体粉丝的重合圈层

一般文化类节目都有两微一端一抖，节目相关信息会通过社交媒体分享互动。电视节目的受众包括了用电视机直播或回看、视频网站点播、各个媒介短视频收视的受众。其中电视受众与社交媒体重合圈层的粉丝群体更为主动、活跃，部分粉丝会自发组成节目社区，如微博的超话（超级话题）。北京卫视《上新了·故宫》有节目同名微博超话以及“邓伦上新了故宫”等多个超级话题。节目的最新资讯在超级话题能及时分享传播，并扩散到一些自媒体，实现话题的发酵。

2. 深度沉浸的用户圈层

以产品思维来看待文创节目，用户在产品的认知和记忆阶段，对其信息传播和文化理念的理解还较为粗浅，到了深度浸入的文化体验和购买消费阶段投入的时间和成本更高，会有更多的主动传播和评价行为。《上新了·故宫》深度沉浸的用户包括众筹购买上新产品的消费者、到故宫实地游览文化体验并购买周边产品的游客、制作节目笔记并分享的群体，另外还有已成为节目中设计师、制作团队的作品用户的粉丝。同样，《创意中国》的名人评委和创业代表用鼓舞人心的文化宣言、创业激情和对历史文化的热忱聚集起一批文创产品的忠诚消费者。

3. 意见领袖带动的精英文化圈层

通过意见领袖将精英文化圈层带动起来，再通过他们的社会活动、思

① 《北京卫视第二季〈创意中国〉正式启动》，搜狐财经，2018 年 9 月 21 日，http://business.sohu.com/20180921/n550242582.shtml。

想传播和文化交流，可以让文创节目的文化传播力扩散得更远些。毋庸置疑，获得权威主流媒体的认可与褒奖是文创节目传播效果的实证，这样的电视节目多有以下特点：传播爱国情怀、美好品德、忠诚信仰，有对优秀历史文化的体认、极致艺术创意的展现、对美好生活的热爱、跨文化交流的感人事迹、中国故事的艺术化表达等。《上新了·故宫》播出期间紫光阁官微两次发博，其中褒奖了故宫人守护南迁国宝的精神。《匠心传奇》亦获得《人民日报》和《光明日报》的赞誉。《人民日报》、紫光阁、共青团中央、《新京报》、《环球时报》、央视新闻等的集体发声，会极大地提高文创节目的声量。节目的文化影响力不仅得到了权威认证，还经过这些媒体的千万级粉丝进一步扩散开来，这样的文创节目更容易在高级别的评比中获得奖项。

4. 全民狂欢的大众文化圈层

文创节目还可以传播扩展到与普通人生活贴近的大众文化圈层，为此文创节目的项目推广运营团队要付出更多的心血，了解大众的普遍需求，制造热点话题，借突发事件巧妙公关，推出创意视频，发掘真情实感的故事，注重节庆日节点的营销，尝试移动端应用的新技术和新产品，力争让每个接触到文创节目的个体转变为节目的传播者、用户和消费者，实现全员媒体、全息媒体和全效媒体，达到最广的传播半径。能以文创节目为核心，衍生完整的文化创意产业链，形成全民参与的热度，这是文化创意节目的文化传播力的实力表现。

总之，目前国内的文创节目是糅合了多种节目形态的垂直类节目，随着我国文化创意产业的繁荣发展，未来的文创节目的亚类型会更为丰富。在动能、质能、场能和势能方面优化配置的文创节目会有更为亮眼的文化传播力表现，这也是文创节目的创新方向。

第七章　电视发展的案例分析

第一节　美国在线并购时代华纳[①]

21世纪的钟声刚刚敲过，经营上网服务业务不足五年的美国在线并购了具有77年历史的世界传媒娱乐巨头——时代华纳公司，创造了全球迄今为止最大的企业并购案。并购之前，美国在线的股票市值为1640亿美元，时代华纳公司的股票市值为970亿美元，并购后成立的美国在线-时代华纳公司资产市值达3500亿美元，年收益额将达300亿美元，成为互联网和传媒业的巨无霸。这一超级“世纪联姻”是全球第一次传统“线下”媒体和新兴“线上”媒体的合并，被称为对“旧媒体的整合”，有人评说此举是“21世纪传媒取代20世纪传媒的历史见证”。据美联社报道，美国在线与时代华纳公司之间的交易可能引发生产电视节目、音乐磁带的传统媒体与急于拥有娱乐产品的网络公司之间新一轮的合并热潮。微软公司、美国电报电话公司和雅虎公司等高技术公司期待与传统媒体合并，新闻公司、维亚公司和MGM等传统媒体也正在探讨与网络公司合并的可能性。如果这些合并能够实现，将对新兴网络媒体业和传统媒体业形成强大的世纪冲击波，重重冲击传统的信息交流和生活方式。

---

① 引自李岭涛发表于《广播电视信息》2000年第4期的《并购华纳也拉响了我国电视业加速发展的汽笛》一文。有删改。

一、未雨绸缪，超前决策

由于体制等各方面的因素，美国在线并购时代华纳公司形成的冲击波离我们似乎还很遥远，但事实却并非如此。第一，网络企业的价值和规模增长速度十分惊人，美国在线于1995年才开始全面为客户提供上网服务，但当年下半年用户已经增加一倍，全面运作之后的第五年，即1999年其营业额已达48亿美元，利润则为7.6亿美元，而时代华纳公司1998年底的营业额虽然远远超过美国在线，达到268亿美元，但盈利仅为1.68亿美元。现在国内网络企业的实力虽然与电视业不可同日而语，但随着上网用户数突破1000万这一盈亏平衡点，它们的发展不可限量。第二，在中美签署的关于中国加入WTO的协议中已明确，取消外国公司在中国建立网络公司和开展网络服务的限制。在此背景下，早已对中国巨大的市场虎视眈眈的外国网络公司必然会大举进攻。第三，我国电视业的优势很大程度上来自政府的保护，由于实行了严格的政策管制，尽管空中有数十颗卫星和近百套外国电视节目覆盖我国，但它们却难以落地入户，未能对我国的电视业构成威胁；而互联网则不同，我国的互联网从建设之初就已成为全球互联网的一部分，国内网民可以访问国外的任一站点。美国在线并购时代华纳公司，将为外国传统媒体找到打入我国电视市场的突破口，外国传统媒体从此可以直接对我国的电视观念施加影响。第四，1999年3月，国务院批准国家广电总局与中科院等单位联合，建设信息高速公路示范工程，这表明我国电视业已经进入互联网领域，外国网络媒体业的任何风吹草动都必将会直接对我国电视业产生直接影响，给我国电视业的生存和发展带来巨大压力。第五，也是最重要的一点，由于一体化是全球经济发展的趋势和互联网代表高新技术发展的方向，不管是否愿意，电视业将来都必须参与国际竞争。在竞争中，除了利用传统的手段以外，互联网的作用将举足轻重。美国在线并购时代华纳公司反映了互联网与传统媒体相互融合、取长补短、优势互补的大趋势。在我们发展电视业的过程中，如果忽视这一趋势，就会使我们在未来的国际电视市场竞争中输在起跑线上。

由此可见，对于美国在线与时代华纳公司的并购案，我们必须引起足够的重视，认真研究其特点、影响及给我们电视业带来的启示，未雨绸缪，超前决策，及早采取措施应对未来的激烈竞争。

二、并购的特点

美国在线与时代华纳公司的交易，可以说发动了一场新的互联网革命，如果联合成功，可以使美国在线 - 时代华纳公司在两个方面取得突破，一是能够利用有线电视线路的高速连线向消费者传递互联网中的一切东西；二是能够用一条线路同时提供电话、娱乐、新闻和咨询等多种服务。据业内人士估计，利用有线电视线路传递信息，比今天利用电话线路传递的速度要快数百倍，从而可解决目前网络在下载电视、电影、音乐和立体图片等信息时所面临的许多难题，进而将使电视、电影、音乐激光盘、报纸杂志等相关行业发生革命性的变革。由于联合可能带来巨大的示范效应，因此可能会在美国乃至世界传统媒体与新兴网络媒体掀起一场闪电式的革命，将可能使这两大行业合并的速度加快，规模加大，最终导致两大行业之间的壁垒和界限飞速消失。

美国在线与时代华纳公司的并购案实际上是新兴网络媒体争夺传统媒体消费者的竞争激烈到一定程度的产物。与传统媒体不同，消费者对新兴网络媒体的忠诚度低，随意性大。在网络业务方面，美国在线有一流的网上业务经验和服务，但由于技术、对消费者的素质要求等，一方面使得美国在线的客户数量有限，难以再进一步大幅度增长，不易拥有固定的用户数，远不如老牌媒体大王时代华纳拥有电视、报刊和娱乐方面广泛而稳定的传统客户；另一方面美国在线在网上传递的信息内容、质量等也无法像传统的媒体那样引人入胜。二者的联姻使美国在线轻而易举地把时代华纳公司的 1300 万有线电视用户收归旗下，极大地拓展了自身的客户范围，而有线电视与互联网的连接意味着今后网络传递的信息内容、传递质量及传递速度等都将会有质的改观，这也必将提高美国在线原有的2200万用户的忠诚度。

美国在线对时代华纳公司的并购通过不同性质资本的相互借鉴和取长补短，实现了资本结构的优化调整，并促成了人力资源的合理配置。并购是以换股的方式进行的，新组成的公司包括了时代华纳和美国在线名下所有的分公司。美国在线拥有新公司55%的股份，时代华纳公司拥有45%的股份。根据双方董事会一致认可的最终协议，美国在线和时代华纳公司的股东将以固定的兑换比率换成新公司的股票，时代华纳公司的股东将以1∶1的比率兑换股票。在并购之前，美国在线几乎没有自己的有形资产，多次受股市动荡的影响，经过并购，美国在线的无形资产与传统意义上的时代华纳公司的有形资产达到优化组合，从而把美国在线运营无形资本、经营新兴网络媒体的经验和时代华纳公司运营有形资本、经营传统媒体的经验相互融合，将极大提高新公司的抗风险能力和增值、膨胀能力。同时，人才是企业发展的决定因素，并购也使两家的经营精英会聚到一起，有了更广阔的发展舞台。据报道，美国在线的董事长兼执行总裁史蒂夫·凯斯将出任新公司主席，时代华纳公司的总裁兼主席杰拉尔德·莱文将担任执行总裁，人力资源的合理配置将使新公司拥有无限的发展潜力。

传统媒体所从事的活动是以内容和传播为主的，而网上服务一直是以硬件和软件为主，美国在线对时代华纳公司的并购从根本上改变了网上服务的活动方式和经营理念，即开始从以硬件和软件为主向以内容和传播为主转变，但是这种转变并不是对传统媒体那种以内容和传播为主的活动方式和经营理念的简单重复，而是有质的不同。时代华纳公司早在1994年即开设了开拓者网站（Pathfinder），向网民提供高素质杂志，最初这一网站很受欢迎，但随着个性化网站的增多，开拓者网站逐渐受到了网民的冷落。时代华纳公司的管理层从中得出的教训是，网上服务的发展方向与传统媒体虽然都是以内容和传播为主，但却有本质区别。网上服务是追求个性化、互动性的，是点对点的传播，是一种虚拟的人际交流；传统媒体侧重的是大众传播，所满足的是消费者的共性，互动性差，开拓者网站的失败就在于没有研究网上传播的规律，而把传统媒体的那一套照搬到了互联网上。并购后，美国在线熟知网上运行规律的优势和时代华纳公司擅长制作高质量内容的优势将会得到整合，从而创造出一种新型的以内容和传播为主的活动方式和经营理念。

美国在线对时代华纳公司的并购实际上也是网络公司争夺内容提供者的竞争日趋激烈的结果。随着网站的不断增加和网上服务娱乐性、新闻性、趣味性的增强，网上服务对上网内容的需求越来越大。由于网络公司一般与计算机企业有较深的渊源，因对内容的制作规律相对较为生疏而难以生产质量足够高、数量足够多的内容，因此对上网内容的需求缺口也越来越大，导致了网络公司为得到好的内容提供者而进行的竞争也变得愈发激烈，而且付出的代价也高得惊人。在此种情况下，保持稳定的、低成本的内容提供者便显得尤为重要。为了达到这一目的，最可靠的一种方式就是建立自己的内容生产基地，但这一方面需要大量投资，另一方面要把握内容生产规律也不是短期内就能办得到的。并购使美国在线通过资本运营获得了与自己有紧密资本联系的内容提供者，既节省了大量投资，又可以较低的成本得到大量高质量的内容，可谓一举多得。

史蒂夫·凯斯表示，媒体产业将进入一个新纪元，即一种全新的“大媒体”时代。笔者认为，“大媒体”时代的特征是，印刷媒体、电子媒体和网络媒体等各种性质媒体之间的壁垒和界限完全消失，各种媒体资源得到整合和融合，人力资源成为媒体发展的决定因素，以互联网为基础的媒体将成为一般人的生活核心。美国在线与时代华纳公司的并购案基本反映了“大媒体”时代的这些特征。显然，对这一反映媒体业发展方向个案的分析，将更增加我们以开放的、超前的态度审视电视业的现状及未来的必要性。

三、我国电视业的差距

毋庸置疑，改革开放 20 多年来我国电视业取得了前所未有的成就，但这只是从纵向比较，只是在电视业的小圈子里进行的比较，我们更应该用一种开放的观点，把电视业的发展放到整个国民经济乃至全球经济的范围内进行比较。从与国民经济的发展以及全球经济的发展的比较来看，如果说我国电视业不是落后了的话，至少是电视业与国内其他行业特别是高新技术产业的发展，与国外电视业的发展有了差距，而且这种差距还有拉大的趋势。这种差距表现在多个方面：第一，思想观念的差距。时代华纳公司作为一家有77年历史的传媒界巨头甘于被仅有不足5年网上服务经营历史的在线并购，除了由于其对媒体发展方向的清醒认识和把握外，虽然体制不同，我们不得不对他们在新技术、新趋势面前敢于承认自己的不足和缺陷的勇气和魄力表示佩服。我国的电视业却缺少这样一种精神，一种浮躁的态度影响着许多人，相当多的人满足于由于政策保护而拥有的既得利益，对于媒体业的发展和变化视而不见，对于新兴网络媒体的兴起嗤之以鼻，对于其他行业改革的先进经验拒之千里，他们远离竞争，害怕竞争。第二，管理人才的差距。我国的电视业由于受计划体制的束缚和长期对电视政治属性的片面强调，使得管理者对电视的宣传和舆论导向规律研究得比较多，对反映市场经济规律的经营方式和管理模式研究得较少，由此，管理者对市场竞争的适应性相对较弱，对现代企业的经营管理知识了解较少。第三，管理运作方式的差距。科技和管理是现代经济发展的两个轮子，电视业作为高新技术产业拥有当今最先进的科学技术，要求有先进的管理运作方式与之相适应。虽然我国电视业也对管理体制和运作模式进行了改革，但由于没有触动传统的制度本身，因此它仍然代表着旧的计划体制的经营理念，不但不能适应市场经济的要求，而且也扼制了电视业高新技术内在潜力的发挥。第四，资本结构的差距。美国在线对时代华纳公司的并购能够比较容易实现，得益于他们科学的资本结构，两家公司都是股份制企业，都是上市公司，具备了通过换股这一简单有效方式合并的前提。而我国电视业的资本结构却非常单一，投资主体单一且虚置，所有权和经营权不可分，资本整体不可分，不利于日益激烈的竞争下资本的优化重组，阻碍了资本向最有效益的方向流动。

虽然存在明显的差距，但从美国在线并购时代华纳公司的目的来看，电视业所具有的优势也是得天独厚的。第一，电视业拥有覆盖全国的有线电视网络，其传递信息的速度和容量要比电话线路快数百倍；第二，电视业拥有 8000 万固定的有线电视用户，还拥有更多的忠诚度较高的无线电视观众群；第三，电视业的有形资本丰富和巨大，抗风险能力强，能够抵御经济动荡的冲击；第四，虽然电视业以内容和传播为主的活动方式和经营理念与互联网有本质区别，但二者毕竟有相通之处，只要与有经验的网络公司合作，电视业的适应速度将会很快；第五，电视业有几十年的内容生产历史，生产能力和水平都很高，网络服务对内容提供者不断激烈的争夺也会使电视业处于相对有利的位置。

四、如何加快我国电视业的改革进程

认识到差距是进行改变的前提，发挥好优势是改变成功的基础。对于存在的差距，我们既不能惊慌失措，否则就会看不到电视业的优势而妄自菲薄，进而采取过激措施，影响媒体业的发展；也不能因为电视业有一些优势而掉以轻心，否则就会安于现状，盲目乐观，丧失利用互联网增强电视业生命力和影响力的大好时机，最终导致在竞争中处于不利位置。正确的做法应该是，结合我国电视业的现状和不足，认清媒体业的发展趋势，借鉴其他行业甚至国外媒体业的改革经验，彻底打破“肥水不流外人田”的小生产者思想的束缚，以开放和超前的观点加快电视业的改革进程，与其他行业甚至国外竞争者共同把蛋糕做大，以获得共同发展。

第一，“请进来，走出去”，加快电视业产业化进程，调整优化资本结构。合理的资本结构是电视业深化改革的基本前提，这可以从两个方面来进行。一方面，我国电视业产业化进展缓慢的关键在于国家政策的限制，为此我们必须花大力气争取政策支持，然后在以下几个方面取得突破。一是加快电视台新闻宣传部分与经营部分的分离，加快有线电视台与有线网络的分离；

二是抓紧全国有线电视网络集团的组建，对电视台的经营部分和有线电视网络集团进行股份制改造，塑造多元投资主体，做到所有权和经营权分离，赋予资本整体以可分性，为资本的合理流动创造条件；三是争取网络集团和由电视台经营部分组成的公司上市，吸收社会高质量的资本，提高电视业资本素质，从而做到“请进来”。另一方面，如果国家政策短期内难有大的松动，则可以利用“走出去”的方式，“借壳入市”“借鸡下蛋”。采用这些方式，既可以规避国家政策的限制，又可以使电视业获得较大发展。国家虽然限制电视业进入电信领域，但已批准国家广电总局与中科院等单位兴建信息高速公路示范工程，我们可以利用示范工程与互联网全面连接，由电视台作为内容提供者与示范工程组成股份制公司，从而把整个电视业全面推入互联网服务市场，此所谓“借壳（信息高速公路示范工程）入市（互联网服务市场）”。一些互联网服务公司已经上市，我们可以作为内容提供者或利用有线电视网络与这些网络服务公司进行股份制合作。如果可能，可由对这些网络服务公司参股而到控股，并通过这些公司上市，吸收社会资本，即达到“借壳上市”。目前相当多的电视台已在互联网上建立了自己的网站，但效果却并不理想，而大多数网络公司却有丰富的网络服务经验，因此我们可利用网站和他们的技术、市场以及经验进行股份制合作，靠他们的技术、市场以及经验打开局面，占领市场，做到“借鸡下蛋”。

第二，加快电视业的科技进步，增强其科技创新能力。科技进步是电视业发展的基础，创新能力的高低是电视业能否适应媒体发展变化的关键。为此，我们一要加快互动电视技术的研究、开发与推广，尽早使互动电视进入观众家中，以方便观众，增强其对电视的忠诚度；二要加快有线电视网络与互联网连接技术的研究与应用，保证有线电视网络与互联网的互联互通，为向消费者提供更多的服务打好基础；三要抓紧电子结算技术的引进与推广工作，与强势银行合作，积极在有线电视网络上试验电子结算技术，为今后提供有偿服务创造条件。

第三，充分改造现有的音像资源，使其适宜于向互联网提供。电视业有丰富的音像资源，但目前大多处于闲置状态，现在可以利用国内竞争尚未十分激烈的有利条件，根据互联网的特点和消费者的需求，对现有音像资源进行改造，以便随时都可向互联网提供。在改造过程中，可以寻求与有实力的网络服务公司合作，以增强改造的针对性。

据《北京晚报》报道，为了应对外来的压力，国内新浪、搜狐、TCL等8家互联网业巨头在去年底成立了“百特联盟”，并推出多项联盟内优惠和便捷的信息服务，所覆盖的用户群约占全国网民数量的四分之三；而在此前，网易与香港、台湾等地区权威网站结成了华网联盟，整合三地网络资源；新浪网也与美国多家互联网公司合作，以期占领更多的华人网络市场。看到这些消息，笔者相信，电视业深化改革，赶超媒体先进水平的紧迫感会更加强烈。

第二节 齐鲁电视台的“break新闻”①

2007年，国家广电总局发布的《中国广播影视发展报告（中国广电蓝皮书）》把山东齐鲁电视台的发展模式概括为“直播常态化模式”。即使是到目前为止，齐鲁台仍然是国内唯一一家自办节目全部实现直播的电视媒体。

在直播常态化的基础上，齐鲁台在2008年10月、11月又进行了新的尝试。有4件事，山东省内的电视观众至今还在议论：10月9日下午，一个叫董明霞的产妇在济阳中医院生产时突发大出血，转送到济南的山东大学齐鲁医院，由于她的血型是稀有的RH阴性血，需要紧急从社会上征集。接到求助后，齐鲁台的森骥（SNG汉译音）小组在下午连续两次打断正常节目插播这条求救新闻；10月29日，位于潍坊滨海开发区的海化集团发生次氯酸钠罐体泄漏，几十名工人和附近村民出现中毒症状，齐鲁台也是中

① 引自李岭涛、李晓梅发表于《广告主市场观察》2009年第2期的《“break新闻”提升齐鲁电视台影响力》一文。有删改。

断了正在播出的电视剧，插播了这条突发性新闻，18点17分在《每日新闻》时段第二次插播最新消息；11月11日11点38分左右，2009年第11届全运会场馆——济南奥体中心正在施工的一个体育馆顶部发生大火，齐鲁台森骥小组又在中午和下午连续3次紧急插播了火灾救援情况和济南市的新闻发布会；11月21日13点58分，滨州博兴全民健身广场一个在建的游泳馆在浇铸水泥过程中顶部突然坍塌，18名建筑工人受伤。齐鲁台又紧急中断正常节目，插播坍塌事故最新的现场报道。

由此，齐鲁台又在全国率先提出了“break新闻”的概念，并开始把“break新闻”系统化、常态化。这标志着我国新的电视传播模式革命的开始。

一、接轨国际新闻惯例，满足危机公关需要

“break新闻”是CNN等著名电视机构经常采用的一种新闻报道方式。据齐鲁台台长闫爱华介绍，“break新闻”的主要特点是新闻直播，它与常规的节目编排不同，具有不可预测性和突发性，通常是随着重大事件的发生或进展而突然打断正常节目顺序对这些事件的最新进展进行现场直播。“这是与国际惯例接轨。”在接受记者采访时，闫爱华这样说。

重大突发性事件报道的这种实验一定程度上可以说是中国新闻走向的一个新的观察点。就2008年来说，就有失败的教训和成功的经验可以总结。成功的经验是：“5·12”大地震和奥运会报道，对中国的形象起到了正面树立的作用，因为报道的及时、准确、公开、透明。而“3·14”拉萨事件、三鹿奶粉事件的报道，因为延误迟缓被动，就让西方媒体拿来大做负面文章。胡锦涛总书记在人民日报社考察工作时强调：要完善新闻发布制度，健全突发公共事件新闻报道机制，第一时间发布权威信息，提高时效性，增加透明度，牢牢掌握新闻宣传工作的主动权。齐鲁台敢于这样做，可谓有高层指示精神做“尚方宝剑”。

一个来自传统观念的疑问是：这样做是不是会给政府的形象造成损害，给政府的工作带来被动？“从这4起报道的效果看，不是这样，恰恰相反，

它给政府帮忙而非添乱。”齐鲁台副台长黄宝书举了几个例子来证明这一观点。比如，济南奥体中心火灾发生时，看到或听到的市民议论纷纷，猜测不断，有人甚至说是恐怖袭击，但济南市紧急救援，并立即举行了新闻发布会，通过齐鲁台进行现场直播，迅速消除了各种传言；海化集团危险化学品泄漏，当地也是有很多道听途说，网上流言四起，有人说许多人中毒死亡，但通过直播，让大家迅速了解到，事故影响远没有这么严重，多数人都是轻微中毒，无人死亡。通过及时地现场直播，真正让谣言止于公开，起到了稳定人心的作用。

“break 新闻”，实际上是危机处理中政府公关的一项有效手段。闫爱华在一篇题为《危机处理中的政府公关》的文章中这样分析，危机发生时，通常有两种危机处理方式：一种是封闭型处理。在危机发生后，先尽可能封锁消息，然后进行封闭式调查分析、总结处理，待一切完成后再向公众公布。这种方式在过去信息闭塞的时代，有其实用的一面，即在大多数人尚不知情的时候已经把危机处理完毕，从而避免更大范围的社会震荡，其代价是危机发生地的群众要承受更多的损失。目前的情况是媒体形态空前发达，传播方式空前普及。对任何危机事件，想要做到完全封锁消息，事实上已无可能。在这种情况下，政府的沉默、本地媒体的失语，等于是把事件的描述权、评论权拱手让人，听凭各种谣言甚嚣尘上。等到政府和官方媒体再发布确凿消息时，人们在各种传言的轰炸下多已丧失了判断真伪的能力，政府的信誉、官方媒体的公信力会受到极大的影响。另一种是对危机事件的开放式处理，这是坦荡、自信的表现，也是一个现代领导人不可或缺的条件。而“break 新闻”及时地发布事件过程、政府声音，将起到政治避雷针的作用。

二、为何齐鲁电视台率先出发

那么，这一变化为什么能首先出现在齐鲁台？这是因为齐鲁台拥有直播的历史、技术和团队积累。据齐鲁台报道部主任刘忠国介绍，齐鲁台目前拥有一台大型电视转播车、两台 SNG 车，在全国地面频道中数量是最多的。

早在1998年，齐鲁台就首次在户外开放空间中进行大型直播，1999年进行了《为了一个年轻的生命》——母女换肾8小时间断式直播，接着其后的《高楼平地行》《渔都毁船记》《公车改革在威海》《长龙跨海——烟大铁路轮渡试运行》，一共有5场大型现场直播获得中国广播电视奖新闻直播类一等奖。除了这种大型直播以外，齐鲁台SNG技术运用已经常态化。从2004年引进SNG之后，齐鲁台就在每天新闻时段插入现场直播，实现了SNG天天有。这在全国是唯一的。根据它的译音，齐鲁台给它起了一个中国化的名字，叫“森骥行动”，意思是说像森林中的骏马一样冲破各种障碍，而且要马到成功。

三、提升电视的影响力和公信力

四年来，SNG已经被全国20多家电视台引进，但是在一年的大多数时间都是“刀枪入库，马放南山”。齐鲁台这几年SNG天天有直播，但是也主要局限于固定的新闻时段，这是齐鲁台SNG负责人邵银龙一直非常苦恼的一件事，上午发生的新闻，只能做好片子，等着晚上播出。“现在变了，有了突发性事件，我们能马上出发，马上让观众看到事情的最新进展，稳定人心。”闫爱华做了这样一个形象的比喻：“原来我们有SNG，等于有了金箍棒，但各种清规戒律的束缚像是一个紧箍咒，使这个金箍棒难有用武之地，现在这种禁锢解除了。”

清华大学新闻传播学院副院长尹鸿教授认为，中央文件打破禁区，等于是中国新闻宣传的一次思想解放。思想解放了，电视的优势就发挥开了。新闻的定义大家都知道：是最近发生的事件的报道，这是任何新闻媒体追求的目标。

在纸媒时代，遇到重大事件，往往发行所谓的“号外”。但从采写到印刷发行，再快的“号外”也要隔几个小时的时间。2008年网络新闻传播加快，但是主要限于文字和图片，对观众缺乏视觉直感。电台具有第一时间传播的技术特点，但是它是声音的传播，不具备视觉传播的能力。只有电视，才能集视觉、听觉、文字等各种要素于一体，实现新闻传播的最新和最快。现在，由于 SNG、海事卫星等直播技术的运用，第一时间的现场直播已具备条件。拥有如此优势的电视应该充分发挥特长，让观众第一时间通过电视来了解真相，通过电视的影像声音来引导舆论。尹鸿大胆预测，当全国各地更多“break 新闻”出现的时候，中国电视的主动地位才能真正确立起来。

据了解，下一步，齐鲁台将更加明确地推行这种“break 新闻”，并准备开办一档名为《独家》的栏目统领所有的“break 新闻”，形成合力和规模优势。

闫爱华说，这将是齐鲁台 2009 年形成影响力和公信力的最大增长点。

“break 新闻”，对重大新闻、最新消息的非常规直播，有可能也是中国各地政府和电视媒体确立公信力和影响力的重要一环。传播力决定影响力，透明度决定公信力。只有对重大事件达到及时、准确的传播，才能保证让人民及时了解真相，让政府最早引导舆论，这就是影响力的体现。也只有公开透明了，才能让政府和媒体得到人民群众的信任，建立起公信力。中国传媒大学教授胡智锋认为：“在重大事件到来的时刻，‘break 新闻’及时发声，将使中国电视能够影响世界，取信于人民。”

第三节　《零距离》的网络影响力[①]

2009 年 4 月 18 日，我国互联网网民总数达到 3.16 亿人，居全球第一，中文网站数量达 287.8 万个[②]。腾讯网 2008 年总收入高达 71.5 亿元[③]。虽然

① 引自李德刚、李岭涛发表于《中国广播电视学刊》2009 年第 6 期的《地面频道栏目的网络突围策略——〈零距离〉栏目的网络影响力分析》一文。有删改。

② 金朝力：《我国网民达 3.16 亿人　1.176 亿人用手机上网》，《北京商报》2009 年 4 月 22 日。

③ 艾瑞咨询：《腾讯 08 年总营收 71 亿　增值业务成增长动力》，凤凰网，2009 年 3 月 24 日，http://media.ifeng.com/index/200903/0324_4262_1074209.shtml。

我国网民的数量没有电视、电影的观众数量多，但是互联网的商业价值开始迅速追赶传统媒体。收入是最能衡量一家媒体影响力大小的指标，但是对于今天中国的社会转型而言，互联网在传播信息、构建舆论、为社会守望的价值要远远超过其商业价值。正如有专家所指出的，互联网“从最初的懵懂好奇走到今日的理性成熟，从只知休闲娱乐、无事闲聊走到针砭时弊、舆论监督，再到为捍卫国家荣誉凝聚人心，为战胜巨大灾害集结力量。我们用‘e’种声音证明了自己的价值，用团结和实干赢得了赞誉。”① 正因如此，才有了2008年胡锦涛总书记在人民网与网民“在线”真情告白，才有了温家宝回答网友提问，才有了李长春到央视国际调研的一系列行动。清华大学尹鸿教授指出：“在网络成为可以聚集舆论（当然也可以聚集暴力）的‘热媒介’的同时，电视却因为泛滥也因为越来越不能充分表达民意，似乎正在成为一种‘冷媒介’。”②

那么，面对“变热”的互联网与“变冷”的电视，电视台是拒绝网络，还是积极面对，恰当利用？《零距离》为省级地面频道冲破地域限制，打造全国影响力提供了一个值得研究的文本。

一、南京《零距离》，全国零距离

“既然网络在一定程度上影响着影视内容在现实社会的流行与否，那么电视节目在网络世界中的传播效果就在一定程度上代表和反映着它真实的社会影响力，那么一个电视节目影响力的大小就可以通过它在网络世界中的虚拟影响力来进行评判。从这个意义上讲，考察中国电视节目的网络影响力就等于考察中国电视的现实社会影响力。”③ 由中国广播电视协会、中国传媒大学以及中央民族大学三家机构联合组建的课题组认为，电视节

① 于青颜：《人民时评：中国网民数量世界第一，质量第几？》，人民网，2008年7月30日，http://opinion.people.com.cn/GB/7581699.html。

② 尹鸿：《2007中国电视备忘》，《南方周末》2008年2月14日。

③ 李德刚：《打造网络影响力：“冷媒介”时代的电视节目生存策略》，《现代传播（中国传媒大学学报）》2008年第3期。

目的网络影响力可以通过四个指标去考察。一是栏目知名度指标，指的是电视节目在网络世界中的信息数量，表明的是电视节目在网络世界中信息传播的广度。二是栏目被关注度指标，指的是电视节目在网络社区中被讨论的信息量，表明的是电视节目在网络世界中信息传播的深度。三是电视栏目的网络收视度指标，指的是一档电视栏目在网络中被收看和被下载的次数，表明受众的主动收看行为。四是电视栏目的美誉度指标，指的是电视栏目在网络中的正面评价。四项指标的加权平均之和即为电视节目的网络影响力数值。

根据课题组独有的网络影响力调查系统调查发现，江苏城市频道的《零距离》栏目在网络世界中具有较高的知名度、被关注度、收视度以及美誉度。为了便于读者理解，本次调查特意选取了江苏卫视的名牌栏目《人间》作为对照。通过数据可以发现，《人间》栏目作为江苏卫视倾力打造的一档上星电视栏目，依靠其准确的市场定位与全国的受众覆盖，其网络影响力表现出了与其收视率、占有率和覆盖率相一致的地位，最终得分为 117.3 分，而非上星的省级地面频道的《零距离》的得分要比《人间》低 50 多个点。然而，如果综合考虑其覆盖范围因素的话，《零距离》的网络影响效率应该要高于《人间》栏目。此外，在网络影响力测量的四项指标里，其中有两项指标（被关注度指标和网络美誉度指标）《零距离》超越了《人间》栏目。《人间》栏目在网络收视上占有绝对的优势，而《零距离》栏目则更能吸引网友的讨论与关注（1803.1），高于《人间》（1453.8）；在美誉度指标上《零距离》也略胜《人间》。

对于一档主要以南京地区甚至江苏省观众为主要对象的省级地面频道而言，这样的表现已经足以值得骄傲。《零距离》的影响力主要来自网络。通过网络，南京的《零距离》不仅能够与江苏的观众零距离接触，也实现了与全国网民的零距离接触。

二、网络突围：《零距离》的网络传播策略

当一档电视节目无法通过电视传播而获得最大传播效果的时候，网络

这一具有“长尾效应”的媒介就成为延长其生命周期的“救命稻草”。因为节目一旦上网，所面对的就不再只是本城市、本省域、本国范围内的受众，而是要面对全球华人、全世界的观众。如果其内容能吸引受众，那么其观众数量等级将不可同日而语。正如本次栏目升级一样，对互联网传播的重视也是《零距离》一直以来的一种自觉的行为。研究发现，《零距离》之所以具有如此之高的网络影响力，具体而言，主要采用了以下网络传播策略。

首先，《零距离》根据地传播策略。整合网络上下资源，打造独立网络平台，所有这一切都依赖于电视节目门户网站的构建，这是电视栏目网络化生存的第一步，也是节目在网络世界中蔓延的前提。官方网站不仅网上网下资源集合在一起，而且也能够将那些忠实的节目粉丝们网在一起，成为一个名副其实的粉丝互动之家。江苏新媒体网站在为《零距离》建立自己官方网站的同时，还为《零距离》建立了自己的社区（蚂蚁社区），为网友提供充分交流、发布新闻线索的空间；此外，网友还在南京最大的社区西祠胡同为《零距离》设立了专版。《零距离》被关注度的高分主要来自这一论坛的贡献。

其次，《零距离》博客传播策略。据统计，我国目前有1.67亿个个人博客。博客传播已经成为营销推广最为重要的途径之一。如果说官网传播属于面上传播的话，那么博客传播则属于点上传播，而只有点面结合才能构筑起立体的传播格局。通过博客这个将私人领域转变为公共领域的平台，个人的社会知名度与栏目的品牌形象便成功地融合在了一起。《零距离》主持人孟非自2009年3月3日开设博客以来，迅速受到网友的追捧。短短两个月的时间，其点击率便飙升到6万多次。这不仅提升了孟非的形象，而且也有利于维持观众对栏目的忠诚度。

最后，《零距离》口碑传播策略。与电视台自我宣传的广告相比，受众口碑对于新观众的收视选择具有更为重要的作用。在收看一部电视剧、一部电影、一个电视栏目之前，影视节目自己的宣传往往不被网民所信任，而是先到网上搜索其他观众的反响和评论，即影视内容的“口碑”。在《零距离》的网络论坛中，在百度贴吧中，大量的网友都是因为看到其他网友所发布的帖子才开始关注《零距离》节目的。

三、网视融合的深度

互联网与电视融合的最高境界既应该是网视合一，又应该是网视分离。所谓网视合一指的是网络与电视应该你中有我，我中有你，共同创造价值最大化的局面。而网视分离则指的是，网络传播内容一定要与电视传播内容相区分，符合网民趣味的节目才会更有网络市场。如何在网视合一中实现网视分离，如何在网视分离中达到网视合一，都是值得电视台网站深入研究的问题。另外，对于民生新闻而言，互联网不应该只是新闻内容再次传播的渠道，更应该成为民生新闻开展线下活动的平台，更应该成为帮助电视观众解决实际问题的平台，本方面功能的开发任重道远。

第四节 《新闻联播》的新变化①

对全国电视观众而言，央视《新闻联播》不仅是电视新闻事业的领军者，它更是党和国家的代言人，很大程度上具有国家意义。笔者认为，国家意义在于坚持人民主体地位，保证人民依法享有广泛权利和自由，确保改革发展成果更多更公平地惠及人民群众。不可回避，《新闻联播》在以往的新闻报道中，对社会生活的宏观层面关注较多，对微观层面的公民权益直接关注较少。令人欣喜的是，《新闻联播》正在发生积极的变化，这些变化让我们如沐春风，真实感受到全社会共享改革发展成果的全过程，感受到国家意义在新闻改革中的具体体现。

---

① 引自李岭涛、朱月发表于《中国广播电视学刊》2013 年第 9 期的《解读央视〈新闻联播〉的新变化》一文。有删改。

一、聚焦变化

尽管《新闻联播》这次的改革是以润物细无声的方式进行的，没有大张旗鼓，但是它的改变却让人感到比以往的改版来得深刻得多，因为观众感受到这次改变是全方位、深层次的，感受到了群众在它心目中的沉甸甸的地位。

1. 理念在变：国家情感转化为公平正义

《新闻联播》对“始终把实现好、维护好、发展好最广大人民根本利益作为党和国家一切工作的出发点和落脚点，尊重人民首创精神”的认识不断深化，通过报道展示了我国在促进人的全面发展上取得的新成效，通过监督促进了社会公平正义的维护，通过引导助力以权利公平、机会公平、规则公平为主要内容的社会公平保障体系的建立。基于理念的进步，《新闻联播》大范围地把农民工等弱势群体作为重点报道对象，新闻个体，或以新闻个体为代表的社会群体的命运成为新闻叙事的主题。《杨立学讨薪记》可谓是这类作品的典型代表。它用“连续剧”式的连续报道方式，连续三天全程跟踪四川农民工杨立学讨薪的艰难历程。大篇幅、大容量、黄金时间对弱势群体的关注使《新闻联播》在着力保障和改善民生，促进社会公平正义上的作用更加凸显。

2. 作风在变：国家关怀转化为人文关爱

媒体的作风体现其宗旨，关系其形象。其作风如何，不仅对其自己，而且对党和人民事业发展有着极为重要的影响。《新闻联播》的作风也在发生着喜人的改变。它持续走出大都市，走向田间地头，来到学校厂矿，深入基层连队，远涉边疆山寨，与人民群众同吃、同住、同劳动，了解基层干部群众的所思所盼，反映他们的所求所愿，通过平实的新闻语言结合细节镜头的描摹，向观众展示了他们所未知的他人的生存状态，彰显出浓厚的人文情怀，在全社会引发了强烈共鸣和热烈反响。在采制著名的《塔县皮里村蹲点日记》过程中，记者对报道对象进行伴随式、贴身性采访，快乐着孩子们的快乐，悲伤着孩子们的悲伤，让人产生心灵的震撼。网友感悟人生对此评价说，在充满诱惑、物欲的年代，能够静下心来，关注平民阶层，关注弱势群体，“先天下之忧而忧，后天下之乐而乐”的忧国忧民的情怀可见一斑。而大型主题采访“你幸福吗”及2013年“两会”前夕推出的主题“你的梦想是什么”，更是将中国梦由国家和民族的梦想，实实在在地变成了百姓的情怀，真正体现为人民的梦想。

3. 内容在变：国家政策转化为民生追求

中央要求，“要改进新闻报道，中央政治局同志出席会议和活动应根据工作需要、新闻价值、社会效果决定是否报道，进一步压缩报道的数量、字数、时长”。在中央提出这一要求之前很长一段时间，《新闻联播》就开始在内容的改进上进行了积极探索，并且取得了很好的效果。它上联政策，下接地气，使宏观的国家政策落地为普通民众的民生诉求。它多谋民生之利，多解民生之忧，关注城乡区域发展差距和居民收入分配的差距，关注社会矛盾的明显增多，关注人民最关心、最直接、最现实利益问题的解决，展现了对“学有所教、劳有所得、病有所医、老有所养、住有所居”的热切愿望，表达了努力为让人民过上更好生活而做出更大贡献的持续追求。以2013年3月2日的节目为例，收养流浪孩子的农村妇女、普通的农民企业家和长年工作在地下的矿工，三名最基层的全国人大代表就民生问题搞调研的内容成了《新闻联播》的头条，以往的时政新闻等重头戏却排在了后面，且仅以寥寥数语带过。放飞梦想、抢抓机会、努力奋斗的人物和事迹越来越成为《新闻联播》的主角，“以爱国主义为核心的民族精神，以改革创新为核心的时代精神”不断在《新闻联播》得到弘扬和放大。

4. 形式在变：国家语言转化为民众声音

《新闻联播》形式上的变化更加明显，促进了内容被观众接受的程度。它的变化不仅在于出现了欧阳夏丹等青春时尚的新面孔，而且坚持讲述老百姓自己的故事，用老百姓常用的语言、用老百姓喜欢的方式讲故事。在主持方式上，逐步摒弃了居高临下式的播音腔，而半口语化的、交流感和对象感强的“说新闻”的方式成为主流主持风格。在内容的表现方式上，纪录片、电视剧、散文等艺术形式都在坚持新闻真实性基本原则的前提下被大胆引入。在《寻找最美乡村教师》和《寻找最美医生》等报道中，采用的“记者手记”形式具有散文的特征。一页人们最熟悉不过的鹅黄色横格纸映入荧屏，来自记者的内心感悟和采访心得如涓涓细流慢慢呈现在观众视野。记者手记写得流畅，说得贴心，观众听得动情。因此，《新闻联播》有针对性和实效性、亲和力与感染力的短、实、新多了，观众反感的假、长、空少了，说真话、写实情，言之有物、言之有理、言之有情的多了，脱离实际、内容空洞、应景式、一般化的少了，把文件语言和学术概念转换成易读易懂的群众语言，富有个性、特色鲜明、简洁平实、通俗明白的多了，照抄照搬文件和领导讲话、机械呆板、不知所云、大而无当的少了。

二、改变缘起

《新闻联播》的改变源于多方面的原因，既有内因发挥基础性作用，也有外因通过内因发挥不可或缺的作用，是各种因素综合作用的结果。

1. 政策导向

十六大以来，中央提出“三贴近”，要求媒体改变很长时间以来人们对新闻宣传事业过于片面的理解与认识，尊重传播规律，克服形式主义，切实贴近实际、贴近生活、贴近群众，真正做到“以科学的理论武装人，以正确的舆论引导人，以高尚的精神塑造人，以优秀的作品鼓舞人”。这是中央对媒体的要求，也是对《新闻联播》的要求。应该说，《新闻联播》的这次改变绝对不是平地起高楼，而是长期践行“三贴近”原则的必然结果。

作为落实“三贴近”要求、增强新闻宣传吸引力、感染力的重要途径，2011 年 8 月中宣部等单位提出“走转改”，要求媒体着力提升正确引导舆论、回应社会关切、服务百姓生活的能力。在“走转改”中，《新闻联播》在增进同人民群众的感情、提高服务群众的能力上下了很大功夫，见到了成效，很好地回答并解决了“我是谁、为了谁、依靠谁”的问题，继承弘扬了新闻工作的优良作风，树立了新闻工作者的良好形象，使自身的权威性、公信力和影响力进一步增强。

十八大以后，中央又要求“改进工作作风，密切联系群众”，并进一步对新闻报道提出了明确而具体的要求。中央的精神既是要求，更是鼓励，使《新闻联播》改进和发展的空间更大，使它的运作更符合新闻传播规律。由此，《新闻联播》获得再一次拓展与提升，使电视新闻报道的核心价值获得理性回归。

2. 发展压力

在新的形势下，《新闻联播》面临越来越大的发展压力。一方面，《新闻联播》要想发展，就必须在激烈的竞争中取胜。但是，除了传统媒体的压力，网络、手机等新媒体以其时效性快、互动性强所带来的压力超乎想象。显然，要想守住既有优势，扩大新的优势，《新闻联播》必须有所作为。一方面，我国的社会经济发展对《新闻联播》提出了更高要求。我国要全面建成小康社会，建成富强民主文明和谐的社会主义现代化国家，实现国家富强、民族振兴、人民幸福，实现中华民族伟大复兴的中国梦，需要《新闻联播》在凝聚中国力量中发挥作用。另一方面，中国人民热爱生活，我们的国家正在努力使人民有更好的教育、更稳定的工作、更满意的收入、更可靠的社会保障、更高水平的医疗卫生服务、更舒适的居住条件、更优美的环境，使孩子们能成长得更好、工作得更好、生活得更好，也需要《新闻联播》在弘扬中国精神中发挥作用。

3. 责任使命

长期以来，新闻事业一般被看作社会发展进程的旁观者和记录者。但是，在新形势下，新闻事业必须对自身功能进行拓展，用创新的观点来认识新闻事业的功能，即新闻事业不仅仅是反映社会，简单做时代进程的旁观者和记录者，而是要对社会发展进程进行实质而直接的推动，要做社会发展进程的参与者和干预者，要做历史的创造者，即发挥引领风尚、教育人民、服务社会、推动发展的作用。这是新闻事业应有的一种社会责任感。这是《新闻联播》新的改变的内因，也是它的改变的决定因素。正是凭借这份责任感和使命感，《新闻联播》以市场经济中负责任的一员的身份寻求一个促进经济发展进程和提升自己综合实力的有机契合点，通过对契合点的放大，既有效地参与、干预和促进社会发展进程，又使自己在激烈的市场竞争中占据主动，从而丰富了品牌内涵，增强了核心竞争力，与我们伟大的祖国和伟大的人民，共同享有人生出彩的机会，共同享有梦想成真的机会，共同享有同祖国和时代一起成长与进步的机会。

三、建言献策

显而易见，《新闻联播》的改进已经取得了显著成果，得到了社会的广泛认可。但是，作为中国新闻事业的排头兵，作为百姓心中中央和国家的代言人，《新闻联播》的改进对中国新闻事业的示范和引导意义重大。因此，《新闻联播》应加大改进力度，进一步提高传播能力，为我国现代传播体系的构建和发展做出贡献。

1. 适应传播规律要求，增强国家传播的贴近性

直播是未来很长一段时期电视竞争的主要着力点。电视直播大概可以归为三类：串联意义上的直播或演播室直播、议程式直播、突发事件的直播。其中，突发事件的直播是电视直播的本质意义和核心魅力所在。通常需要打断正常的节目播出来插入对突发事件的直播，由于突发事件的不可预测性，使得直播结果充满悬念，对观众具有很强的吸引力，因此这一类直播通常能带来较高的收视率和影响力。

《新闻联播》直播已经实行很长时间了，但是这种直播仅仅是串联意

义上的直播。直播的本质在于互动，是为观众提供互动渠道和方式的手段。《新闻联播》应该摒弃为直播而直播，把直播当目的的做法，深刻认识直播的本质，回归直播的本质，通过直播让更多的观众参与到节目中来，使观众真正成为电视传播活动的主体。

从电视媒体的发展趋势来看，对新的传播渠道、新的娱乐方式和新的技术手段的整合将成为电视媒体的必然选择。而直播为这种整合创造了条件。《新闻联播》应利用新媒体需要整合传统媒体的既有优势，以尽可能减少发展中的探索性代价，加速与新媒体互动的进程，以应对新媒体的竞争。网络、手机等新媒体兼具人际传播和大众传播的先天性特点恰恰与这种趋势相吻合。因此，就像手机从某种程度上带来了广播传播模式的革命、帮助广播走出了困境一样，《新闻联播》应积极利用网络、手机的优势改进电视直播，打造各种媒体互联互通的全媒体平台，通过全媒体的多通道、全体验、互动性留住观众，催化电视传播模式的变革。

由此，《新闻联播》充分利用好总部、国内外记者站和特约评论员等三支专业素质强、新闻敏感度高的记者及评论员队伍，推进动态新闻的直播化，不仅实现了由“最近的新闻现在播”向“现在的新闻现在播”和“现在的新闻现在评”的转变，而且实现了“现在的新闻观众播，现在的新闻百姓评”。

2. 践行民生价值理论，找准国家意义的落脚点

《新闻联播》在改进中逐渐改变了以往高高在上、重时政新闻不重社会新闻的不足，强调以民为本，把民生新闻改造为新闻亮点。但是，与一般的新闻栏目，特别是与都市媒体不同，《新闻联播》对民生的关注应该是国家立场、全国视野，关注的内容应该有相当的典型性和代表性，能够小切口进入、大背景分析。对于《新闻联播》而言，民生新闻应该是一种理念，是一种价值判断，而不是单纯的题材界定，即不管报道什么，都尽可能从民生的角度切入，把大的政策与群众的利益、人民的需求相联系，而不是要么鸿篇巨制、远离百姓，要么事无巨细、来者不拒。

3. 打造国家话语体系，彰显气质特征的国家性

《新闻联播》的影响力远远超过了一般的新闻媒体和栏目。但多年来，每每有重大事件发生、在重大决策出台之际，《新闻联播》播报的是《人民日报》、新华社等的评论文章。《新闻联播》应当打造独有话语体系，利用好自己庞大的评论员队伍和强大的快速反应能力，在评论、直播等方面倾力塑造自己差别化明显的固有气质和特征，凸显中国第一电视栏目的国家级实力和能力。

第五节 《少年派》[①] 聚焦一代人的青春[②]

一直以来，青春校园剧在电视剧市场中占的比例都不大。究其原因，就在于青春校园剧的目标观众基本都是十八岁以下的未成年人，而电视剧的编剧、导演等创作人员与这些目标观众有着很大的年龄差，也就是代沟。代沟带来的是作为目标观众的00后与包括创作人员在内的前辈们在心理特征和行为方式上的迥然不同。要想抓住00后的心，就必须走到他们的心里去，但代沟是挡在创作人员面前一堵高高的墙。这堵墙一直在影响着电视剧市场青春校园剧创作和生产能力的提高。《少年派》之所以受欢迎，主要原因就在于推倒了这堵墙，与00后产生了心灵和情感上的共鸣。

青春校园剧不受创作人员青睐的另一个重要原因是它的受众面比较窄。

---

① 由张嘉译、闫妮、赵今麦、郭俊辰等主演的青春校园剧《少年派》以林妙妙、钱三一、江天昊和邓小琪四个中学生为切入点，百科全书式地展示了00后既压力巨大又丰富多彩、既有失败挫折又有成功喜悦的高中生活。同时，也讲述了他们四个家庭的故事。主人公们不管经历什么样的变故与波折，都能拥抱阳光，笑对风雨，不放弃自己对家庭、对社会的责任，不迷失前进的方向，最终迎来了自己的逐渐长大，逐渐成熟。该剧于2019年6月9日开始在湖南卫视金鹰剧场首播，并在芒果TV、爱奇艺、腾讯视频、优酷视频网络同步播出，播出以后受到了社会各界的高度关注和广泛好评。

② 引自李岭涛、戚缤予发表于《中国电视》2019年第10期的《〈少年派〉：聚焦一代人的青春》一文。有删改。

在以收视率为主导的评价体系下，受众面窄就意味着收视率很难令人满意，因此也就很难取得较好的经济效益。而《少年派》全剧55城平均收视率为1.39，在2019年上半年卫视黄金档收视率排名第一。这么高的收视率说明《少年派》不仅赢得了00后的关注，也赢得了其他年龄层次观众的喜爱。

一、用青春的视角读懂青春

贴近性是电视剧赢取观众的心的法宝。贴近性可以分为三个层次，第一个层次是在形式上做到贴近性，第二个层次是在内容上做到贴近性，第三个层次是在心理上做到贴近性。要做到形式上和内容上的贴近性较为容易，而要做到心理上的贴近性就比较困难，尤其是面对与创作人员有着很深代沟的00后。从《少年派》的成功可以看出，它的创作人员对00后的思维方式有深刻的研究和把握。据了解，编剧之一九枚玉就曾经是一位高考考生家长，因此对于高中生、考生、考生家长的生活有着亲身体验，对于他们的心态、心理有着切身的体会。正是因为《少年派》创作人员对00后心理特征的研究，他们才能够用00后的视角考虑问题，看待社会，才能够在剧中真实展现00后的行为特点、心理动态。他们的这种展示是思想上的互动和交流，是心灵上的碰撞和吸引，而不是隔靴搔痒，更不是人云亦云。

第一，《少年派》表现出了00后追求个性的特点。00后注重自我，不喜欢跟风撞衫，希望处处能表现出自己的与众不同。林妙妙等四个孩子是现实生活中高中生的典型代表，他们就是他们，而绝不是也绝不希望成为别人。他们每个人都有着自己的独有性格，而且时时在向学校、向家长、向社会展示着自己的差别和独特。如邓小琪的独立但又脆弱和敏感，钱三一的有教养而且责任感强，等等。有一次林妙妙和钱三一一起看电影，林妙妙抢着付了钱。后来两人因为林妙妙新裙子的事发生矛盾，林妙妙又要求钱三一还钱。这一幕幕来源于生活的场景让观众认识到了00后的自我和可爱。

第二，《少年派》表现出了00后兴趣至上的特点。与前辈们不同，00

后把兴趣放在了第一的位置。相对于兴趣而言，前途、收入等影响人们做出选择的一般依据在00后这里都显得很不重要。只要有了兴趣，他们很愿意付出时间、精力和金钱。这一点在林妙妙身上体现得非常明显。林妙妙爱上了网络直播，甚至为了当网红而影响了自己的学习。曾经在她的心中，因兴趣而致的直播要远远比高考重要。从这里我们可以看到00后由兴趣而来的执着。

第三，《少年派》表现出了00后对新事物高度敏感的特点。00后是新事物的拥护者，是典型的喜新厌旧者，他们乐于尝试，勇于接受新事物。剧中的每个孩子就像现实中的00后一样，都有着对新事物的喜爱。正是因为这份对新事物的热爱，他们才能很容易地忘记烦恼，继续以阳光的心态对待生活和未来。江天昊就是一个很好的例子。他在得知家里企业破产后，没有消沉萎靡，而是开起了网店。网店虽小，但给了他很大的希望和鼓舞。

第四，《少年派》表现出了00后主体意识强的特点。对于自己的学习和生活，00后希望有更多的决定权和话语权，他们希望在与老师、家长之间是一种平等的关系。面对不同和不公，他们绝不会忍气吞声，而是用各种方法进行抗争。剧中的林妙妙很容易和妈妈王胜男吵架，这已经不能简单理解为逆反、冲动和叛逆，而是希望获得重视、理解和尊重，这恰恰是她主体意识增强的体现。

二、用社会的土壤滋养青春

《少年派》取得的收视成绩说明，它的观众不仅仅是00后，一定会有很多其他年龄层次的观众在收看。数据也证明了这一点。据介绍，《少年派》的观众中24岁以上的要占到80%以上。一位今年女儿参加高考的朋友告诉笔者，电视剧9号开始播出，正好女儿刚刚高考完，一家三口追剧从头追到尾。他很感谢这部剧，因为他们全家已经好几年没有一起看电视了。这部剧又让他们全家重新回顾了与女儿一起走过的三年，从剧中又看到了全家人三年的酸甜苦辣。他甚至怀疑，是不是剧组在他们家安装了摄像头。

也许正是这个原因，《少年派》被很多观众称为“客厅剧”。

每一代人的青春都离不开社会土壤的培育和滋养。离开了社会的大背景，再美好的青春都会显得单薄、无力。《少年派》的成功正是在于没有单纯关注00后的青春，而是在更大的背景下揭示和展示00后成长的环境和土壤。这种关注让《少年派》有了更多的人文关怀气息，真正是走进实践深处，观照人民生活，表达人民心声，用心用情用功抒写人民、描绘人民、歌唱人民。其实，人文关怀在很多普通观众心中是一个很遥远的词汇。对于大部分观众来讲，对一部剧（尤其是现实题材的电视剧）喜欢与否，不在于它是否高大上，关键在于它是不是做到了对自己所思所想的回应和尊重。即使是再普通的故事，只要拨动了观众的心弦，就一定会共鸣出悦耳的乐章。就像女一号林妙妙一家，这是一个普通得不能再普通的家庭，既没钱也没势。这样的家庭是社会的绝大多数，他们的冷暖代表着社会大部分人的冷暖。因此，从《少年派》中观众看不到灯红酒绿，看不到奢靡豪华，看到的基本都是平民百姓为了对美好生活的向往而辛苦付出的过程，看到的好像是自己用奋斗获取幸福的过程。

艺术毕竟来自生活。脱离社会普遍关注的热点问题的艺术作品很难成为优秀作品。创作人员以四个孩子的三年高中生活，特别是高考前的故事为载体，赋予了《少年派》更多的社会内涵。诸如高考陪读，九枚玉就曾经是一位陪读妈妈。因此她不是在创作，而是在向观众娓娓道来自己曾经经历的焦虑、压抑、紧张以及最后的苦尽甘来。比如二胎，王胜男无意中怀上了二胎，她像很多想生二胎但又对儿女心存顾忌的夫妻一样，千方百计在林妙妙面前隐瞒怀孕的事实。一件件发生在观众身边的、对社会方方面面产生深远影响的大事小情，用浓浓的人间烟火气息让观众有着很强的代入感，实实在在感觉到自己在跟着社会一起向前走，也实实在在感觉到自己也在为社会贡献着自己的点点滴滴。

所以，从青春校园剧到“客厅剧”，《少年派》创造的不仅仅是内容的延展，也不仅仅是观众由00后向更多年龄层的渗透，而是对滋养00后成长的社会土壤的讴歌和赞美。正是在无数的质疑与表扬、打击与鼓励中，00后坚定地从风雨中拥抱着彩虹。

三、用多样的选择丰富青春

千军万马争挤高考这一独木桥，曾经让多少孩子和家长承受巨大的精神压力，甚至让很多孩子和家长绝望。《少年派》没有去猎奇，没有去进行所谓的“揭丑”“揭露”，而是始终把人民的冷暖、人民的幸福放在心中，把人民的喜怒哀乐倾注在自己的笔端，讴歌奋斗人生，刻画最美人物，坚定人们对美好生活的憧憬和信心。从《少年派》观众可以感受到，随着社会的进步，00后未来的路越来越宽，未来的人生选择也越来越多。高考固然重要，但即使没有高考，孩子照样可以有机会获得社会的认可和赞同。

网络直播尽管社会上对其褒贬不一，但仍挡不住00后对它的青睐。林妙妙就深陷其中，而且从中享受到了被人崇拜的成就感。网络直播像很多事物一样，既有好的一面，也有不好的一面。既然有那么多的人喜欢看，说明它还是给很多人带来了乐趣，对满足人们不断增长的文化生活需求起到了很大的促进作用。我们的社会要发展固然绝不能完全指望网络直播，但也不能一刀切地单纯反对00后做直播。从《少年派》00后会感受到，直播可以选择，但自身素质提高了，直播会做得更好。林妙妙考上了大学，不知道她以后还会不会做网络直播。但不管怎样，她都有着更多的人生机会。

与网络直播等新出现的职业不同，一些老的职业在潜移默化中被人们重新认识，由原来人们的敬而远之到被理解、接受。《少年派》明锐地感觉到和反映了社会中的细微进步。林大为因为失业而选择了殡葬主持的工作，尽管林妙妙很不理解，但是林大为却从给逝者带去的安慰和温暖中找到了自信和肯定。随着时间的推移，林妙妙也品味出了爸爸工作的意义，只要靠劳动和能力工作，只要为社会做出贡献，在每一行都可以成为状元，都应该获得大大的赞。

“一花独放不是春，万紫千红春满园。”在当前就业形势严峻的情况下，《少年派》让00后看到了广阔的空间，看到了更多的希望。越来越多的孩子会懂得，要多给自己选择的机会，这样的青春才是有色彩的。

四、用积极的肯定激励青春

00后被称为最“丧”的一代。“丧”代表社会对00后是多么的失望。但是，00后是国家和民族的未来，青年兴则国家兴，青年强则国家强。青年一代有理想、有本领、有担当，国家就有前途，民族就有希望。00后真的就一无是处吗？客观地说，每一代人成长的环境不同，必然造成他们文化气质的不同。就像00后的广受诟病一样，70后、80后、90后也曾经被他们的前辈们轻视。可是，我们国家之所以“厉害了我的国”，不都是他们不忘初心、辛苦奋斗的结果吗？

《少年派》实际上在为00后正名。剧中江天昊开网店的意义不在于他挣了多少钱，而在于他得知父亲的企业破产后所迸发的对家庭的强烈责任感。对于这样的00后，当国家和民族需要的时候，有谁会怀疑他的奋不顾身、舍生取义呢？当钱三一发现爸爸和妈妈的矛盾已经不可调和了以后，不但没有反对他们离婚，而且坚定地支持妈妈去追求自己的幸福。从学霸钱三一身上看到的不是一个书呆子的形象，而是一个明事理、顾大局、敢担当的男子汉的楷模。《少年派》的开放式结尾让很多人感到遗憾，但正是处于朦胧之中的林妙妙和钱三一没有最后表白，让观众体会到了00后的成熟与理性。与早恋珍贵的感情相比，外面的世界更加广阔和精彩。与其沉溺于小我的圈子，一叶障目不见森林，不如用学习和事业让青春之花更加绽放。《少年派》的观众构成也说明了这一点。45—54岁的观众占比最高，为25.2%。这个年龄的观众正好和00后的父母是一代人，他们的收看一定程度上佐证了他们对自己孩子的信心。

一代人有一代人的青春，一代人有一代人的担当。00后在以自己的方式用奋斗涂抹青春最亮丽的底色，在以自己的方式表达和展示着对实现人生发展的强烈渴望。

图书在版编目（CIP）数据

把脉中国电视 / 李岭涛著. —北京：中国国际广播出版社，2019.12
ISBN 978-7-5078-4635-5

Ⅰ.① 把…　Ⅱ.① 李…　Ⅲ.① 电视文化—研究—中国
Ⅳ.①G229.2

中国版本图书馆CIP数据核字（2019）第281445号

把脉中国电视

著　　者	李岭涛
责任编辑	尹春雪
校　　对	张　娜
设　　计	国广设计室
出版发行	中国国际广播出版社［010-83139469　010-83139489（传真）］
社　　址	北京市西城区天宁寺前街2号北院A座一层 邮编：100055
印　　刷	环球东方（北京）印务有限公司
开　　本	710×1000　1/16
字　　数	200千字
印　　张	15
版　　次	2020 年 6 月　北京第一版
印　　次	2020 年 6 月　第一次印刷
定　　价	65.00 元